《考古与发现》丛书

古罗马通识六讲

主编◎田宝宏　副主编◎魏迎喜

华东师范大学出版社

写在前面的话

"没有哪个国家比我们的国家更伟大更纯洁，比我们更富有优秀的公民和高贵品质……没有一个地方能维持如此长久的、受人尊敬的节俭生活。"罗马历史学家李维 (Livy, 公元前 59 年－公元 17 年) 在其著作中这样写道。他想通过这部罗马历史向世人展示一个小城邦的英勇公民变成当年世界主宰的过程。

"伟大属于罗马"，当年仿佛具有魔性的话，不仅是当时当地罗马人赖以自豪的生活信念，也是西方人甚至全球公认的理解人类文明和全球历史的钥匙。无论是文化、经济、政治还是科学和技术，古罗马的遗产影响深远。古罗马人开创了史学、法学和修辞学等人文社会学科；他们汲取前人在艺术和建筑上的经验，又加入自己的智慧，成为前无古人的集大成者；甚至是他们的生活方式，也为后人代代想象和模仿。古罗马同古希腊一样，是构建西方文明体系的基石。

对于古罗马，我们能做的事情太多，首先是看、听、读。

看经典，那些雕像、马赛克镶嵌画和建筑。

读经典，那些史学著作和律法经典。

听经典，那些演说名篇。

我们希望这个课程能从最简单也是最难的"看听读"开始。

有了"看听读"，便自然知道那些"无关紧要"又如此重要的知识。这些知识足够你在两小时内在专家面前不出洋相，也够你一生当中在朋友和爱人面前挣足面子。当然还有更重要的。

要懂得如何去"看听读"，从"方法"到"方法论"到"论方法"，最后，哲学。或许你不是哲学家也没必要成为哲学家，但是你必须懂得"方法"，认同"爱智慧"，这门课其实是以罗马为案例教你方法的，和 MBA 一个形式。有了方法，才能实践。是的，仅仅"看听读"是不够的，新的、符合这个时代的设计和创作才是目的。

最后，也是最紧要的——价值观。知识是面子，方法是里子，那价值观就是灵魂。"真善美"，三个字，"Beauty is truth, truth beauty"，拜伦说，"that is all"，其实远不是全部。况且怎么才"真"，如何是"善"，怎样算"美"更是千差万别，文化上我们要讲多元、多样，讲求同存异，讲包容和理解。但教育是要讲主流和导向的，因为有"认同"才有"自信"，有"自信"才会"自觉"，"自觉"了才可能"复兴"，认同是要引导的，这是第一块多米诺骨牌，我们都不是"生而知之"的，大多是"困而知之"的。灵魂上的工程不可能一蹴而就，但需要时时在心。

本课程围绕古罗马文明展开，以案例为基本元素。通过对这些相关案例的学习、分析和思考，从而认识经典，了解古罗马文明，进而激发兴趣，提高能力，以此为基点认识我们的世界。

古罗马文明共六个课程，从不同角度、不同层次展开：

1. 罗马帝国盛世的六个时刻

以古罗马历史中的六个决定性时刻，串联罗马前帝国时期的200多年历史。通过阅读经典史学著作片段，在掌握历史知识的基础上，体察历史学家技艺——"对事物之经验实在的敏锐感受力与自由的想象力天赋的结合"，感受史学的魅力。

2. 庞贝和庞贝人的生活

两百多年前,伴随着考古学的兴起,古罗马遗迹庞贝古城重见天日。其建筑遗迹、壁画、马赛克镶嵌画、金银器、玻璃器,让现代人得以还原古罗马人的日常生活。在欣赏古罗马文物的同时,认识考古学,思考其背后可能产生的问题。

3. 古罗马建筑

匠人营国。罗马的工程师是怎么建设伟大的罗马的？本课程将选择6个能代表古罗马建筑水平的样本来一一解说，并邀请大家试读古罗马建筑理论家维特鲁威的《建筑十书》。

4. 罗马人与罗马法

借助一些西方经典关于罗马法的著作片段的阅读，来一起探讨几个问题，包括："法"的诞生对人类文明的意义，罗马人的法律观念究竟是怎样的，以及罗马法是怎样影响到后世欧洲的法等。

5. 修辞学与西塞罗

修辞术是演说的艺术，是雄辩的艺术，是说服的艺术；修辞术既是政治，也是外交；既关乎个人的修养与品德，也是斗争的武器。本课程涉及修辞学的基本范畴和方法，著名古代修辞学家西塞罗和昆体良及其不同的修辞学主张。

6. 雕塑艺术：从古罗马说起

以古罗马著名雕塑作品入手，结合经典艺术史著作中关于这些雕塑的阐释，探讨雕塑乃至图像的力量。考察从古罗马至今的雕塑技术及内涵的演变,展望未来艺术的可能性。

目　录

写在前面的话

第一讲　罗马帝国盛世的六个时刻

导言 2

一、朱利阿斯·恺撒的 3 月 15 日 2

1.1 恺撒的独裁及其遇刺 3

1.2 孕育于共和的帝国 8

1.3 恺撒成了神 11

二、屋大维成为奥古斯都 13

2.1 被遗忘的罗马共和国 14

2.2 "请给我特权" 16

2.3 罗马帝国体系的确立 20

三、尼禄焚毁罗马城 30

3.1 罗马大火中，尼禄高唱"特洛伊的陷落" 30

3.2 公元 64 年罗马大火的另一种说法 33

3.3 好皇帝和坏皇帝 35

四、图拉真的帝国版图 42

4.1 图拉真记功柱 43

4.2 图拉真的军事扩张 44

4.3 图拉真的版图 46

五、罗马皇帝哈德良在希腊 47

5.1 哈德良的文治武功 48

5.2 罗马五贤帝 50

5.3 在昔日希腊的光荣上，展现罗马的伟大 51

六、哲学家皇帝马可·奥勒留 55

6.1 爱思考的皇帝 55

6.2 疲惫的时代 58

6.3 大秦王安敦来使 60

第二讲　庞贝和庞贝人的生活

导言 62

一、博物学家之死——庞贝末日 62

1.1 人间天堂的炼狱 63

二、生活于维苏威火山脚下——庞贝的日常生活 68

2.1 庞贝厨房 68

2.2 罗马浴场 70

2.3 剧院 72

三、壁画与马赛克——庞贝室内艺术欣赏 75

3.1 马赛克镶嵌画 77

3.2 壁画 77

四、废墟与重生——庞贝的考古发现与记录 80

4.1 考古揭示庞贝人的生活 80

4.2 觉醒的古城 82

第三讲　古罗马建筑

导言 84

一、古罗马建筑的语法 86

1.1 文艺复兴对古罗马建筑的认识和借鉴 86

1.2 罗马人所认识的建筑 90

二、六座辉煌的古罗马建筑 94

2.1 加尔水道桥 96

2.2 马克森提乌斯公堂 97

2.3 图拉真市场 100

2.4 大斗兽场 102

2.5 万神殿 104

2.6 君士坦丁凯旋门 106

三、无所不晓的罗马建筑师 108

第四讲　罗马人与罗马法

导言 114

一、法是什么？有什么用？ 114
1.1 法学是关于正义与非正义的科学 114
1.2 你的财产和我的财产 116

二、罗马人认识的法 119
2.1 "十二铜表"与法的起源 119
2.2 罗马人关于法的观念 121

三、罗马法的影响 123
3.1 罗马法如何影响后世 123
3.2 罗马法的法谚 127

第五讲　修辞学与西塞罗

导言 134

一、修辞术与论辩术 134
1.1 修辞术是说服术 135
1.2 大演说家的记忆术 137

二、雄辩者西塞罗 144
2.1 西塞罗的才华 144
2.2 雄辩更胜千军万马 147

三、修辞学家的修养 152
3.1 演说家能说任何事 152
3.2 雄辩是一种美德 156

第六讲　雕塑艺术：从古罗马说起

导言 160

一、为什么要雕塑，以及图像的力量 160

二、从米龙到波乔尼，雕塑以及艺术史的一些方法 165
2.1 贡布里希谈《掷铁饼者》和《驭者》 165
2.2 温克尔曼谈《观景楼的阿波罗》 168
2.3 《加德纳艺术通史》中的《君士坦丁像》 170
2.4 傅雷谈《圣乔治》 173
2.5 瓦萨里笔下的《摩西像》 175
2.6 范景中笺注《圣特雷莎的狂喜》 178
2.7 罗丹与学生谈《加莱义民》 181
2.8 吕胜中评《空间持续性的特殊形式》 186

三、从雕塑到 3D 打印，以及对技术的反思 189
3.1 青铜像的制作 191
3.2 复制希腊雕塑 192
3.3 3D 打印 193

四、超越雕塑 195
4.1 动态雕塑 195
4.2 大地艺术 196
4.3 公共艺术 198

第一讲　罗马帝国盛世的六个时刻

导言

罗马历史很长，从王政时期到共和国，从帝国到东西罗马分裂，再到君士坦丁堡陷落。东西罗马分裂时中世纪开始，君士坦丁堡陷落时中世纪结束。而我们的课程，把时段限制在罗马前期帝国，起点为人们津津乐道的暗杀恺撒事件，终点为哲学家皇帝马可·奥勒留去世。罗马帝国一般被分为前期帝国（前 27 年—192 年）和后期帝国（193 年—476 年）两个阶段。前期帝国经朱里亚·克劳狄王朝、弗拉维王朝至安敦尼王朝（五贤帝时代）达到鼎盛。国家稳定、社会繁荣，被称之为罗马的黄金时期。在这一时期之后，罗马帝国缓慢地丧失了进取的动力。

恺撒最先对权力伸出试探之手，但是遭到报复性的惩罚；恺撒的继承人屋大维吸取教训，成功地攫取了最高权力，创立元首制，称奥古斯都；朱里亚·克劳狄王朝的最后一位皇帝尼禄则是史上有名的暴君，这位多才多艺的皇帝，想要触摸至高权力的边界；经过短暂的动荡时期，罗马重回和平，迎来了先后五位贤明的皇帝，包括创造帝国最大版图的图拉真、把帝国的权力与希腊文化结合起来的哈德良和著名的哲学家国王马可·奥勒留。

于是，我们可以选择六个时刻，通过在这六个时刻发生的故事，来理解关于罗马帝国的盛世。这六个时刻包括：恺撒遇刺、屋大维获得奥古斯都称号、尼禄焚毁罗马城、图拉真记功柱在罗马落成、哈德良门在雅典落成和《后汉书·西域传》记载的"大秦王安敦来使"。

一、朱利阿斯·恺撒的 3 月 15 日

朱利阿斯·恺撒是罗马共和国末期的军事统帅、政治家和文学家。他出身贵族，历任罗马共和国的财务官、祭司长、大法官、执政官、监察官、独裁官等职。公元前 60 年与庞培、克拉苏秘密结成前三头同盟，随后出任高卢总督，在 8 年的时间里征服了高卢全境（今法国一带），还袭击了日耳曼和不列颠。公元前 49 年，他率军占领罗马，打败庞培，集大权于一身，实行独裁统治，制定了《儒略历》。

根据古罗马人阿庇安的《罗马史》所述，恺撒是在公元前 44 年 3 月 15 日这天被刺杀的。而此前就有预言说他将于这一天死亡，在那天清早，恺撒还开玩笑地对预言家说："好，15日已经到了。"预言家毫不迟疑地说："但是还没有过去。"于是恺撒在罗马元老院被共和派刺杀，当然也有说法是这些人其实是恺撒的政敌庞培的旧党。恺撒于 56 岁时被刺，一直以来被视为罗马共和国对抗独裁政治的最后一次努力。此刻，罗马帝国还未诞生，然而我们可以把恺撒遇刺的这一天视为与罗马帝国盛世有关的第一个重要时刻。

1.1 恺撒的独裁及其遇刺

古罗马历史学家阿庇安在其《罗马史》第十四卷（内战史第二卷）中这样记载了恺撒遇刺前后的一系列事件：

图 1.1 Karl Theodor von Piloty 作于 1865 的油画《恺撒之死》

恺撒的独裁及其遇刺

106. 现在绥克斯都隐藏起来，从事海盗生活。恺撒在结束内战之后，匆忙地回到罗马，人们对他的尊敬和畏惧是空前的。每个部落，所有的行省及所有和罗马同盟的国王都毫无限制地把一切光荣加在他身上，使他快乐，甚至那些神圣的光荣——祭祀、赛会、在所有的神庙中和公共地方竖立雕像——也加在他身上。他被用各种不同的身分表现出来；有时戴着橡树的冠冕，当作祖国的救星，因为以前那些性命被人挽救了的人常用这种冠冕以酬谢他们的救命恩人的。他被宣称为祖国之父，被选为终身独裁官和为期 10 年的执政官，他的身体被宣布为神圣不可侵犯。法令又规定他应当坐在黄金象牙的宝座上处理公务，他本人应当永远穿着凯旋的服装致祭，每年罗马城市应当在他历次取得胜利的日期举行庆祝，每 5 年僧侣们和维斯塔女祭司们应当为他的安全举行公开的祈祷，最高行政长官们在他们就职的时候应当马上宣誓，不反对恺撒的任何命令。为了对他的门第表示敬意起见，把昆提利斯月改为朱赖月。许多神庙被宣布贡献给他，好像贡献给神一样。有一个神庙是贡献给他和仁慈女神的；仁慈女神的像塑成拍手的样子。这样，当他们害怕他的权势的时候，他们恳求他的仁慈。

107. 有人建议给他以国王的尊号，但是当他知道他们的用意的时候，他以威吓禁止他们，他说，因为他们祖先的诅咒，国王是一个不祥的称号。他解散了他的禁卫大队，这些大队在战争的时期是作他的卫队的；他只带着非武装的普通护卫出现在群众面前。当他正在讲坛前面这样处理公务的时候，元老院的元老们，由两个执政官引导着，每人都穿着官服，带着赠予他上述各种荣誉的法令到他那里来。当他们走近他的时候，以及当他们留在那里的时候，他只把手向他们伸出，而没有站起来。这也给诽谤他的人一个口实，谴责他希望人们把他当作一个国王一样致敬。除10年任期的执政官职务以外，一切赠予他的荣誉他都接受了。至于次年的执政官，他指定他自己和他的骑兵长官安敦尼，他任命雷必达为骑兵长官以代替安敦尼，雷必达当时是西班牙的总督，但是他的朋友们代他管理西班牙的行政。恺撒又召回那些流亡者，只有那些因为重大罪行而被放逐者除外。他宽恕了他的敌人，许多过去和他作战的人，他提拔为任期一年的最高行政长官，行省总督或军队司令官。因此人民主要地希望他会恢复他们的共和国，正好像苏拉在取得同样的最高权力之后所做的一样。

108. 在这方面，他们失望了，但是在那些有意传播他想为国王的消息的人中间，有一个人把一个桂冠放在他的雕像上，用一条白带系着。保民官马鲁拉斯和西塞提阿斯找出这个人来了，把他下在狱中，装作也想借此以讨好恺撒，因为对任何谈到尊他为国王的人，他曾经警告过。恺撒容忍他们的行动。当他从某处回来，有些人在城门口遇着他，把他当作一个国王致敬，而人民叹息的时候，他高高兴兴地对那些这样向他致敬的人说："我不是国王，我是恺撒"，好像他们把他的名字弄错了的样子。马鲁拉斯的随员又找出了那个首先呼喊的人来了，命令官吏把他带到他的法庭里去受审。最后他不再容忍了，而在元老院中控告马鲁拉斯的党羽狡猾地阴谋把王权的恶名加在他身上。他又说，他们罪当处死，但是免除他们的职务，把他们从元老院中逐出，也就够了。这样他想作国王，他暗中企图称王，他的暴政已经完备了——这些猜疑都由他证实了；因为他们受处罚的原因是他们反对王号的热情，并且依照法律和古代的誓言，保民官的职位是神圣不可侵犯的。他甚至不等到他们的职务满期，就把他们免职，这样他更加深了民众的愤怒。

109. 当恺撒看到这种情况的时候，他后悔了；考虑到这是他在和平时期没有军权在手所作的第一个严峻而武断的行为。据说，他命令他的朋友们保护他，因为他已经给予敌人以口实，而敌人正在设法反对他。但是当他的朋友们问他，是不是他愿意把他的西班牙人大队再召集起来作卫队的时候，他说："没有什么事比永远戒备更为不幸的；那是一个胆小的人所作的事。"就是这样，为他争取王号的企图还是没有停止；因为，当他在广场里坐在讲坛前的金椅上观看琉柏卡斯节日的表演的时候，他的同僚执政官安敦尼，依照那个节日僧侣的习惯，正在裸体涂油赛跑的时候，突然跳上讲坛，把一个王冠加在恺撒的头上。看到这个情景时，有少数人鼓掌，但是大多数人暗中叹息，恺撒把王冠丢掉。安敦尼又把王冠放在他的头上，恺撒又丢掉了。当他们两人正在这样互相推让的时候，人民保持肃静，他们心事沉重地等着看结果如何。当他们看见恺撒胜利了的时候，他们欢呼，同时因为他没有接受王冠而向他喝彩。

110. 或者由于他放弃了他的希望，或者由于厌倦了，他想在这时避免这种阴谋和恶名，或者有意地把罗马城让给他的某些敌人，或者希望去治疗他的癫痫和痉挛的病症（这个病是他突然得着的，特别是在不行动的时候），现在恺撒有了远征基提人和帕提亚人的思想。基提人是一个与罗马边界邻近的、能够吃苦耐劳、勇敢善战的民族，他们将首先受到攻击。帕提亚人对克拉苏的背信弃义，也应当受到惩罚。他预先派遣 16 个军团步兵和 10000 个骑兵横渡亚得里亚海。但是现在又有谣言流行了，说西俾尔圣书上预言，非等到罗马人由一个国王指挥，帕提亚人是不会屈服的。因为这个缘故，有人乘机说，他们应当尊称恺撒为罗马人的独裁官和皇帝，他事实上已是如此，或者除国王以外，他们可以尊称他以任何他们所愿意的名义，但是应当明确地称他为罗马附属民族的国王。这个建议，恺撒也拒绝了。他完全忙于迅速地离开罗马，因为在罗马城中他遭到这样嫉妒。

111. 在他预定离开罗马的前四天，他在元老院的议事厅中被他的敌人刺杀了，或者是由于对他的幸福和权势的嫉妒，这种嫉妒已经发展到很大的程度了；或者，如他们自己所承认的，由于他们想恢复他们祖先的共和国，因为他们担心（在这一点上，他们是知道他们的对手的），如果他也征服了这些民族的话，那么，他当然是无可争辩的国王了。仔细考虑后，我得到结论：他们实际上在这个增加的头衔上找到了阴谋的借口，虽然这两个称号的差别只是一个单纯的双关语，因为很明显地事实上"独裁官"和"国王"完全是一样的。阴谋者中的主要人物是马可·布鲁图和盖约·喀西约。布鲁图别号西彼俄（他是在苏拉革命时期被处死的那个布鲁图的儿子），他在法萨鲁惨败之后，投到恺撒这一边来的。喀西约是在赫勒斯滂带着三列桨战舰向恺撒投降的。两人从前都是庞培的党羽。阴谋者中也有恺撒最亲密的一个朋友狄西摩斯·布鲁图·阿尔拜那斯。所有这些人都是恺撒经常敬重而相信的人，过去他委任他们担任最重大的任务，当他到阿非利加去作战的时候，他使他们指挥军队，以狄西摩斯·布鲁图为山外高卢的总督，以马可·布鲁图为山南高卢的总督。

112. 当布鲁图和喀西约同时受命为大法官的时候，两人为了谁作罗马城市大法官的问题发生争执，这是一个最尊贵的职位，或者是因为他们真的有名利的野心，或者是作为一个掩护，使他们两人看来彼此之间似乎没有共同的谅解。恺撒被选为两人之间的公断人。据说，恺撒曾对他的朋友们说，公理似乎在喀西约的一边，但是他要袒护布鲁图。在一切问题上，恺撒对这个人表示同样的偏爱和袒护。甚至有人认为布鲁图是恺撒的儿子，因为大约在布鲁图出生的时候，恺撒是他的母亲塞尔维利亚（伽图的姊妹）的情人；因为这个缘故，当恺撒在法萨卢胜利的时候，据说，他马上下令给他的军官们，要用一切方法挽救布鲁图。是不是布鲁图忘恩负义，或者不知道他母亲的错误，或者不相信这件事，或者以这件事为耻辱，他是不是一个这样热爱自由的人，而把祖国的利益放在一切之上，或者是不是因为他是古时那个驱逐国王的布鲁图的一个后裔，因此他主要地被人民所侮辱和激发，以致作出这件事来（因为老布鲁图的雕像上有人秘密地贴上这样的字句，同时给布鲁图自己的法庭也写了这样的文字，"布鲁图，难道你受了贿吗？""布鲁图，难道你死了吗？""在现在这个时候你应当是活着的！""你的子孙有辱于你，"或者，"你不是他的子孙"，）——总之，这些以及许多类似的讽刺语言，煽动了这个青年去作一件像他的祖先所作的事。

113. 关于国王的谣传最盛的时候，有一次正在元老院将举行会议之前，喀西约遇着布鲁图，喀西约抓着布鲁图的手，问道："如果那些谄媚恺撒的人提出法案，推举恺撒为国王，我们在元老院议事厅中将怎样办呢？"布鲁图回答说："我将缺席。"于是喀西约又问他："我的好布鲁图啊，如果我们以大法官的资格被召往那里去，我们又怎样办呢？"他回答说："我决定至死保卫祖国。"喀西约拥抱他，说："如果你有这个意思的话，哪个贵族不在你的旗帜下集合起来呢？你认为那些写秘密信到你的法庭里来的人是工匠们和店员们呢，还是那些最高贵的罗马人呢？这些最高贵的罗马人虽然向别的大法官们要求赛会、跑马和野兽决斗，但是他们向你要求自由，这是无愧于你的祖先的一个恩惠。"这样，他们彼此泄露了他们已经私自考虑了很久的事情。他们两人各自试探了自己的朋友中和恺撒的朋友中那些他们认为是两党中最勇敢的人。在他们自己的朋友中，他们勾结了西西利阿斯和巴科连那斯两兄弟；除这两人之外，还有卢布里阿斯·卢加、昆塔斯·利加利阿斯、马可·斯柏里阿斯、塞维利阿·加尔巴、绥克斯提阿斯·那索和蓬提阿斯·阿揆拉。这些是他们自己的党羽。在恺撒的朋友中，他们得到了我已经说过的狄西摩斯·布鲁图；此外还有盖约·卡斯卡、特累邦尼阿斯、提利阿斯·西姆柏和密纽喜阿斯·巴西拉斯。

114. 当他们认为他们已经有了足够的人数，不宜把这个阴谋泄漏给更多的人的时候，他们彼此互相保证，没有宣誓，也没有祭神，但是没有人变心，或泄漏秘密。于是他们寻找时间和地点，时间是很紧迫了，因为恺撒准备四天之后起程远征，到那时候他将有一个卫队在他身边。他们选定元老院作为地点，因为他们认为元老们事先虽然不知道这个阴谋，但是他们看见这个行动的时候，他们是乐意参加的；据说，当罗慕路由国王变为暴君的时候，曾经发生过这样的事情的。他们认为这件事情和古时那件事情一样，在公开的元老院中进行，似乎可以表示这不是一个私人的阴谋，而是为了祖国；因为是为了公众的利益，不会有遭到恺撒的军队攻击的危险。同时，他们认为荣誉是属于他们的，因为民众不会不知道是他们领导的。为了这些缘故，他们一致赞成选定了元老院为举事的地点，至于所采用的方式，他们意见分歧。有人认为安敦尼也应该杀掉，因为他和恺撒同为执政官，是恺撒最有势力的朋友，在军队中最有声誉。但是布鲁图说，因为恺撒一人之死，他们会取得杀戮暴君的光荣，因为那就等于杀死一个国王；如果他们也杀死他的朋友们，人们会把此事归咎于私人的仇恨，归咎于庞培党人。

115. 他们听从了这种理论，等待元老院下次开会的时候。在开会的前一天，恺撒去和他的骑兵长官雷必达一起用餐，餐后带着狄西摩斯·布鲁图·阿尔拜那斯去喝酒。当正在喝酒的时候，恺撒提出一个问题，"怎样一种死亡是最好的？"大家围绕着这个问题谈论，各人发表了不同的意见；但是只有恺撒表示，他宁愿突然而死。这样，他预言了他自己的死亡，又谈到了明早所将发生的事情。宴会后，夜间他感到身体有点昏迷；他的妻子卡尔柏尼亚作了一个梦。在梦中她看见恺撒身上流血，因此在第二天早晨，她设法阻止恺撒外出。当他举行祭祀的时候，有许多不祥的预兆发生。他将派安敦尼去遣散元老院；那时候狄西摩斯和他在一起，劝他亲自去遣散，以免别人责难他藐视元老院。因此，他坐着肩舆到那里去。庞培戏院中正在表演竞赛，元老院的元老们将要在邻近的一个建筑物内集会，当举行赛会的时候，习惯上总是这样的。布鲁图和喀西约很早已经在戏院前的柱廊门口，很安静地在那里处理大法官的公务，以应付那些向他们请求帮助的人。当他们听到了恺撒家中的不祥预兆和元老院将不开会了的时候，他们仓惶失措。当他们正在这种情绪中的时候，有一个人一手抓着卡斯卡，说："你瞒着秘密不告诉我，虽然我是你的朋友，但是布鲁图已把一切都告诉我了。"卡斯卡突然心中难受而战栗了，但是他的朋友微笑着，继续说："你将从哪里弄得这些钱来竞选营造官的职位呢？"于是卡斯卡清醒过来了。当布鲁图和喀西约正在商谈的时候，一个元老波彼略·利那把他们拉到一边，说他在他的祈祷中参加他们一起，去作他们想作的事，他劝他们赶快作。他们惊惶失措，但是因为害怕而保持缄默。

116. 当恺撒正乘着肩舆往元老院去的时候，他的一个亲密朋友已经知道了这个阴谋，跑到他家里去，想把他所知道的事情告诉恺撒。当他到了那里，只看见卡尔柏尼亚的时候，他只说他有紧急的事情想对恺撒说，于是他在那里等待恺撒从元老院回来，因为这个阴谋的详细情形他是不知道的。同时阿提密多鲁斯（恺撒在奈达斯受到他的殷勤款待的）跑到元老院去，发现他已经在死亡的痛苦中了。当恺撒在元老院议事厅前面正在举行祭祀的时候，又有一个人把一块告诉他这个阴谋的书板放在他手里，但是他马上跑进去了，这块书板于他死后，在他手中发现。他从肩舆中跑出来的时候，那个刚才请求加入喀西约党的波彼略·利那马上先向恺撒讲话，亲切地扯着恺撒在一边攀谈。阴谋者看见这种情况，特别因为谈话很久，大为恐慌，他们彼此作暗号，表示他们宁愿自杀，而不愿被捕。当谈话拖延得很久的时候，他们看到利那似乎不是把任何消息泄漏给恺撒，而是向他有所请求。他们醒悟过来了，当他们看见在谈话之后，他对恺撒致谢的时候，他们的勇气又增加了。习惯上，当行政长官将进入元老院时，常在门口举行占卜。现在恺撒的第一个作牺牲的动物是没有心的，或者，如有些人所说的，没有内脏的上部。预言者说，这是死亡的预兆。恺撒大笑，说他在西班牙进军攻击庞培党人的时候，他也遇着了同样的事。预言者说，那时候他是非常危险，而现在的预兆表现死亡性更大，所以恺撒命令再举行祭祀。所有的牺牲没有吉祥的，但是他因为使元老们长久等待而感觉惭愧，同时他的敌人们伪装为朋友极力劝他，所以他不顾这些预兆，继续前进，因为命中注定恺撒要死了。

117. 阴谋者留下他们一个党羽特累邦尼阿斯在门口和安敦尼谈话。当恺撒坐在他的椅子上的时候，其他阴谋者暗藏短剑，好像朋友们一样，站在他的周围，于是其中一个，提利阿斯·西姆柏，跑到他的前面，请求恺撒召回他一个被放逐的兄弟。当恺撒回答说，这件事情须要缓一下的时候，西姆柏抓着他的紫袍，好像还在恳求的样子，扯开他的紫袍，让他的脖子露出来，大声喊道："朋友们，你们还在等待什么呢？"卡斯卡正站在恺撒的头部的上面，于是他首先把短剑向他的喉部刺去，但没有刺中，而刺伤了他的胸部。恺撒从西姆柏手中夺取他的紫袍，抓着卡斯卡的手，从椅子上跳起转过身来把卡斯卡用力一推。当他正站在这个姿势的时候，又有一个人用短剑从他的腰部刺去，因为他的用力的姿势，他的腰部是伸张得很利害的。喀西约伤了他的面部，布鲁图击伤他的大腿，巴科连那斯击伤他的背部。恺撒在愤怒中大声叫喊，好像野兽一样，时而冲向这个人，时而冲向那个人，但是他受到布鲁图的刺伤之后，他终于失望了，他用他的紫袍盖着他的脸，倒在庞培雕像的脚旁，安心准备死亡了。他倒下来了之后，他们还继续刺杀，直到他受了 23 处重伤才止。他们中间有好几个人在刺剑的时候彼此受了伤。

（【古罗马】阿庇安著，谢德风译：《罗马史》第十四卷［内战史第二卷］，商务印书馆，1995 年，第 189—199 页。）

　　恺撒遇刺，一般都认为是共和派元老势力的反扑。事实上，随着罗马的征服行动，整个地中海世界的权力逐渐被集中到亚平宁半岛的这一座城市，罗马的政治权力也随之越来越集中，无论是此前的苏拉也好，"前三头"（恺撒、庞培、克拉苏）与此后的"后三头"（屋大维、安东尼、雷必达）也好，"罗马共和国"的幻觉正在消褪，对"伟大的罗马"来说，一个比城邦国家更具统治效率的时代快要降临了。那么罗马人的"共和国"究竟是怎样的呢？

1.2 孕育于共和的帝国

　　关于罗马人的"共和国"，英国史学家 Christopher Kelly 在其《罗马帝国简史》中的一段评述堪称鞭辟入里。

In the wars against Carthage and in the East Rome's traditional, republican system of government had worked tolerably well. Indeed, the 2nd century BC, with its string of military conquests, is conventionally regarded as the apogee of the Roman Republic. Yet, in some ways, 'Republic' is a misleading term. It risks implying — at least for modern readers — too great a degree of popular participation in politics. (This is not an ancient difficulty; the Latin *res publica* is best translated simply as 'affairs of state'.) The Roman Republic was an unabashed plutocracy; the citizen-body was carefully graded according to stringent property qualifications. In turn, this classification regulated voting rights: all adult male citizens were enfranchised, but a system of electoral colleges guaranteed that the rich, if united, would always be able to out-vote the poor. In addition, the heavy costs of electioneering and office-holding ensured that all who were most prominent in government were themselves personally wealthy.

Under this tightly oligarchic constitution two consuls — the most powerful officials in the state — were elected each year. Only those who had held the praetorship (the next most senior magistracy) and were at least 42 years old were permitted to stand. During his term in office a consul might expect an important military command which could then be extended for further annual terms. At the expiry of his stint in the field, an ex-consul relinquished his commission and returned to the Senate, not a directly elected body, but rather an advisory council made up of all those who had held senior magistracies. This pattern of annual office-holding, agerestricted eligibility, and time-limited military commands enforced some degree of collective power-sharing amongst the Roman ruling elite. In the late 3rd and 2nd centuries BC about half the consuls came from ten extended families; an indication not only of the stable dominance of a small hereditary group, but also of a considerable degree of fluidity outside this core. Men without recent senatorial ancestry — or none at all — regularly reached the Senate in large numbers.

The republican constitution also imposed a deliberate restraint on any ambitious individual. Above all, it prevented the long-term concentration of political or military authority in the hands of victorious generals. The true test of a great man — at least for Roman moralists — was not his ability to achieve high office, but his open-handed willingness to relinquish it. When Rome was first struggling to establish itself in Italy, one of its most important battles was won under the leadership of Quinctius Cincinnatus.Cincinnatus (so the story goes) had been loath to leave his fields and interrupt his ploughing in order to raise an army. Even more celebrated than his lack of enthusiasm for high office, was Cincinnatus' refusal to extend his command. Turning his back on the possibility of continued power, he returned to his smallholding and to his plough.

Despite such outstanding exemplars, some of the generals responsible for annexing the richest parts of the Mediterranean proved increasingly reluctant to retire. For these men the tale of Cincinnatus held no moral force. In the end, the restrictions on the exercise of power imposed by the constitution of a republican city-state proved too weak to withstand the extensive ambitions of empire. In the 1st century BC a series of conquering commanders were determined to exploit their success. They held consulships well below the minimum age; they compelled the Senate to renew their military commissions; they relied on the personal loyalty of their troops and the threat of violence to enforce their continued active involvement in politics. When Julius Caesar completed his tour of duty in Gaul he refused to stand down, as he was constitutionally required to do. In January 49, at the head of his army of veterans battle-hardened after eight years of campaigning, he crossed the River Rubicon (which marked the southern territorial limit of his command) and marched on Rome. It was now clear that Caesar's authority rested on military might. Some were prepared to oppose this *coup d'état*, and by equally illegal means.Caesar's assassination five years later, on the Ides of March 44 BC, need not be seen as a virtuous bid for liberty on the part of Brutus and Cassius. (Shakespeare's version should be put firmly to one side.) It was rather a brutal attempt by one oligarchic faction to wrench political control away from a rival.

The result was two decades of civil war. Brutus and Cassius were defeated by an alliance of Mark Antony (one of Caesar's closest associates) and Octavian (Caesar's adopted son). In turn, this fragile partnership collapsed. Antony sought help in Egypt and the support of its ruler, Cleopatra. That was a shrewd move. The wealth of Egypt might be used to fund a war against Octavian; its most important city, Alexandria on the Nile delta, might become a new capital for an eastern Roman empire. These were serious propositions. It is Octavian's slanderous attacks which presented Mark Antony as a drunken, lovesick incompetent caught in the sexual snares of a sensuous Egyptian queen. Such derogatory inventions are the prerogative of the victorious. The destruction of the Egyptian fleet at Actium in 31 BC and Antony's suicide the following year secured Octavian's position and smeared his rival's reputation. Under the newly fabricated title of Augustus — 'the divinely favoured one' — Octavian's command of the riches and military resources of empire allowed him to establish his family as the unchallenged rulers of the Mediterranean world.

The rapid growth of the Roman empire from the mid 2nd century BC was itself the cause of the establishment of a dynastic monarchy just over a century later. But it would be over-hasty to see that shift as the replacement of freedom by autocracy or of independence by tyranny. Under the emperors, from Augustus on, Roman politics was dominated by privileged families who competed, as they had always done, for the spoils of empire. What had changed was how that rivalry might be regulated and how those at court close to an emperor might seek to embrace or exclude those in the provinces whose wealth demanded their incorporation into a new empire-wide aristocracy.

From that point of view, the transfiguration of Octavian into Augustus — the successful conversion of a warlord into an emperor — was less a fracturing of the fundamental nature of Roman politics than the hard-fought reorganization of power amongst a highly competitive oligarchy. The real Roman revolution was the founding of an empire under the Republic. It is perhaps unsurprising too that after Augustus the acquisition of new territories was strictly limited. Campaigns in Britain, Dacia (roughly modern Romania), and Mesopotamia were led by emperors themselves. Other military commands were strictly controlled; potential competitors, even within the imperial household, were carefully policed. This was a severe lesson in risk management well learned. As the vicious civil wars of the 1st century BC had starkly demonstrated, the glittering prizes of Mediterranean conquest might have made even a Cincinnatus hesitate to return to his plough.

（Christopher Kelly：*The Roman Empire*: *A Very Short Introduction*，Oxford University Press, USA， 2006.）

以上摘引的是剑桥大学圣体学院研究员 Christopher Kelly 关于罗马从共和国过渡到帝国时期的分析，这本书外研社有出版过中英对照本，中文是黄洋翻译的。在以上的段落中，"罗马真正的革命是在共和国时期建立起一个帝国"，可谓对于"罗马共和国"本质的最佳解释。恰如引文最后所说，"征服地中海世界所带来的巨大利益使即使像辛辛纳图斯（编注：辛辛纳图斯为古罗马共和国时期的将领，以辞独裁官之职退隐务农为人传颂）那样的将领也难以弃权从耕"。

1.3 恺撒成了神

恺撒被刺的时刻，对罗马元老院的共和派来说，究竟意味着胜利或惨败，彼时尚未可知。然而，当其养子奥古斯都宣布恺撒进入众神行列时，行刺者在肉体与精神两方面被彻底击败了。

古罗马史家苏维托尼乌斯在《罗马十二帝王传》中这样记载：

LXXXVIII. 他死时 56 岁（44 B.C.），死后不仅由正式法令列入众神行列，而且平民百姓也深信他真的成了神。因为，在其嗣子奥古斯都为庆祝他被尊为神而举行的首次赛会期间，彗星连续 7 天于第 11 小时（日落前的一个小时。——英译者）前后在天空出现。人们相信它是恺撒升天的灵魂。正是由于这个原因，他的塑像头顶上加上了一颗星。

决议：封闭他被杀于其中的大厅，3月15日被命名为弑父日，元老院永远不得在那一天集会。

LXXXIX. 他的谋杀者中几乎没有谁在他死后活过3年的，没有谁是老死或病死的。所有的人都被判有罪，并以不同的方式横死：一部分人死于船只失事，一部分人死于战争，有些人用刺杀恺撒的同一把匕首自杀。

（【古罗马】苏维托尼乌斯著，张竹明等译：《罗马十二帝王传》，商务印书馆，2000年，第45页。）

恺撒的死亡，带给了他生前难以企及的荣誉，以上所引用的古罗马时期的传记史书中，就提到他被"列入众神行列"、"3月15日被命名为弑父日"等事件。这些事实背后，不可忽视的是恺撒的追随者和继承者屋大维、安东尼等人的努力奔走。

恺撒的遇刺，在西方经典中不断再现。有时候，刺杀恺撒的主谋布鲁图与喀西约被视为史无前例的大叛徒，与出卖耶稣的犹大同列。文艺复兴时期的诗人但丁在《神曲·地狱篇》中，让布鲁图、喀西约和犹大一起在地狱的最底层受惩罚。而在另外一些时机，恺撒又被视为独裁者，而布鲁图则成为了捍卫共和政治的悲剧英雄，莎士比亚在《朱利阿斯·恺撒》中，让布鲁图说出的"我爱恺撒，但我更爱罗马"的台词也成为此后反对独裁或强权的标准台词。

思考与讨论

恺撒是杰出的军事统帅，扩张了罗马的领土，也给罗马带来了巨大的荣耀和财富。与此同时，他铲除政敌，率军进入罗马城，破坏了共和传统。那么问题来了，你觉得恺撒是不是罗马共和国的敌人？假如你是当时的罗马公民，出身一般的富裕人家、在军队中能担任中下层的军官，你会支持恺撒还是布鲁图？假使你是出身世家的贵族，还是元老院的成员，在恺撒遇刺之后，你会支持布鲁图还是安东尼？为什么？

进阶阅读

1. 【古罗马】恺撒著，任炳湘译：《高卢战记》，商务印书馆，1982年。

恺撒不仅仅是军事统帅和政治家，还是优秀的散文作家。在他的那个时代，写作与演讲的能力，对于参与公共事务来说是重要的技能。

《高卢战记》是恺撒所著的他自己征服高卢地区（今法国）的经过，从公元前58年至52年，每年的事迹写成一卷。这次军事行动对恺撒来说至关重要，因为他之前是个穷光蛋，通过征服高卢才获得了与政敌对抗的资本。

二、 屋大维成为奥古斯都

盖约·屋大维·图里努斯（Gaius Octavius Thurinus）是罗马帝国的开国君主，统治罗马长达43年。公元14年8月，在他去世后，罗马元老院决定将他列入"神"的行列。

屋大维是恺撒的甥孙和养子，亦被正式指定为恺撒的继承人。公元前43年，他与马克·安东尼、雷必达结成后三头同盟，打败了刺杀恺撒的元老院共和派贵族。公元前36年他剥夺雷必达的军权，后在阿克兴海战打败安东尼，消灭了埃及的托勒密王朝，回罗马后开始掌握一切国家大权。公元前30年，被确认为"终身保民官"。公元前29年获得"大元帅"（拉丁语：Imperator）称号。公元前27年获得"奥古斯都"（神圣、至尊的意思）称号，建立起了专制的元首政治，开创了罗马帝国。

屋大维是最伟大的罗马皇帝之一。虽然他保持了罗马共和的表面形式，但是却作为一位独裁者，统治罗马长达40年以上。同时，他结束了一个世纪的内战，使罗马帝国进入了相当长一段和平、繁荣的辉煌时期。

屋大维成为奥古斯都，是我们选择的关于罗马帝国盛世的第二个时刻，自这一刻起，共和名存实亡，元首政治开始了。

2.1 被遗忘的罗马共和国

屋大维先后打败了反对势力，把权力集中在一人之身，那么罗马的城邦共和传统又怎样了呢？古罗马史学家塔西佗在其《编年史》中有如下评述：

（1）罗马最初是在国王统治下的一个城邦。路奇乌斯·布鲁图斯制订了自由的政体和执政官当政的制度。独裁官的制度始终是一种应急之策，十人团的权限不能超过两年，军团将领所掌握的执政官的权力也不能长久。秦纳和苏拉的专制统治时期都不长；庞培和克拉苏斯的大权很快就转入恺撒之手，接着列庇都斯和安托尼乌斯的军权也就归奥古斯都掌握了。奥古斯都则以普林凯普斯的名义把在内争中被搞得残破不堪的国土收归自己的治下。著名的历史学家已把古老的罗马共和国的光荣和不幸载入史册。甚至奥古斯都当政的时期也不乏出色的作家为之执笔；但阿谀奉承之风一旦盛行起来，历史学家便不敢再动笔了。提贝里乌斯、卡里古拉、克劳狄乌斯和尼禄的历史都是人们在他们炙手可热时怀着惶恐心情胡编乱造出来的，而在他们死后撰述的作品，又受到余怒未消的愤恨情绪的影响。因此我想稍稍谈一下奥古斯都，特别是他当政的后期，然后再来谈提贝里乌斯及其继承者的当政时期。我下笔的时候既不会心怀愤懑，也不会意存偏袒，因为实际上我没有任何理由要受这些情绪的影响。

（2）布鲁图斯和卡西乌斯横死以后，共和国已丧失了武装力量；庞培在西西里已被击败，列庇都斯已被排除，安托尼乌斯已被杀死，到了这时，甚至优利乌斯的一派，除恺撒（即屋大维——中译者）本人外再也没有别的领导者了。屋大维放弃了三头之一的头衔，声称自己只不过是一个普通的执政官，只要有保护普通人民的保民官的权力便感满足。他首先用慷慨的赏赐笼络军队，用廉价的粮食讨好民众，用和平安乐的生活猎取世人对他的好感。然后再逐步地提高自己的地位，把元老院、高级长官乃至立法的职权都集于一身。反对他的力量已荡然无存：公然反抗的人或在战场上或在罗马公敌宣告名单的法律制裁下被消灭了；剩下来的贵族则觉得心甘情愿的奴颜婢膝才是升官发财的最便捷的道路；他们既然从革命得到好处，也就宁愿在当前的新秩序之下苟且偷安，不去留恋那会带来危险的旧制度了。新秩序在各行省也颇受欢迎。元老院和人民在那里的统治却由于权贵之间的倾轧和官吏们的贪得无厌而得不到信任；法制对于这些弊端也拿不出什么有效的办法，因为暴力、徇私和作为最后手段的金钱早已把法制搅得一塌糊涂了。

（3）奥古斯都这时为了加强自己的统治，提拔他姊妹的儿子克劳狄乌斯·玛尔凯路斯这个十分年轻的小伙子担任祭司和高级营造官，又使那虽非贵族出身但精通军事，并曾协助他打过胜仗的玛尔库斯·阿格里帕享受了两次连任执政官的荣誉；稍后，在玛尔凯路斯死后，他又选阿格里帕为自己的女婿。他使他的继子（他妻子的儿子——中译者）提贝里乌斯·尼禄和克劳狄乌斯·杜路苏斯两人都取得统帅（imperator）的称号。他虽然这样

图 1.2 奥古斯都大理石像，高 2 米多，1863 年出土于意大利 Prima Porta，现藏于梵蒂冈，可能为公元 14 年对公元前 20 年的另一青铜像的复制

做了，其实家里人数仍然未变：因为他已经过继了阿格里帕的两个儿子盖乌斯和路奇乌斯到自己家里来。尽管他装出不愿这样做的样子，他心里却极想使他们甚至在他们还未成年的时候就为他们保留执政官的职位并取得青年元首的称号。阿格里帕死了。路奇乌斯·恺撒和盖乌斯·恺撒跟着也相继丧命。路奇乌斯死在他到西班牙军队那边去的途中，盖乌斯则是在从亚美尼亚回来的道上因伤致死的。他们的死亡或许是因为他们两人天生短命，或许是因为他们的继母里维娅下了毒手。杜路苏斯早就死了，继子当中只有尼禄一人活了下来。他成了全国瞩目的中心人物。他是奥古斯都的继子，与奥古斯都共同治理帝国，分享保民官的权力，并且有机会在全军面前显示自己的风采。不过和先前不同的是，这次并不是由于他母亲的暗中策划，而是她公开这样要求的。里维娅把上了年纪的奥古斯都已经管得这样服服帖帖，她竟然把他仅有的一个未死的外孙放逐到普拉纳西亚岛去。尽管这个外孙阿格里帕·波司图姆斯没有什么优点可说，尽管他蛮勇甚至到粗野的程度，但他在外面却没有什么秽行丑闻。可是，令人费解的是，他却要杜路苏斯的儿子日耳曼尼库斯领导莱茵河一带的八个军团，并且命令提贝里乌斯过继日耳曼尼库斯为继子，尽管提贝里乌斯自己家里已经有了一个业已成年的儿子。他这样做的目的在于使自己在继承方面多一层保证。

这时除了对日耳曼人的引人注目的战事以外，别的战争都结束了。进行这场战争与其说是要扩充帝国的疆土或是要取得什么切实的利益，却无宁说要为克温克提里乌斯·伐鲁斯的军队的惨败湔雪耻辱。国内是平静无事的。官吏的称号仍旧一如既往地保持着。年轻一代的人都是在阿克提乌姆一役战胜之后出生的。甚至老一辈的人大部分也都是在内战时期诞生的，剩下来的人又有谁是真正看见过共和国的呢？

（【古罗马】塔西佗著，王以铸、崔妙因译：《塔西佗〈编年史〉》，商务印书馆，1981年，第1—4页。）

从上述引文，我们能看到奥古斯都是如何铲除元老院的共和派贵族的影响力，并巩固元首制度。奥古斯都去世时是76岁，在当时来说，算十分长寿的了。所以，当他去世时，罗马人早已忘记共和国是什么样子，习惯了元首的统治。

2.2 "请给我特权"

一方面是共和传统的消褪，另一方面是权力越来越集中。关于后者，古罗马史家苏维托尼乌斯在《罗马十二帝王传》中有详细记述。

XXV. 内战之后，无论在集会或宣布法令时，他不再称任何军队为"战友们"，而总是称"士兵们"；他甚至也不允许他的一些担任军事指挥的儿子或继子对军队用其他的称呼；因为他认为，出于军事训练、当时的和平生活和他自己及其家庭尊严的需要，前一个称呼使人感到过于奉迎。除作为罗马的消防队而外，他只在饥荒时期，因担心骚乱，两次雇佣被释奴隶作为士兵：一次是作为伊利里库姆附近殖民地的警备队，另一次是用来守护莱茵河堤岸；他甚至是在这些被释奴尚未获释时从男女富人那里征集来的，并立即使他们获得自由的；他让他们持带原来的旗帜，不把他们同自由出生的士兵混合，也不以同样的装备武装他们。

…………

XXVI. 他在比一般人更年轻时便得到了官职和荣誉，而且有些官职和荣誉还是新设的和终身的。20 岁时，他篡夺了执政官的职位（43 B.C.），当时他率领他的军团反对罗马，如同它是座敌人的城市一样，当时他派去信使以军队的名义为他要求这一官职；当元老院犹豫不决时，他的百夫长、使团团长科涅利乌斯掀开斗篷，亮出剑柄，肆无忌惮地在元老院说："如果你们不同意，这玩意儿会让他当上执政官的。"九年后（33 B.C.），他第二次出任执政官，间隔一年之后（31 B.C.），又第三次出任，以后便是不间断地出任到第十一任（20/23 B.C.）；随后，他辞去了加在他身上的一些称号，在 17 年多的长期中断之后，他又自动要求第十二次出任执政官（5 B.C.），二年后，又第十三次要求出任（2 B.C.），想借此控制最高职权，以便将他的已到法定年龄的两个儿子盖乌斯和鲁基乌斯引入政界。他从第六次到第十次担任的五任执政官是全年的，其余的几次任期有 9 个月，6 个月，4 个月和 3 个月，其中第二次甚至只持续了数小时。那次是 1 月 1 日的清晨，他在朱庇特的卡庇托尔神庙前显要席上坐了一会儿之后，就辞去了这一荣誉，而指定另外一个人取代他的职位。他的执政官职不全在罗马开始，第四次是在亚细亚，第五次是在萨摩斯岛，第八次和第九次是在塔拉柯开始的。

XXVII. 在 10 年的长时间里，他是恢复国家秩序的三头政治的三头之一。尽管有一段时间他反对和力图阻止他的盟友实行公敌宣告，但是，这一措施一旦开始实行，他就坚决执行，其残酷程度远远超过另两人。当他的这两位盟友时常由于别人的说情和哀求而心软时，只有他十分坚定地反对宽恕任何人；他甚至把他的监护人盖乌斯·托拉尼乌斯也加到公敌名单上去，这个人曾是他父亲屋大维任营造官时的同僚。朱里乌斯·萨图宁也有记载说，公敌宣告结束之后，马尔库斯·雷必达在元老院发表讲话，对过去的事情进行辩护，并且希望，既然已实行了足够的惩罚，以后要实行宽大；奥古斯都则相反，宣称他只是在得到保证将来可以放手干的条件下才同意结束公敌宣告的。不过，为了表示对自己这一固执态度的歉意，他后来授予提图斯·维尼乌斯·费罗波曼以骑士等级，因为据说这个人曾藏匿过已被列入公敌名单的自己的庇护人。

奥古斯都在这个三头政权期间所做的许多事情遭到普遍的憎恶。例如，有一次他向士兵们讲话时，有一群市民被允许进来参加集会，当他注意到一个叫皮那留斯的罗马骑士在做记录时，他便下令把他当场杀了，因为他觉得这个人是个窃听者或密探。又如，当选执政官特底乌斯·阿菲尔曾用恶言恶语谴责过他所做的一件事情，为此他对这位当选执政官使用了非常可怕的威胁致使他自杀了。再如，当最高审判官克文图斯·盖利乌斯向奥古斯都致敬时，其长袍下携带着折叠的书板，奥古斯都怀疑他那里藏着短剑，但由于担心那东西拿出来会是别的什么，便没敢当场搜查；一会儿之后，他派了几名百夫长带士兵把盖利乌斯从法官席上拖了出来，像对待奴隶一样拷打他；尽管他没有承认，他还是下令处死了他，并且先用自己的手把这人的眼睛挖了出来。但是关于这件事奥古斯都自己写道，盖利乌斯取得一名听众的帮助暗中算计他，于是被他投入监狱；被判处放逐后，或死于船只失事或遭到土匪拦劫。

他获得终身保民官的权力，每5年一次或两次推选一个同僚。他还获得了对道德与法律的永久监督权，依靠这一权力，尽管没有监察官的头衔，他仍进行了3次人口普查：第一次和第三次是和他的一个同僚一起进行的，第二次是他一人单独进行的。

XXVIII. 他曾两次考虑恢复共和国：第一次是刚打败安东尼之后，这时他还记得他的敌手经常攻击他不能恢复共和国；第二次是在他疾病缠身、虚弱不堪之时，那次他竟把高级长官和元老们召集到他家里来，向他们提交了一份关于帝国总情况的材料。不过，因考虑到，正如他本人引退了还是不能摆脱危险那样，把国家交给多人控制也仍然是冒险，所以他继续把国家控制在自己手里。很难评说他的愿望和实行的结果哪一个好。他不仅一次又一次地口头表白自己的良好意愿，而且将它们记录在如下的一道敕令里："请给我特权把这个国家建立得稳固而安全，并从这一行动中得到我所期望的果实；但愿我能被称作这个至善政权的缔造者，并在死时怀有这样的希望：我为国家所奠定的基础还会是稳的。"他用一切努力阻止任何对新政权的不满行为，以实现他的愿望。

既然罗马未被装饰出应有的帝国尊严，而且还遭受过洪水和火灾，他于是对它大加美化，以至于他可以理直气壮地夸口说，他发现的是个砖坯造的城市，而交付的是一座大理石的城市。他使罗马成了在人类理智所能预见的未来都会是一个安全的城市。

XXIX. 他建造了许多公共设施，尤其是下列这些：带有复仇者马尔斯神庙的广场（24 B.C.），巴拉丁山上的阿波罗神庙(28 B.C.)，以及卡庇托尔山上的雷神朱庇特庙(22 B.C.)。他建造广场的原因是人口增加和法律案件增多。既然先前的两个广场（指"罗马广场"和"恺撒广场"）已不够用，看来就需要有第三个广场了。因此，在马尔斯神庙尚未完工时这个广场就提前向公众开放了；并规定，除抽签选举陪审员而外只有公诉与别的诉讼不同，必须在那里举行。在替他父亲（指朱里乌斯·恺撒）复仇的菲力比战争中，他曾发誓建造马尔斯神庙；因此，他发布命令：元老院应在这里讨论决定战争问题和凯旋式要求（以前在卡庇托尔）；负有军事使命准备上路赶赴行省的人应从这里被送出；胜利者归来时要佩戴凯旋式标志回到这里。他在巴拉丁山上他的住宅区里的一块地方建起了阿波罗神庙，因为占卜师们宣称阿波罗曾用闪电雷击过这块地方显示他要它。他把设有拉丁文和希腊文藏书室的柱廊和该神庙连接起来，在垂暮之年他也时常在那里举行元老院会议和审议陪审员名单。他为一次脱险奉献一座神庙给朱庇特：因为在远征坎塔布里亚的一次夜晚行军中，一道闪电掠过他的肩舆，击毙了他前面的一个手持火炬的奴隶。他还以别人名义，即他的孙子、外甥、妻子和女儿的名义建造了一些建筑物，诸如盖乌斯和鲁基乌斯柱廊和长方形会堂（12 B.C.），利维亚和屋大维亚柱廊（15 和 33 B.C.），以及马尔采鲁斯剧场（13 B.C.）。不仅如此，他还经常敦促其他知名人士新建纪念碑或重建与装修旧纪念碑以装点罗马，并且每一座都要按照他的计划修建。当时，好多人建造了许多这样的工程，例如，赫库利斯和缪斯庙由马尔西乌斯·菲力普建造，狄安娜神庙由鲁基乌斯·科尔尼菲西乌斯建造，自由之神神殿由阿西尼乌斯·波里奥建造，萨图尔努斯神庙由穆那提乌斯·普兰库斯建造，一座剧场由科涅利乌斯·巴尔布斯建造，一座圆形剧场由斯塔提里乌斯·托鲁斯建造，尤其是许多宏伟庄严的建筑，它们是马尔库斯·阿格里巴建造的。

XXX. 他将罗马城区划分为行政区和街道（罗马城有 14 个行政区 [regiones]，265 个街道 [viae]），前者由每年抽签选出的官员治理，后者由邻里居民选拔出的"能者"治理。为了防止火灾，他制定了夜班警卫站制度；为了控制洪水，他加宽和清理了第伯河的水道，这条河在一段时间里曾倒满了垃圾，并被延伸出来的建筑物弄窄了。还有，为了使各地更易于通向罗马，他亲自承担了重修通往阿里米努姆的弗拉米尼大道，他还将其余的大道分派给其他那些曾接受过凯旋式荣誉的人，要求他们把战利品的钱用于铺路。

他重建了一些因年久失修而朽坏的或遭受火灾（卡庇托尔的朱庇特神庙毁于公元前 83 年的大火）而烧毁了的神庙神殿，并用最丰富的献纳装饰这些以及其他的神庙；给卡庇托尔的朱庇特神殿，他一次就献纳了 16000 磅黄金（主要是得自埃及的战利品，古罗马人把神庙视为最理想的国库，存放国有财物、法律原文、军旗、帐册、档案等），此外还有价值 5000 万塞斯特尔提乌斯的珍珠和贵重宝石。

XXXI. 雷必达死后（13 B.C.），他终于僭取了大祭司的职位（因为雷必达在世时，他未能下决心剥夺他这一荣誉称号），于是开始搜集一切源于希腊文和拉丁文著作的占卜书籍，哪怕这些传播中的书籍是无名氏之作或没有名气的作者所作。他烧掉了其中 2000 多种，只保留了西彼拉占语集（罗马第五王塔克文·普里斯库斯买下了女预言者西彼拉的占语集，藏于卡庇托尔的朱底特神庙，由专门祭司团保管，前 83 年毁于火灾后，重新收集整理成新书，祭司们按占语集解释预兆），并且也作了挑选。他把它们存放在巴拉丁山阿波罗神像的基座下的两个金漆柜里。神圣的朱里乌斯已经排得好好的历法，后来由于不注意又紊乱混杂了，奥古斯都把它恢复到先前的样子。并且，他在重订历法过程中，用自己的称号"奥古斯都"来命名 8 月而不是他出生的 9 月（8 B.C.），因为他曾在 8 月首次获得执政官职位和取得最辉煌的胜利。他增加了祭司、尤其是维斯塔贞女的人数，还提高了她们的地位，增加了她们的津贴，扩大了她们的特权。在一次要选一名维斯塔贞女以代替死去的一名时，许多人都利用自己的权势不让自己的女儿去冒抽签的危险。这时他郑重发誓说，要是他的孙女当中有人适龄的话，他一定已将她提名了。他还复兴一些古老的、已渐被废弃的习俗，诸如平安占卜，朱庇特的弗拉门祭司，牧神节，百年大祭和岔路神节娱乐活动。（平安占卜 [Salutis augurium] 只有和平时期可以举行。战胜卡提林那之后，奥古斯都在公元前 29 年是首次举行。）在牧神节庆典中，他禁止尚未有胡须的青年人参加奔跑，在百年大祭节日中，他不允许青年男女参加夜间的娱乐活动，除非有成年亲属陪同。他规定，每年要在春季和夏季两次用鲜花给岔路神加冠。

在不朽的神灵之后，他重视纪念那些提高了罗马人民地位的领袖人物，是他们把罗马人民由微不足道变成伟大的。因此，他重建了带有这些人原先铭文的建筑物，并在自己广场的两排柱廊内供奉所有这些身着凯旋服饰的伟人塑像，此外还在一只公告里宣称："我之这样做是为了使公民在我有生之年要求我，在我之后也要求后来的执政者达到古代杰出人物所树立的典范。"他还将庞培的塑像从盖乌斯·恺撒被害的议事厅移出，置于一大理石的石拱上方，正对着庞培剧场的主门。

…………

LVIII. 全体人民突然非常一致地献给他"祖国之父"的称号。最初是平民派了一个代表团到安提乌姆城去劝进，因遭到他的拒绝，后来在罗马趁他观剧时，他们又头戴花冠，群集剧场向他请愿，后来是元老们在元老会堂请他接受尊号。不是用一项法令或欢呼的方式，而是由瓦列利乌斯·麦撒拉代表全体元老致辞说道："恺撒·奥古斯都啊，愿好运和吉祥眷顾你和你的家庭，我们觉得我们这样做是在祈求我们国家的长久昌盛和我们城市的幸福。元老院和罗马人民一致欢呼您为'祖国之父'。"当时奥古斯都热泪盈眶，致答辞说道（像麦撒拉的话一样，我写出了他的原话）："既然已经达到了我的最高愿望，元老们啊，除了把你们的这个一致批准的荣誉保有到我生命的最后而外，我还能向永生的神灵要求什么别的呢？"

（【古罗马】苏维托尼乌斯著，张竹明等译：《罗马十二帝王传》，商务印书馆，2000 年，第 60—83 页。）

执政官、保民官、大祭司，奥古斯都一步一步将帝国的权力集于一身。当奥古斯都对元老院说出"请给我特权"时，听者内心的天平上，一端是国家的稳固与安全，另一端是罗马共和国的传统，这些内心的天平是如何摆动的呢？

2.3 罗马帝国体系的确立

从英国史学家爱德华·吉本的《罗马帝国衰亡史》，可以读到其关于屋大维如何确立罗马帝国体系的分析。

第三章
罗马帝国的体制
帝国体系概况

要问什么是君主政体，似乎显然便是指在一个国家中，法律的实施、财政的管理和军队的指挥权全部集中在，不管加之以什么样的尊称的一个人手中的体制。但是，如果没有一种坚强的、随时警惕着的力量保卫着人民的自由，那一个拥有如此巨大权力的行政官必然很快便会堕落成一种专制政府了。在迷信盛行的年代，教士们的影响可以被用来伸张人民的权利；但由于皇座和圣坛的关系是如此密切，教会的旗帜竖立在人民一边的情况，从来都极为少见。必须有勇武的贵族和意志坚决的平民，他们自己拥有武装并占有一定的财产，由他们来组成一个立宪议会，才有可能形成一种均衡的力量，以防止具有野心的君主的无理作为，而维护住自由的宪法。

罗马宪法的防线一道一道全被独裁者的野心所攻破；所有的藩篱也全都毁在三执政的无情的铁腕之下。在亚克兴一战胜利之后，整个罗马世界的命运便完全为屋大维的意志所左右，他先由于被其叔收养而被称为恺撒，后又由于元老院的谄媚而被加之以奥古斯都称号。这位征服者统领 44 个训练有素的军团，它们深知自身力量的强大和宪法的虚弱。它们在 20 年内战时期历尽各种严酷的战难和流血牺牲，由于一直总是从恺撒家族领取并期待获得最慷慨的报酬，全都热心为这个家族卖命。至于长期处于共和国官员们的压迫之下的各个行省，全都盼望着有一个人能成为这些小暴君的主子，而不是他们的同谋。带着暗自庆幸的心情看着贵族阶级遭受屈辱的罗马人民所需要的，仅仅是面包和一些文艺表演而已，而此二者奥古斯都全都毫不吝惜地予以满足。几乎全都热中于伊壁鸠鲁哲学的富而好礼的意大利人，他们安于眼前安适、宁静的生活，根本不愿让对过去骚乱不安的自由生活的追忆来搅扰眼前这甜蜜的梦境。元老院由于失去了权力，也便失去了原来的地位；许多原来高贵无比的家族都已灭绝了。有理想和有能力的共和主义者全都死在战场上或被放逐。议会的大门有计划地为一千多个不同等级的人敞开，但他们并不因此而获得荣誉，却倒只是辱没了自己所处的地位。

改组元老院是奥古斯都要废除那一暴君，宣称自己是国家主人的第一步。他已当选为监察官；在忠于他的阿格里帕的协作下，重新审查了元老的名单，开除了少数几个有犯罪行为或顽固不化的元老，说服近 200 个元老自动请退，以免受到被除名的羞辱，把元老的资格提高到必须拥有约合 1 万镑的资产，并为自己赢得了元老院首席元老的尊称。这一称号过去一直只是由监察官加之于最有声望、贡献最大的公民的。但是在他采取这些办法以恢复元老院尊严的同时，也完全破坏了它的独立性。一旦立法机构由行政官来任命，自由立宪的原则便从此不可挽回地消失了。

在准备按此模式组织议会之前，奥古斯都发表了一篇经过仔细研究的讲演，演说词表露了他的爱国热忱，却掩盖住了他的野心。"对他过去的作为，他深感不安，但也认为情有可原。对父母的孝心时刻要求他为他父亲的惨死报仇；他自己的仁慈天性有时又使他不得不对严峻的必然规律让步，并迫使他违心地和两个无赖共事：在安东尼还活着的时候，共和国不能容许他把她随便交到一个堕落的罗马人和一个出身野蛮民族的皇后手中。他现在可以自由地履行他的职责和按照自己的意愿行事了。他已庄严地使元老院和一般人民完全恢复了他们的古老的权利；他唯一的愿望是能和他的同胞们在一起生活，同他们一起分享他给他的国家带来的幸福生活。"

这里我们真想求助于塔西佗（如果他曾在这届议会中工作过的话）让他来描绘一番元老们的各种不同的情绪，包括那些受到压抑而不露声色的元老们。完全相信奥古斯都的真诚是十分危险的；而如果对它将信将疑那可就更加危险了。君主制和共和制究竟孰优孰劣，认真的研究者们彼此看法不一；罗马帝国目前的庞大，普遍存在的道德败坏，军人们的胡作非为，给赞成君主制的人增添了新的论据；而对政府的这种一般看法却又因为每一个人所怀有的不同希望和恐惧而被大加歪曲。在这种极其混乱的情绪之中，元老院的回答却是众口一词，坚定不移的。他们拒绝了奥古斯都的辞呈，请求他决不要抛弃掉依靠他才终于得救的共和国。这位狡猾的暴君在经过一番体面的推辞之后，终于服从了元老院的决定；同意以现已众所周知的前执政官和大将军的名义管理各省地方政府和指挥罗马所有的军队。但他只答应以10年为期。甚至在10年届满之前，他希望国内不和带来的创伤将已完全愈合；到那时那已恢复旧日的健康和活力的共和国将不再需要如此非同一般的一位行政官的危险的干预了。关于这种种在奥古斯都生前曾多次重复表演的喜剧的记忆，由于罗马的终身君主在他们的统治届满10年的时候全都要举行类似的盛大纪念活动，而一直保存到了帝国的末期。

罗马军队的将军，对士兵、对敌人和对共和国的臣民，几乎都可以占有并行使任何属于一个专制帝王的权利，而毫无违背宪法原则之嫌。对士兵来说，甚至在罗马建国的初期，对自由的渴求早已让位给向外扩张的希望和正当的军事训练。那位独裁者，或者叫作执政官有权征集罗马青年从军服役；有权对不听指挥或由于胆怯不服从命令的人处以最严厉和最带有侮辱性的惩罚，从公民中除名，没收其财产，或将他卖给人家为奴。由波喜阿斯和塞姆普罗尼阿斯法令加以肯定的最神圣的自由权利，在战争时期已全被废止。这位统帅在他的军营中掌握着绝对的生杀之权；他的司法权不受到任何形式的审判和讼诉程序的制约，他所做的判决必须无条件地立即执行。选择谁作为罗马的敌人的权力一般操在立法机构的手中。关于战争与和平的事关重大的问题先需由元老院严肃讨论决定，最后由人民批准。但是一旦军团的部队到了远离开意大利的任何地方，那些将军们便有权在他们认为于国家有利的情况下，指挥他们用任何方式，对任何人进行战斗。他们能否获得胜利者的荣誉，不取决于他们所进行的事业是否合乎正义，而只在于是否取得了战争的胜利。在胜利的掩护下，特别是在他们不再受到元老院的代理人的控制的时候，他们实际行使着没有任何限制的专制权力。当庞培在东方用兵的时候，他随意奖赏他的士兵和同盟者、废除某些国家的君主、重新划定一些国家的疆界、建立殖民地，并任意分配米特拉达特的财富。在他回到罗马之后，仅仅通过一次议案，他的一切作为便全部获得了元老院和人民的认可。这样一种对待士兵和对待罗马敌人的权力是任何一个共和国的将军从来不曾得到或拥有的。他们同时还是那些被征服的省份的总督或君主，具有行政和军事领导双重身份，既管司法，又处理财政，集国家的行政和立法权力于一身。

　　从本书第一章的叙述中，大家对于军队和各省如何全部交托给奥古斯都由他去统治的情况应该已有了一个大致的了解。但是，由他一个人来亲自指挥那么多处在遥远边陲的军队显然是不可能的事，于是元老院也便像过去对待庞培一样，容许他把他的庞大职务分派给一定数量的副职官员去承担。从地位和权限上看，这些军官似乎不低于古代的前执政官，但他们实际却处于极不稳定的依附地位。他们依靠上级的意愿接受任命，他们的工作成绩则全部理应归之于上级有益的影响。他们是皇帝的代理人。只有皇帝是共和国的军事统帅，他的不论是行政上还是军事上的统辖权，一直延伸到被罗马所征服的一切地区。不过，他却常常把他的权力交托给元老院的某些成员，这自然使元老院颇为满意。皇室的副职将领的身份近似高级常务执政官或一般执政官；军团由元老院的某些元老指挥；埃及专区长官是对罗马骑士的唯一重要任命。

　　在奥古斯都被迫接受如此慷慨的一次授权活动之后不到六天，他决心作出一点小小的牺牲以满足元老院的骄傲情绪。他向他们表明，他们已使他的权力实际扩大到了超出目前的悲惨条件所能许可的程度。他们已拒绝了他希望交出对军队和边区繁重的领导工作的要求；但他必须坚持，请允许他将那些比较安宁和安全的省份仍归之于行政长官温和的管理之下。奥古斯都在划分省份的时候，便已既考虑到他自己的权力，也考虑到共和国的荣誉。元老院的前执政官，特别是那些出身亚洲、希腊和非洲的，都比在高卢和叙利亚行使职权、由皇帝派遣的副职军官享有更高的荣誉。前者随时有一群侍卫官护卫着，而后者的身边却只是一些士兵。已曾通过一条法律，表明不论皇帝走到哪里，他所特别委派的官员将立即代行正常情况下总督的职务，而根据惯例，新征服的地区都属于由皇帝的管辖范围；而且，很快人们便发现，在帝国的任何地区，元首，这是奥古斯都最爱用的一个称呼，都享有同等的权利。

　　作为这一假想的让步的补偿，奥古斯都得到了十分重要的实权，使他已成为罗马和意大利的主宰。奥古斯都不惜危险地违反那古老的格言，元老院批准他保留军事指挥权，使得他即使在和平时期，在首都的心脏，也随时有一大群卫兵保卫着。按实际情况，他的指挥权应仅只限于那些立下军事誓言应服兵役的公民；但由于罗马人天生的奴性，一些行政官、元老和一些骑士都自愿对他宣誓效忠，一直到这种原不过是一种个人讨好的行为，在不知不觉中竟然变成了一年一度宣誓效忠的严肃仪式。

　　尽管奥古斯都认为军事力量是最牢固的靠山，他却明智地认为，它是一种可厌的统治工具而拒绝使用。以古代倍受尊敬的行政官的名义进行统治，并巧妙地在他个人身上体现出开明的司法制度的光辉，既符合他的天性，也符合他的政策的需要。正是因为抱着这种想法，他听任元老院加之于他终身享有的执政和司法的双重权利，这权利他后来的继位者全都同样享有。执政官接替了罗马君主，并成了国家威严的代表。他们监督着各种宗教仪式的进行，征募和统领军队，接见外国使臣，主持元老院和人民议会。国家财政的总控制权掌握在他们手中；他们虽然很少有时间亲自过问公正执法的事，他们却被看成是法律、正义和公众安宁的最高保护者。这些还只是他们的一般权限；而在元老院授权给第一个执政官，由他负责国家安全以后，这一条文便使他立即超越一切法令，为维护自由，暂时行使着专制的权力了。保民官的性质，从各个方面讲，与执政官是不同的。前者的外貌谨慎、谦虚；但他们的为人是神圣不可侵犯的。他们所掌握的权力主要是为了反对而不是为了主动采取行动。按规定，他们的责任是维护被压迫者的利益，赦免某些罪行，对人民的敌人提起公诉，以及在他们认为必要时，只需一句话就可以停止政府的一切活动。只要共和国还存在，种种重要的限制都能使不论是执政官还是保民官可能通过他们的司法权力产生的危险影响受到削弱。首先，当选后一年的任期届满他们的权力便终止了；其次，前者的职权由两人分担，后者更分属 10 个人；而且由于他们的利益在公、私两方面都互相冲突，他们的这种对立状况，在绝大多数情况下，不但不会削弱，而反倒加强了宪法的稳定性。但是，如果执政官和保民官的利益联合起来，如果它们的权力又终身落在一个人手中，军队的统帅又同时既是元老院，又是罗马公民大会的主事人，那就根本不可能阻止他行使帝王的特权，也极不容易对他的这种权力加以限制。

在这些愈集愈多的荣誉之外，奥古斯都的政策很快又使他获得了最高祭司长和监察官这两个显贵和重要的头衔。前一职位使他有权处理有关教会的一切问题，后一种则使他有权随时检查罗马人民的行为和财产状况。如果这许多互不相干的独立的权力出现了彼此不完全协调的情况，温驯的元老院便随时准备作出最大限度、异乎寻常的让步以求尽可能加以弥补。罗马皇帝，这些共和国的最高负责人，被免除了许多给他带来不便的法令的限制和制裁；他们有权召开元老院会议，可以在一日之内提出几个不同的动议，有权推荐接受国家荣誉的候选人，扩大城市的范围，凭他的意愿处置国家财政收入，对外宣战或停战，批准和外国缔结的条约；而且还有一个包罗极广的条文，允许他们有权，在他们认为有利于帝国，于公事、私事、于人事或神事有好处的时候，按自己的意愿处理一切问题。

当有关国家行政的种种权力全集中于这帝王般的执政官一身的时候，共和国的一般执政官便全都退居幕后，完全失去活力，也几乎无事可做了。奥古斯都十分认真和细心地把古老的行政单位的名称和形式全都保存下来。原来的一定数目的大小执政官和保民官每年都得举行就职仪式，继续干一些完全无关紧要的工作。这类荣誉对好虚荣而又抱有野心的罗马人仍具有极大的诱惑力；而那些帝王们自己，虽然终身享有担任执政官的权利，却常常也极愿不惜屈尊和一些最有声望的公民们一同分享那一年一度宣誓就职的荣耀。在选举这些执政官的时候，奥古斯都统治下的人民，全都可以尽情揭露失控的民主所造成的种种危害。那位狡猾的君王，不但丝毫不会表示出不耐烦的神色，却总是十分谦恭地为他自己和他的朋友拉选票，一丝不苟地和一般的候选人一样参加一切活动。在他后来的统治期间，他所采取的把一切选举都改在元老院进行的第一个步骤，最早也许是他的议会提出的，于是公民大会便从此永远消失了，皇帝们也便从这个危险的群体中脱离出来，这个群体不仅并没有恢复自由，却只是干扰了，也许还几乎破坏了已建立的政府。

马略和恺撒，通过宣称自己是人民的保卫者，推翻了他们的国家的宪法。但是一旦元老院受到压制，并被解除武装，这样一个由五六百人组成的议会，马上便会被看作是一个更易于对付、更有用的统治工具。奥古斯都和他的一些继承者都完全是在元老院的声威的基础上建立起他们的新帝国的；他们在任何场合也都不会忘记使用贵族的语言和原则。在行使他们自己的职权的时候，他们总要听取大国民议会的意见，在至关重要的战争与和平问题上，更似乎是完全听从它的决定。罗马、意大利和内地各省全都处于元老院的直接管辖之下。有关民事问题，全由最高法院最后裁决，至于刑事问题，如罪犯是一些具有一定社会地位的人，或犯罪行为威胁到罗马人民的和平和尊严，则将由一个专门为之组成的法庭来审理。行使司法权力竟慢慢变成了元老院经常为之忙碌的一项严肃工作；在他们面前提出的一些重大案件的辩护词集中表现了古代的出色的辩才。元老院既是国务会，又是判案的法庭，自然享有相当大的特权，但从它实际应该代表人民的立法权力来讲，君主的特权也只存在于这个议会之中。一切权力都需由它授与，一切法令得由它批准。常委会规定在卡兰茨日、能日和艾茨日每月举行三次。会上的辩论大体上是不受限制的；那些以元老的名誉为荣的君王们也和其他元老同坐在一起，参加表决，赞成或反对某一议案。

帝国体系概况

这里打算用几句话再简单讲一讲帝国结构的概况；这一套组织系统是由奥古斯都建立的，后来的那些深知自己的利益所在，也知道人民利益何在的君主也都依样奉行，整个这一套，我们完全可以称之为在共和国形式掩盖下的君主政体。罗马世界的主子们把自己的王座安置在一片黑暗之中，让谁也看不见他们的无可匹敌的力量，谦恭地自称是元老院负责的执事，他们决定，同时也服从元老院制定的最高法令。

法庭的外貌和行政机构的形式是互相适应的。如果除掉那些由于一时愚蠢不惜破坏一切自然和社会法则的暴君，皇帝们，对于那些可能激怒国民，而又无助于增大他们的实权的空排场是十分厌恶的。在一切日常生活活动中，他们都装着和他们的臣民不分彼此，保持平等的互相拜访和宴请的关系。他们的生活习惯、他们的宫殿、他们的餐桌也都不过和一些十分富有的元老大致相同。他们的家庭，不论人数如何众多或多么豪华，全不过由家养的奴隶和被释放的男奴（一个无能的君王常常完全受制于他的家人。奴隶们的巨大权力更加重了罗马人的羞辱；元老院常常会讨好一个雅典娜或一个那喀索斯。而在现代，一个被宠的奴仆却有可能是一个正人君子。）组成。奥古斯都或图拉真因不得不雇用一些最下流的罗马人承担那类奴仆工作，可能会不免感到脸红，在现代英国的一位有限专制的君王的家庭和卧室中，这类工作却是最体面的贵族们全都求之不得的。

让人把皇帝神化是他们的行为中唯一脱离惯常的谦虚谨慎态度的一个例证。这种下流的、亵渎神灵的献媚方式的创始者是亚洲的希腊人，而第一批被神化的对象则是亚历山大的继承人。这种做法是很容易从帝王转移到亚洲的总督们身上的；罗马的行政官便常被通过一连串的建坛、建庙、举行庆典、供奉牺牲的闹剧而被尊为地方神灵。十分自然，那些君主们是不会拒绝前执政官们已经接受过的荣誉的；不论是前者还是后者，从各省获得的这种神化的荣誉所表现的，倒不完全是罗马人的奴性，而更是政府的专制。但那些征服者很快便开始对被征服民族的谄媚手法进行模仿了；第一个恺撒的目空一切的气质使他轻易便同意了，在他活着的时候，让他在保护神中占据一个席位。他的较为温驯的继承者拒绝了这一十分危险的狂妄作为，而且其后除了疯狂的卡利古拉和图密善之外，再也没有人恢复那一做法。奥古斯都也确曾允许某些省城给他建庙，但条件是对君主的崇拜必须和对罗马的崇拜联系在一起；他允许人们进行可能是以他为对象的迷信活动；但他感到仅由元老院和人民把他作为一个人来崇拜也就够了，明智地把是否应公开将他神化的问题留给他的继承者去考虑。任何一个生前死后不曾被视为暴君的帝王死去以后，元老院一定严肃宣告他已跻身神灵之列，这早已成为一种习惯了；被尊为神的仪式总是和葬礼同时进行。这种合法的，但似乎应该是不明智的渎神活动，与我们的较为严厉的生活原则难以相容，只是天性驯良的多神论者虽略感不满却仍表示接受，不过这却被看作是出于策略上的需要，而并非正规的宗教活动。我们如果拿两安东尼的美德和赫耳枯勒斯或朱庇特的恶行相比，那自然是对那些美德的玷污。甚至恺撒或奥古斯都的性格也远远超过了民间所祀奉的那些神明。前面的这些人生活在那么一个开明的时代，只能说是他们的不幸，因为他们的一切作为都已被如实记录下来，使之不可能像热情的普通平民所希望的那样，随意掺进一些神话成份和神秘色彩了。一旦他们的神的地位被法律所肯定，这件事也便立即被人遗忘，可说既无助于提高他们的声望，也无助于增加后代帝王的荣誉。

在谈到帝国政府的时候，我们常常用那个众所周知的头衔奥古斯都来称谓它的机智的创始人，而其实这个头衔是在帝国政府已经几乎建成之后才加在他头上的。屋大维这个鲜为人知的名字来之于名为阿里西亚的一个小镇上的一个卑贱的家庭。这名字沾满了流放者的血迹；如果可能，他是极希望完全抹掉他过去的生活经历的。那个闻名于世的恺撒名号是在他成了那位独裁者的养子之后加上的；但他完全知道，他绝不应希望能和那位出类拔萃的人物相提并论，或和他一较高低。元老院有人提议对他们的这位负责人加一新称号；在经过一番严肃的讨论之后，在众多名字中选定了奥古斯都，并认为这个名字最能代表他的酷爱和平和力求圣洁的性格。于是奥古斯都便成了个人的，而恺撒却成为一个家族的荣名。前一名号自然在受此荣名的皇帝死去之后便不再使用；至于后者，不论通过收养或女性姻戚关系如何被许多人滥用，却只有尼禄是最后一位有幸确实能称得上和尤利乌斯有血缘关系的帝王。但在他故去的时候，近一百年的习惯已使那些名号和皇帝的威严紧密相连，难以分割，因而这种做法，从共和国毁败直到现今，始终由一代代皇帝——其中有罗马人、希腊人、法兰克人和日耳曼人——保留下来。但不久其间也出现了差异。奥古斯都这个神圣的名字后来仅只有君王本人可以采用，而恺撒这个名号却可以比较自由地用在他的亲属们身上；而且，至少自从哈德良继位以后，这个名字只有国家的第二号人物，被视为王位继承人的人才可以采用。

奥古斯都何以对他所破坏的自由宪法又怀有由衷的崇敬之心，这只能从这位思想细密的暴君的勤于思考的性格来理解。冷静的头脑、冷漠的感情和怯懦的天性使得他在 19 岁时便戴上了伪善的假面具，而且其后终身如此。他用同一只手，也许还是用同一种心情，签署了对西塞罗的放逐令和对秦纳的赦免令。他的善良，甚至连他的邪恶，全都完全是一种伪装，也正是由于自身的不同利害关系的驱使，才使他始而是罗马世界的敌人，继而又成了它的慈父（当屋大维来到恺撒的宴会厅的时候，他的脸色像一条变色龙一样不停地变换颜色；最初是煞白，接着变红，然后又变黑，最后他更装出一副维纳斯和格雷斯女神的神态。尤利安在他的精彩小说中所描绘的这一形象是公正而典雅的。但是，对他的性格的改变他认为确系由于内心发生了变化，并把这归功于哲学的影响，那就未免有点过分抬举了哲学和屋大维。[琉善——《诸恺撒》]）。在他制订保证皇帝权限的那套巧妙的体系的时候，他的温和态度完全是出之于恐惧。他希望创造出一个政治自由的假象来欺骗人民，并用一个文官政府的假象来欺骗军队。

I. 恺撒被杀时的情景一直都呈现在他的眼前。他对他的亲信一直不惜以重金和各种荣誉头衔予以犒偿；可他明明看到阴谋反对他叔父的正就是他的最得宠的朋友们。军队的忠心也许可以在有人公开谋反时保卫他的权势；但他们无论如何警惕也无法保证他不会被一个抱定决心的共和派用一把匕首刺死；而那些至今还怀念布鲁图斯的罗马人，对于一个肯模仿他的行为的人一定会大加赞赏。恺撒所以会遭到如此下场，既由于他过分显示自己的权势，也由于他拥有的实权本身。执政官或保民官的称号完全可以让他平静地统治下去的。而皇帝的称号却使得罗马人民武装起来置他于死地。奥古斯都深深体会到人类完全是靠名号统治着；他也根本不相信，如果慎重其事地让元老和罗马人民相信，他们现在仍然享有古代的自由权利，他们便可能会甘愿让人奴役。一个无能的元老院和软弱的人民会很高兴接受这种可以聊以自慰的假象，只要奥古斯都的继承人们出于善心，或甚至出于谨慎，尽力维持着那一假象。真正促使那些谋反者起而反对卡利古拉、尼禄和图密善的动机是自我保存，而并非争取自由。他们攻击的目标是暴君本身，而并非要推翻皇权。

的确，似乎也有一次发生的情况是令人难忘的：元老院在不下 70 年的忍耐之后，却忽然无效地企图恢复那些早已被遗忘的权力。在卡利古拉被刺、皇座空虚的时候，执政官们在朱庇特庙召开了一次会议，会上谴责了已死的恺撒，向少数几个三心二意站到他们的旗帜之下来的军分团提出了争自由的口号，并在 84 小时中充当了自由共和国的独立的最高领导。但在他们正进行精心安排的时候，禁卫军却作出了决定。格尔马尼库斯的兄弟，愚蠢的克劳狄乌斯这时已在他们的营地之中，穿上了皇帝的紫袍，决定用武力来支持自己竞选。自由的梦从此告一结束，元老们一觉醒来，所面临的却是无可逃避的可怕的苦役。这个被人民所抛弃，并受到武力威胁的软弱无力的会议立即被迫听从禁卫军卫士的决定，只得欣然接受了克劳狄乌斯出于谨慎向他发布并出于慷慨始终未曾收回的赦免状。

Ⅱ. 军队的傲慢无礼使得奥古斯都产生了一种更为不安的恐惧。市民的绝望，在任何时候，至多也不过使他们试图干一些士兵随时都可能干的事。他自己既已引导广大的人民去破坏自己的一切社会职责，那他对他们的权威又如何能够作准！他听到过他们造反时的呼喊声，现在他看到他们静下来进行思考更感到十分可怕。一次革命是花费巨额酬金买来的；而如果再来个第二次革命那所要支付的酬金便可能加倍。军队表明自己对恺撒家族无限忠诚；但这种群众性的忠诚是变化莫测、难以持久的。奥古斯都把充满罗马人偏见的可怕头脑中的一切剩余力量全都动员起来，以为自己所用；依靠法律制裁来增强严格的纪律性。同时，把元老院的权威置于皇帝和军队之间，公然要求他们对他，这个共和国的最高行政长官效忠。

从这一巧妙制度的建立到康茂德之死这漫长的 220 年间，一个军事政府必然带来的危险，在很大程度上，始终被拖延下来。十分侥幸，军队很少意识到自身的强大和文职政府的软弱无能，而这一点，不论在这以前还是以后，一直都是产生这类灾难的根源。卡利古拉和图密善都是在皇宫之内被他们自己的家臣刺杀的：前者的死在罗马引起的骚乱始终只限于罗马城的四门之内。而尼禄的败亡却使整个帝国都被卷了进去。在短短的 18 个月中有四位帝王倒在短剑之下；各部队之间争强斗胜的疯狂行径震撼着整个罗马世界。除了这一尽管十分激烈，却为时短暂的军事骚乱之外，自奥古斯都至康茂德的这两个世纪却平安过去，既未曾沾染上内乱的血迹，也未受到革命的骚扰。皇帝的选举活动由元老院主持，并得到士兵们的同意。各军团谨守自己的效忠誓言；必须通过对罗马年鉴的仔细审阅才有可能发现三次关系不大的叛乱，这些叛乱全都在几个月内被平息下去，甚至都没有形成内战威胁。

（【英】爱德华·吉本著，黄宜思、黄雨石译：《罗马帝国衰亡史》，D·M·洛节编本，商务印书馆，1997 年，第 58—73 页。）

攫取权力，只是第一步。如何巩固权力才是摆在奥古斯都面前最大的难题。恺撒遇刺的遭遇对奥古斯都来说，可谓是余生时刻回荡耳旁的警钟。于是，最终确立下来皇帝的选举要"得到士兵们的同意"，在武装力量的支持下，再寻求元老院授予形式上的权力。

这样的做法很有效率。短期来看，起码在 200 年里，保障了独裁权力的代系顺利过渡，但是它在支持帝国盛世兴起的同时，也埋下了衰亡的种子。

思考与讨论

大家来聊聊"权力"。权力是什么？你想象一下屋大维逐步掌握的权力能派上什么用处？你觉得权力会如何改变一个人？如果你是屋大维，面对这样的局势，你会怎么做？你会怎么处置你已经获得的权力？

进阶阅读

1.【古罗马】阿庇安著，谢德风译:《罗马史》第十四卷（内战史第二卷），商务印书馆，1995 年。

屋大维如何击败恺撒的另一位追随者安东尼，并在这个过程中奠定了权力的基础，是阿庇安的《罗马史》最后一部分叙述的故事。事实上，这两位巨头对罗马权力的争夺，被后人要么镀上了一层浪漫的色彩，如莎士比亚的戏剧《安东尼与克娄帕特拉》，要么染上了西方与东方、开明与集权、美德与堕落这样的价值色彩。而阿庇安的《罗马史》可谓是时间上与那一系列政治事件较为接近的历史记载中既详尽又较为客观的。

整部《罗马史》分上下两卷。上卷内容大体包括西班牙史、汉尼拔战争史、布匿战争史、伊里亚史、叙利亚史、米特拉达梯战争史和其他一些历史片断。作者叙述了罗马国家的起源、地中海周围各个民族的形成、政治经济制度、风土人情以及罗马征服这些民族的过程，实际上简要叙述了罗马帝国形成的全部历史。下卷为罗马内战史，包括：格拉古兄弟改革、斯巴达克奴隶大起义、意大利人争取公民权的同盟战争、马略同苏拉的斗争、恺撒大战庞培以及屋大维大战安东尼等。事实上，在罗马成为帝国之前的部分历史，都能在这部著作中读到。

2.【古罗马】苏维托尼乌斯著，张竹明等译:《罗马十二帝王传》，商务印书馆，2000 年。

这本有趣的著作记载了从恺撒开始的罗马帝国最初的 12 个元首的生平事迹。其中包括朱里乌斯传、奥古斯都传、提比略传、卡里古拉传、克劳狄传、尼禄传、伽尔巴传、奥托传、提图斯传和图密善传等。

苏维托尼乌斯并不是一位严肃的历史记述者，他热衷于奇闻轶事。在其《罗马十二帝王传》中，即搜罗了大量关于帝王们的日常政治活动和私人生活的细节和奇闻。

苏维托尼乌斯似乎更在意作品传递的道德训诫意义，他笔下的皇帝分为好皇帝和坏皇帝，而皇帝施政的成功与否，似乎与其生活细节也密不可分，好皇帝不仅施政英明，在生活上也简朴、克制、勤勉，坏皇帝则反之。这部作品中的好皇帝的榜样即奥古斯都，而坏皇帝的榜样即下文即将出现的尼禄。

三. 尼禄焚毁罗马城

这一章节的题目叫"尼禄焚毁罗马城"，然而，我们先要说明的是，很有可能公元64年的罗马大火失火原因完全与尼禄无关。可是，不管怎么说，当时的许多人都认为尼禄是罗马城遭焚毁的元凶。这一事件与其他诸起丑闻一起，成为尼禄败亡的导火索。

尼禄·克劳狄乌斯·凯萨·奥古斯都·日耳曼尼库斯（Nero Claudius Caesar Augustus Germanicus，37年12月15日—68年6月9日），又名尼禄·克劳狄乌斯·凯萨·杜路苏斯·日耳曼尼库斯（Nero Claudius Caesar Drusus Germanicus），罗马帝国皇帝，54年—68年在位。他是罗马帝国朱里亚·克劳狄王朝的最后一任皇帝。尼禄被他的叔公克劳狄收养并成为他的继承人。54年，在克劳狄死后，尼禄继承为古罗马帝国的皇帝。68年，温代克斯在高卢发起叛乱，以及加尔巴在西斯班尼亚的推波助澜，直接将尼禄赶下台。面对被暗杀的威胁，尼禄于68年6月9日自杀身亡。

尼禄是历史记述中有名的暴君，记述中，他杀死了自己的母亲、妻子、弟弟和老师，为了建造宫殿还焚毁了罗马城，屠杀基督徒，生活奢靡，在西方文化中，是一个几乎与商纣王类似的形象。尼禄死后，爆发了罗马帝国早期最大的动乱，这样的社会局面与尼禄执政时期的政策也不无关系。但是，也有历史学家看到尼禄对于罗马帝国实施的积极方面的政策，包括他的致力于外交和对外贸易，面向平民提供优惠的金融政策以及频繁举办盛大的公共活动，对外则与外敌和谈保持阶段性的和平。在个人形象上，尼禄也十分招人喜爱，他多才多艺，无论对文学、音乐、建筑和体育都很热衷。

那么，尼禄究竟是好皇帝还是坏皇帝呢？这是本章节将要试图探讨的问题。而尼禄在罗马城熊熊烈火中高唱"特洛伊的陷落"，这一传说中的场面则是本节课的第三个关键时刻。这一时刻深深镌刻在人们的意识中，它代表了帝国初期的独裁者对于至高的权力极限的试探。

图1.3 公元1世纪的紫水晶浮雕，尼禄扮成阿波罗演奏竖琴，藏于法国圣但尼大教堂

3.1 罗马大火中，尼禄高唱"特洛伊的陷落"

究竟尼禄干过多少荒唐事儿？在大仲马的小说、好莱坞的电影和安彦良和的漫画里都被演绎得绘声绘色，而这一切的源头，或许就是古罗马历史学家苏维托尼乌斯在《罗马十二帝王传》中的记述。正是在此书中，作者向世人描绘了在熊熊大火中高唱"特洛伊的陷落"的尼禄形象。

XXXIII. 从谋害克劳狄之日起，尼禄开始了自己的弑父母和谋杀的生涯，因为即使他不是克劳狄之死的祸首，那至少也是一名同谋者，对此他并不掩饰。他后来总是对蘑菇赞不绝口——克劳狄是吃了一种放有毒药的蘑菇死的，称蘑菇为"神的食物"，如希腊俗语的说法。千真万确，尼禄在言论和行动上，对已故的皇帝竭尽了攻击之能事，他时而指责克劳狄愚不可及，时而揭露他残酷无情，因为他经常开玩笑说，克劳狄已停止在人间"发傻"，并故意把 mõrari 一词的第一音节拉长。他蔑视克劳狄的许多敕令和法规，把它们说成是一个疯子和庸人的作品。最后，他对克劳狄的火葬地也不在意，只用一个简陋的矮墙围起来草草了事。

他企图毒死不列塔尼库斯，因为嫉妒这个兄弟有一副更动听的嗓子，同时更惧怕的是或许有一天由于人们对他父亲的怀念，不列塔尼库斯会在人民中赢得更大的好感……

XXXIV. 他讨厌自己的母亲，因为她太严格地监视他和指责他的言行。起初他只是以假装要退位和到罗德斯隐居相威胁，并设法激起人们对她的憎恨。然后，他剥夺她的全部荣誉和权力，取消她的士兵和日耳曼人卫队，拒绝同她住在一起，将她逐出官殿。此后，他绞尽脑汁折磨她。当她住在罗马时，他指使人告状，让她不得安宁，当她退居乡里时，他差人由陆路和海路经过她家门口，通过吵闹和嘲笑打扰她的休息。最后，由于受到她准备使用暴力的恫吓，尼禄决心杀死她。他三次企图毒死她，但发现她都服了解毒药，事先有所防备。

……（关于尼禄用尽手段，最后谋杀了母亲，本书有删节。）

但是无论当时还是后来，他都无法忍受良心的谴责。虽然士兵、元老院和人民努力以祝贺鼓舞他，他常常供认，母亲的阴魂和复仇女神弗里娅的皮鞭与燃烧着的火把在追赶着他，因此，他让术士举办祭典驱散阴鬼和祈求宽恕。此外，在经过希腊的旅途中，他不敢冒险参加厄琉息斯秘仪，因为每当这种仪式开始时，司仪总要宣布,渎神者和罪人必须走开。

弑母之后，尼禄继而谋杀姑母。有一次他去看她，那时由于便秘，她正卧床不起。老太婆像平素那样抚摸他那绒毛般的胡须（因为他已长大成人了），并亲切地说："我一看到这胡须被剪掉，我就是死了也会高兴的。"尼禄转向自己的朋友，像开玩笑一般说道："我马上把它剪掉！"然后，他命令医生给病人服大剂量的泻药。她还没有咽气，尼禄便霸占了她的财产，还扣押了她的遗嘱，不让任何遗产从他手中溜掉。

XXXV. 除屋大维娅之外，尼禄后来又娶两个妻子。先娶的是波贝娅·萨宾娜。她是离任财务官的女儿，以前曾同一名罗马骑士结过婚。后娶的是斯塔提里娅·美撒里娜，她是两次担任执政官和举行过一次凯旋式的陶路斯的曾孙女。为了得到美撒里娜，尼禄杀死了她的丈夫，当时正在担任执政官的阿提库斯·维斯提努斯。尼禄同屋大维娅同居不久便厌倦了，在回答朋友们的责怪时，他说："她应当对能有这个称号感到满足！"后来，他几次想勒死她，但都没有成功。于是，他借口屋大维娅不生育把她遗弃了。当人民对这种离婚表示非议并且公开谴责时，他把她流放了。最后，他指控她犯有通奸罪把她处死了。指控的手段十分无耻且无根据。当所有被拷问的人都矢口否认她有这种罪过时，尼禄竟让自己昔日的教仆阿尼凯图斯作伪证承认自己曾经诱奸过她。尼禄特别爱波贝娅，在同屋大维娅离婚后12天，便同她结了婚。可是，他也把她踢死了，在她正怀孕和生病的时候，因为她斥责尼禄从赛场回来晚了。她给他生了一个女儿克劳狄娅·奥古斯塔，可是，当她还是一个婴儿时，便死掉了。

　　说实在的，在他的罪恶生涯中，没有哪一支亲戚没受过他的迫害。他杀害了克劳狄的女儿安东尼娅，因为波贝娅死后，她拒绝嫁给他，因而被他诬陷阴谋造反。他以同样的方式对待自己的其他有血缘关系或婚姻关系的亲戚，其中包括年少的奥路斯·普劳提乌斯。在处死他之前，尼禄残暴地奸污了他，还说："让我的母亲现在来亲吻我的这位接班人吧！"他在处死普劳提乌斯时公开指控阿格里皮娜爱过普劳提乌斯，这使他产生了谋取王位的念头。他的继子鲁弗里乌斯·克里斯波努斯是他的前妻波贝娅的儿子，当时尚未成年。有一次，当这孩子正在钓鱼时，尼禄命令这孩子的奴仆将其推下海淹死。据说，原因是这孩子喜欢扮演将军和皇帝。他放逐了自己乳母的儿子图斯库斯，因为在其担任埃及总督时，曾在为尼禄的到来而兴建的浴池里洗澡。当他的老师塞内加不时请求退休和表示打算放弃自己的财产后，尼禄郑重其事地发誓说，他错误地怀疑了塞内加，同时表示，宁愿自己死也不愿伤害自己的老师。尽管这样，他还是逼迫塞内加自杀了。他答应给自己的近卫军长官布鲁斯咽喉药，可是送去的却是毒药。在他过继和登基问题上曾帮助过他，后来做他顾问的富有的老获释奴们，也被他毒死了，他在他们的食物或饮料中放毒。

　　XXXVI. 尼禄对待皇室以外的人也同样残酷。彗星被人们普遍认为是至高无上的统治者死亡的预兆，竟然连续数夜在天空中出现。这使尼禄惶恐不安。他从占星家巴尔比路斯那里听说，国王们通常用杀死一个名人的办法祛除这种凶象，因为这样可以把这种凶象转嫁给其他名人。于是他决心处死国家的所有名流。当两次反对他的密谋被揭露之后，他这样干的信心更加坚定，并且有了一定借口。第一次、也是最大的一次密谋是在罗马发生的庇索阴谋（65 A.D.）；第二次则是在贝尼温图姆发动也是在那里被揭露的维尼奇乌斯阴谋。阴谋者在戴着三重脚镣进行申辩时，有的人主动承认了自己的罪行，有的人甚至以此居功，说只有死才能帮助一个罪恶深重的人。这些受审者的孩子有的被逐出罗马，有的被毒死或饿死。据说，一些孩子是在同自己的教仆和书僮共进仅有的一餐时一道被杀，另一些孩子则是因被禁止供应每天的口粮而饿死的。

　　XXXVII. 此后，尼禄不分青红皂白，随心所欲地滥杀无辜，随便找个借口，就可处死任何一个人。只需举几个例子便可说明：萨尔维狄恩努斯·奥尔菲图斯被判有罪，因为他把市中心广场上自家连着住房的三个店铺租给一些自由城市的使团作驿馆。双目失明的法学家卡西乌斯·龙吉努斯被判有罪，因为在他的古老氏族家谱中，保存着恺撒的谋杀者盖乌斯·卡西乌斯的肖像。培图斯·特拉塞亚也受到惩罚，因为他长相阴沉，像一个教师爷。他从不给被赐死的人超过1小时的缓期。为了不耽搁时间，他把医生叫到跟前，让他们"关照"那些犹豫不决的人。……由于成功地做到这些，尼禄趾高气扬地吹嘘说，他不承认有哪一位皇帝知道他拥有什么样的权力。他常常抛出许多明白无疑的暗示，他不会吝惜留下来还活着的那些元老，而且总有一天，他将把这个等级从国家中铲掉，把行省管理和军队的指挥权委任给骑士和获释奴。的确，无论旅行启程，还是旅行归来，他从来不吻任何元老，对别人的问候也从不还礼。伊斯米亚地峡工程正式开工时，他在大庭广众面前高声祈求，但愿这项工程能够造福于他本人和罗马人民，至于元老院，他只字未提。

XXXVIII. 对人民和罗马城墙，他也一样不予吝惜。当有人在一般性谈话中说道："我死后，愿大地一片火海"尼禄打断他的话说："不，在我还活着的时候！"他果然做到了。他似乎不堪忍受丑陋的古老建筑物和狭窄弯曲的街道，于是，他公然将罗马城付之一炬。尼禄贪图"金屋"附近的一些仓库地盘，先用攻城机械撞毁仓库，然后纵火焚烧，因为它们的墙壁是石头砌的。大火蔓延6天7夜。人民只好到纪念碑旁和墓地避难。除了数不清的房舍之外，依然装饰着敌人战利品的古代将军的宅邸也被烧毁了，国王时期，乃至后来的布匿战争和高卢战争中许愿和奉献的神庙均被化为灰烬。自古保存下来的令人叹为观止和具有纪念意义的一切东西亦被烧得干干净净。尼禄从玛塞纳斯塔楼上观看这场大火，如他所说，火焰的绚丽景象使他心花怒放，于是他穿上自己的舞台服装，高唱"特洛亚的陷落"。此外，为了从这场火灾中捞好处，他宣布由公家负责运走尸体和垃圾，不许任何人接近自己家的废墟。他不仅收受而且要求行省和个人捐资，这几乎耗尽了行省的财力和榨干了个人的资产。

（【古罗马】苏维托尼乌斯著，张竹明等译：《罗马十二帝王传》，商务印书馆，2000年，第244—251页。）

苏维托尼乌斯所著的《罗马十二帝王传》是非常有趣的一部书。它记载了丰富的逸事，各种俏皮话和非常多的奇闻，但是其记述是否真实地再现了历史事件，那是存疑的。在书中，我们发现了一位如《封神榜》中的商纣王一样的罗马皇帝尼禄，他一方面多才多艺，一方面又自负残忍，荒淫无道。

3.2 公元64年罗马大火的另一种说法

而在另一位古罗马历史学家塔西佗《编年史》中，罗马城的大火似乎并不是尼禄的罪行。

(38) 紧跟着就发生了一场灾难。这是出于偶然还是由于皇帝的罪行，就不清楚了。同意哪一种说法的人都有。这次的灾难比罗马过去所遭到的任何一次火灾都更加严重、更加可怕！火灾开始在大竞技场同帕拉提务斯山和凯利乌斯山相连接的那一部分；火是从那些堆积着易燃商品的店铺引起的。火势一起就十分猛烈，它在烈风的助长之下很快就把整个大竞技场点着了：因为那里没有被界墙围起来的房屋，没有被石垣围起来的神殿，又没有任何其他障碍物可以阻挡火势的蔓延。大火首先猛烈地延烧平坦的地区，继而就烧到山上去，随后又从山上烧到下面来，任何预防措施都赶不上延烧的速度。火灾蔓延得很快，这特别因为旧罗马的特征是：它的巷子狭窄而又曲折，而它的街道又是建筑得不规则。

　　加上到处是惊慌呼叫的妇女，到处是逃难的老幼，有的人只管自己安全，有的人也照顾别人，他们拖着病弱的人或是停下来等待他们。这些人不论是走得慢还是走得快，都只会使乱上加乱。当他们向回看的时候，往往火焰就从两侧或从前面扑了过来，或者，如果他们逃到邻区去，邻区那里也被火焰包围了，甚至那些他们认为是远离危险地带的市区也同样都遭到了火灾。最后他们竟不知道要回避什么和要逃到什么地方去，于是他们就都拥到大路上去或是倒卧在田地里：有些人已把财产丢得一干二净，甚至每天的口粮都丢了。在这种情况下，虽然他们可以逃命，也宁愿死去。另一部分人也学了他们的样子，因为他们虽然爱自己的亲人，却又没有力量去救他们。没有人敢去救火，因为许多不许人们去救火的人不断发出威胁，还有一些人竟公然到处投火把。他们喊着说，他们是奉命这样做的。也许他们的确接到了这样的命令，也许是因为他们这样做可以更加放手去趁火打劫。

　　（39）这时正在安提乌姆的尼禄，直到大火快要烧到他用来把帕拉提努斯山和迈凯纳斯花园连接起来的那所房屋的时候才回到罗马来。但是要想使大火不把帕拉提努斯山和山上面他的官殿及其周边一切建筑物烧光，看来是不可能的了。但是，尼禄却开放了玛尔斯广场、阿格里帕的那些建筑物以至他自己的花园，来收容无家可归的逃亡人群；他还搭起了许多临时的窝棚，来安置走投无路的群众。必需的食品都是从欧斯提亚和邻近的各城市运来的，粮食的价格降低到三谢司特尔提乌斯。他的措施尽管对人民群众有利，却未得到应有的效果。因为外面传说，正当罗马起火的时候，他却登上了他的私人舞台，而且为了用过去的灾难来表示当前的灾祸，他竟然歌唱起特洛伊被毁的故事。

　　（40）直到第六天，在烧毁了大片土地上的建筑物之后，大火才在埃司克维里埃山的山脚下停了下来。这时火焰虽然依旧十分凶猛，但是却面临了一片空地和一无所有的空际。不过在人们的惊惶情绪得以平静下来，或者人们得以重新有了希望以前，在城内人口不太稠密的地方大火又开始肆虐了。在这里死亡的人数并不太多，可是神殿和用于游憩的柱廊毁坏的规模却更大。第二次大火引起了更大的非议，因为它是从埃米里乌斯区提盖里努斯的房屋那里开始的，这种种迹象都表明尼禄是在想取得建立一座以他的名字命名的新首都的荣誉。

　　罗马实际上分为十四个市区，其中只有四个市区还是完整的，三个市区已被烧成一片空地；在其他七个市区里面，除了一些烧得半焦的、破烂的断瓦残垣以外，什么都不剩了。

　　（41）要计算被火烧光的私人住宅、房区和神殿，是困难的。但是在古老的宗教建筑物当中，被烧掉的有谢尔维乌斯·图里乌斯献给鲁娜神的神殿；阿尔卡地亚人伊凡德尔献给肉身显现的赫尔克里士的大祭坛和神殿；罗木路斯还愿修建的朱庇特·司塔托尔的神殿；努玛宫，维司塔和罗马人民的家神的圣所。在这些之外还必须加上无数次战斗中夺得的珍贵战利品，希腊艺术的杰作，还有罗马的那些天才作家的不朽的古老文献；这样看来，尽管重建起来的城市十分壮丽美观，但是老一代的人仍然能回忆很多不可能再恢复起来的东西。有些人注意到，火最初是在 7 月 19 日烧起来的，这正是谢洛尼人攻占和焚烧罗马的日子。

　　另有一些人还特别计算出来，在这两次大火中间是同样数目的年代、月份和日子。

　　（42）但是尼禄却利用罗马的大火的废墟来修造一座新的宫殿，这座宫殿的特别诱人之处，与其说在于那人们早已熟悉的和庸俗的奢侈品如宝石和黄金之类的东西，无宁说在于那些草地和湖泊以及由林地、空地和开阔的景物交错而成的一种幽静气氛。尼禄的建筑师和工程师是谢维路斯和凯列尔，他们甚至有才能和勇气不顾大自然的规律，来试验他们的技艺的力量，并且耗掉了一位恺撒的财产。

　　他们打算从阿维尔努斯湖到台伯河河口地方，沿着荒瘠的海岸或是通过中间的那些小山开凿一条可以通航的运河；在河道经过的地区只有彭普提努斯沼地可以把水供应给这条河。其余的地方都是悬崖和干涸的沙地，而且要是想打通这些地方，那就要付出极大的努力，而且又没有充分理由来说明为什么一定要这样做。虽然如此，极力想完成不可能的事情的尼禄还是努力要把离阿维尔努斯湖最近的那些小山打通，这一徒劳无益的工程的遗迹到今天还可以看到。

（【古罗马】塔西佗著，王以铸、崔妙因译：《编年史》，商务印书馆，1981 年，第 535—540 页。）

　　塔西佗与苏维托尼乌斯一样，同为罗马帝国时期的史家，然而更严谨。苏维托尼乌斯像是一位百科全书式的学者，他同等地写作家的传记和妓女的传记、罗马的官职和希腊的骂人话、西塞罗的理论和人体的缺陷……十二个帝王的传记只是苏维托尼乌斯这种总的写作倾向涉猎的一个偶然的领域而已。塔西佗则专精历史写作，除《编年史》外，还有《历史》和《日耳曼尼亚志》等著作。塔西佗虽然对尼禄亦持批评态度，但是在他的记载中，我们能发现，罗马大火时，尼禄并不在罗马，而且他回到罗马救火，开放宫殿安置灾民。

3.3 好皇帝和坏皇帝

　　尼禄究竟是好皇帝还是坏皇帝？为什么在不同的记载中有着并不一致的评价？究竟何者更为可信？这虽然是一些对普通读者来说毫无悬念的问题，但难免引起史学家的兴趣。Christopher Kelly 在《罗马帝国简史》第二章"帝国权力"中专以"书写帝国权力"一节详述了他对于当时的史学家书写权力巅峰的罗马皇帝的秘密的探索。

Writing Imperial Power

Many of the expectations implicit in Pliny's praises of Trajan's exercise of imperial power are more openly on display in a series of imperial biographies written by his contemporary and protégé Suetonius, a scholar and able administrator who held a series of important court posts under Trajan and his successor Hadrian. Like Pliny, Suetonius was explicit in his moral judgements. He offered both praise and condemnation, the latter possible at a suitable distance. All of his imperial subjects were safely dead: Domitian, the last emperor in the Lives of the Caesars, died a generation before Suetonius wrote.

As a biographer, Suetonius aimed above all to reveal the secret springs of human action. Good emperors could be distinguished by their virtues: liberality, *ciuilitas*, moderation, clemency. Their personal merits and well-regulated private lives mirrored a political programme which respected the position and importance of the wealthy elite in Rome. In Suetonius' view, Augustus, the paradigm of excellence, had restored the prestige of the Senate and recognized its pre-eminence. As he had brought order to the state, so Augustus' private life was also an admirable model of self-restraint.

His lack of expense on furniture and household goods may be seen from the couches and tables which are still in existence . . . They say that he did not sleep on any bed unless it was low and plainly furnished . . . He was a frugal eater (for I would not even omit this detail) and usually ate simple fare. He was especially fond of coarse bread, whitebait, handmade soft cheese, and green figs.

Bad emperors were marked out by their vices: pride, cruelty, avarice, luxury, lust. The defects in their characters and the disorderly excess of their private lives mirrored a culpable lack of concern with maintaining Rome's social hierarchy. For Suetonius, Caligula's shameless courting of public popularity amongst ordinary citizens was certain evidence of the disintegration of a proper order. His threat to award a consulship to his favourite horse was not to be seen as a well-turned and deliberate insult to the office at the apex of a successful senatorial career, but rather as an indication of an equine obsession bordering on madness. In this topsy-turvy world, an emperor who in public was alleged to break all the bounds of decency by ordering senators to run alongside his chariot, could also be believed in private to indulge in extravagant banquets and extraordinary sexual exploits with men, women, the wives of senators, and even his own sisters.

The same morally degenerative pattern observed by Suetonius in Caligula was repeated in his successor Nero. Nero was to be blamed for the great fire in Rome in AD 64. It was the prelude to a cynical land grab. On a 50-hectare site in the centre of the city the emperor constructed a new palace in beautifully landscaped pleasure gardens. In its extent and luxury, Nero's 'Golden House' far exceeded the imperial residences built by Augustus and successors on the Palatine Hill overlooking the Forum. In Suetonius' view, the creation of what amounted to a country estate in the heart of Rome was a perversion of the natural order of things: an all too visible sign of a régime that had no interest in the maintenance of a well-regulated society. The threat that imperial power might rest more on mass appeal in the city than elite support in the Senate was most wantonly on display in Nero's enthusiasm for popular pastimes such as chariot racing, plays, and gladiatorial games. For Suetonius, this was certain proof of a fatally flawed character. The moral lesson was clear. An emperor who fought in the arena and appeared on stage could more plausibly be condemned as a dangerous egomaniac strumming a lyre and singing a Homeric ditty as the capital of the world went up in flames.

A close concern with Nero's dramatic abilities is also the dominant theme in the most influential account of his reign, and one which, along with Suetonius' biographies, has done much to shape modern perceptions of Roman emperors. Cornelius Tacitus — a contemporary of both Pliny and Suetonius — is one of the most subtle historians and sophisticated political commentators whose works survive from Antiquity. In his *Annals* (completed some time around 120), Tacitus presented Nero's willingness to act out a variety of roles on stage as a public expression of a set of skills continually rehearsed in the more private world of the imperial palace. Here too the emperor performed. Here too a small audience of courtiers and the imperial family tried to second-guess the plot in order to know when to applaud, when to speak, and when to remain silent.

One of the most memorable scenes in the *Annals* opens with the imperial household dining together in a seemingly convincing picture of familial conviviality.

Amongst the company was Agrippina, Nero's mother, as well as the young Octavia and her brother Britannicus, who as the last surviving son of the emperor Claudius represented the most serious dynastic threat to Nero's imperial position. During the dinner, Britannicus collapsed. Speechless, he fell to the floor desperately gasping for breath. This (at least in Tacitus' account) is a murder scene. A hot drink, already tasted by Britannicus' attendant, had been cooled by water containing a fatal poison. As the young prince expired, Nero observed that nothing unusual was happening. The boy was epileptic and would soon recover. As it became clear that Britannicus was not acting up — but was actually dead — those less practised in the artifices of court etiquette hurriedly left the room. The more adept stayed in their places. Britannicus' loving sister Octavia did not flinch (to quote Tacitus): 'despite her youthful inexperience, she had learned to conceal her grief, her affection, her every feeling'. All kept their gaze fixed on Nero and followed his lead. 'And so after this brief silence, the festive pleasures of the meal were resumed.'

Nero's court is a dangerous world in which even silent observers, like the innocent Octavia, collude in disguising their real feelings. In March 59, four years after Britannicus' death, Nero invited his mother to holiday with him at Baiae on the fashionable Campanian coast near modern Naples. Agrippina agreed, genuinely expecting (according to Tacitus) to enjoy herself. Moreover, Nero had ordered a new and lavishly appointed boat to convey her across the bay following a banquet at which he had been particularly attentive and loving. On a bright starlit night, not far from shore, disaster struck. All seemed to go as Nero planned: the boat collapsed — as perhaps it had really been designed to do. This was to be another murder. But Agrippina and her maid Acerronia, saved by the stout sides of the couches on which they were reclining, were not crushed to death. In the confusion that followed, they were pitched into the water.

Acerronia, thinking that it would help her to be rescued, shouted that she was Agrippina. But her acting was too good; the crew beat her to death with boat hooks and oars. Agrippina herself remained silent and, only slightly wounded, made it safely to shore. Despite suspecting the attempt on her life, Agrippina at once sent her trusted servant Agermus to announce to Nero that she had narrowly survived an accident. The emperor in panic threw a sword at Agermus' feet and proclaimed that he had narrowly avoided assassination. Troops were sent to kill Agrippina who had, so the emperor alleged, clearly intended the death of her own son. Those at court wondered how to react to the news. Some celebrated the emperor's good fortune. But Nero himself went tearfully into mourning for the death of his mother.

In Tacitus' *Annals*, Nero's exercise of imperial power fatally deforms his world. Under Nero Rome is a dark and treacherous place where things are never quite what they seem; a place where those involved can only try to predict the emperor's whims. All — some knowingly, some accidentally, some unwillingly — are inescapably trapped in a web of dissimulation and deceit. Tacitus' central image of the political world as a stage, on which all perform and few (if any) write their own script, is seductive. For confirmed cynics or ardent republicans, this is an admonitory vision of the corrosive effects of autocracy. The *Annals* are an unremitting exposé of an imperial system which not only corrupts the powerful, but poisons the very processes of government itself. Here there can be no heroes. The attempt of Seneca (one of Nero's close advisers and author of *Apocolocyntosis* and *On Mercy*) to free himself from the unacceptable demands of the régime by committing suicide in the privacy of his own bath house is inevitably a gesture of impotent futility. For Tacitus, this pointless death presents a faintly farcical scene, cruelly exposing (as the expiring *érudit* continues to dictate his thoughts to his scribes) Seneca's exaggerated view of his own importance.

> Seneca, since his body, old and emaciated by his frugal way of living, only allowed his blood to issue slowly, severed the arteries both in his leg and behind the knee. . . . Yet even in these final moments he retained his eloquence; so he summoned his secretaries and dictated a lengthy treatise.

But for all Tacitus' attractive moralizing on the inescapable terrors of autocracy, we should be careful of being completely taken in. Through his magnificent prose, Tacitus (like the very best of 19th-century novelists) can sometimes make his readers forget that he simply could not have known many of the actions or motives which he presents as undisputed fact. If Nero, or Octavia, or Agrippina were indeed concealing their emotions, it is difficult to see how Tacitus or his sources could have known how they really felt. Rather, in Tacitus' version of imperial history, all is cunningly contrived; all carefully pre-scripted; all skilfully acted out. There is no room for a genuinely cheering crowd; no room for any real support — aristocratic, popular, or provincial. No room for wondering whether Britannicus died as the result of an epileptic fit, or if Agrippina was actually involved in a freak boating accident. Sixty years after the event, when Tacitus was writing, how could the important details of the attempted murder of Agrippina (if that's what it really was) have been gathered, or researched, or checked? How can we be confident that Tacitus could securely sift fiction from fact, even if we assume that this was invariably his intention?

Of course, other versions of Nero may be equally as convincing or as implausible — or as ultimately unknowable — as the one offered by Tacitus. But it may be possible to find other ways of thinking about the emperor's reputation. At the very least, we should start by questioning the suffocating self-sufficiency of Tacitus' account of Roman emperors, or the attractiveness of the moral templates imposed by Suetonius on his imperial biographies. Both Suetonius (always keen to assert the continued importance of the pretensions and prejudices of the Roman elite) and Tacitus (for whom power tends inevitably to corrupt) are themselves part of a debate about how imperial power should be conceived. Simply because they may seem at times to appeal more directly to modern sensibilities, this does not of itself make their accounts more accurate or credible. Both have their own artful agendas of which their readers should be acutely and uncomfortably aware.

Alongside these versions of Roman emperors we might instead seek to set a range of other views — some conflicting, some complementary, some overlapping. Next to the cool literary histories of Tacitus and Suetonius, we should set extravagant processions, expensive sculptured panels, grandiloquent speeches, and impressive inscriptions. In so doing we might not get any nearer to 'the real Nero' or to any other emperor. (In the end, this is not about judging the plausibility of one account against another.) But we might come closer to appreciating the variety of ways in which imperial power was understood and represented in the Roman world.

In mid 1st-century Aphrodisias, those responsible for the sculptural programme in the two porticoes fronting the temple to the imperial cult commissioned two marble panels in honour of Nero. Like the images of other Roman emperors, these were part of an extensive scheme which included heroes from Greek mythology and the Olympian gods. In one panel, Nero stands naked and victorious, exalting over an exhausted woman, the personification of a conquered Armenia. In the second, he wears full military dress, holds a spear and probably an orb, and is crowned with a laurel wreath by his mother Agrippina, who holds in her left hand a cornucopia (a horn of plenty overspilling with grapes and pomegranates). These are arresting visions of a powerful, godlike emperor. They are open celebrations of the continued might and prosperity of the Roman empire. As images of imperial power these two panels should not be too hastily dismissed — even if a historian like Tacitus might only glance at them with a wry, ironic smile.

(Christopher Kelly: The Roman Empire: A Very Short Introduction, Oxford University Press, USA, 2006.)

当然，尼禄本人喜爱奢华，对身边的亲人与臣属残暴不仁，这都是有事实基础的结论。然而，尼禄在位时改革了货币制度，对罗马帝国的经济有积极行动，对外军事行动也屡屡得胜。事实上，罗马帝国东方诸行省对尼禄颇有好感，因此在他自杀后居然有尼禄隐匿于东方的传说。

尼禄究竟是好皇帝还是坏皇帝？这样的价值判断已经不重要了。对传记作家来说，他是一个很好的例子，能援引并进行道德层面的训诫。恰如引文所说，"苏维托尼乌斯总是热衷于强调罗马精英阶层的权利要求和偏见的重要性"，而塔西佗则坚持"权力不可避免地导致腐败"的基调，Christopher Kelly 提醒我们"两人都有自己巧妙的安排，读者应该敏锐而不安地意识到这一点"。

或许我们研究历史的"最终目的不是评判一种记述是否比另一种更可信，但我们却能因此更理解罗马世界的人们理解和表述帝国权力的各种方式"。

思考与讨论

如果我们还要讨论尼禄究竟是好皇帝还是坏皇帝，那么无疑会继续迷失于历史记述的迷宫中。我们是否有可能抛弃凡题目必然有正确答案的念头，结合我们现今的历史课学习，各自选择一个历史事件或一位历史人物，来谈谈围绕着这一对象的不同立场的史家的不同评价，并进而思考一下为什么会有这些不同的评价？

进阶阅读

1. 【古罗马】塔西佗著，王以铸、崔妙因译：《编年史》，商务印书馆，1981 年。

塔西佗是古罗马最伟大的史学家，与希腊史学家希罗多德齐名。除《编年史》外，还有《历史》、《阿古利可拉传》和《日耳曼尼亚志》等作品。《编年史》是其晚年封笔之作，也是他最具特色、最精彩的一部著作，书只记载了从奥古斯都死到尼禄继位的 54 年历史，当中还缺失了 14 年。然而其人其书就凭对这 40 年的记载而不朽，因为自此书开始，史实不再只是奇闻轶事市井闲谈。

苏维托尼乌斯笔下荒淫无道的尼禄，让人们以为他似乎有一种与生俱来的病态。然而在塔西佗的笔下，尼禄的荒唐行为似乎并不是出于偶然。一方面我们在《编年史》中看到的尼禄并没有做那么多坏事，另一方面我们也能从字里行间发现作者对于专制统治带来的不可避免的恐怖所进行的道德批判。或许，也正因为有塔西佗，我们才有机会想象这样的画面：一个多才多艺的青年贵族，被帝国的至高权力渐渐腐蚀，在扭曲的价值观中不断挣扎并走向毁灭。

2.【法】大仲马著，全小虎译：《暴君末日》，广西人民出版社，1987 年。

大仲马是小说家，但是偏爱宏大的历史背景。对他来说，历史是挂他的小说的衣服钩子。其尼禄传的中文译本有个十分耸动的译名《暴君末日》，简单好懂，虽然在今天的书摊上不再有让宅男一见如故的吸引力了，但在上世纪八九十年代，确实是上至大学教授下至贩夫走卒的大部分国人第一次知道尼禄和罗马的"普及读物"。

不管怎么说，这部书是一部精彩的小说，之所以推荐的理由是，大仲马即使扬言自己并不拘泥于历史，但是想想关于尼禄的历史记载主要当属苏维托尼乌斯笔下那些奇闻轶事，而大仲马尼禄传的情节基本上从《罗马十二帝王传》中取得，再经过小说家的加工，《暴君末日》中的尼禄，事实上与时下大多数人心目中的尼禄形象是最为符合的。

如果连小说都懒得去读的，可以试试看日本漫画家安彦良和的《尼禄》，漫画轻松好读，而且安彦良和对待史料有一种难得的认真态度。

四、 图拉真的帝国版图

图拉真（Trajan, Marcus Ulpius Nerva Traianus，53 年 9 月 18 日—117 年 8 月 9 日），罗马帝国皇帝（98 年—117 年），罗马帝国五贤帝之一。

图拉真出生于西班牙贝提卡的伊大利卡，是第一位意大利以外出生的罗马皇帝。他在位时立下显赫的战功，使罗马帝国的版图在他的统治下达到了极盛，是恺撒以后罗马最大的、也是最后一位成功的扩张者。元老院曾赠给他"最优秀的第一公民"（Optimus Princeps）的称号。然而，图拉真的军事胜利只是暂时的。恰如他在参观巴比伦城废墟，看见了 440 年前亚历山大去世之处时发出的感叹"声名何所有矣，惟一堆垃圾、石头和废墟而已"，公元 117 年，他在两河流域的战果随即化为乌有。

4.1 图拉真记功柱

至今，在罗马奎利那尔山边的图拉真广场仍然能看到图拉真记功柱。该建筑即图拉真所立，以纪念达西亚的胜利。公元 113 年，图拉真记功柱的落成，是关于罗马帝国盛世的第四个重要时刻。在这一时刻，帝国的荣耀达到顶点，哪怕"声名何所有矣，惟一堆垃圾、石头和废墟而已"。在 Christopher Kelly《罗马帝国简史》中，能看到如下的论述。

The formidable efficiency with which the Roman army invaded and pacified enemy territory is strikingly celebrated on the 30-metre-high column dedicated in AD 113 to commemorate the emperor Trajan's two campaigns in Dacia in the previous decade. The white marble column — still standing in the centre of Rome — is decorated with a narrow band of sculpture in low relief (like an outsize cartoon strip) which spirals 24 times round the shaft. In all, 2,500 figures make up 154 recognizably separate scenes. Rather than give a straightforward account of Trajan's campaigns, these images offer the viewer a more idealized narrative of the expansion of empire. Here the Roman army appears in good marching order: energetic and disciplined legionaries construct camps, forts, roads, and bridges; they besiege and capture a hostile fortress; they are unfailingly victorious in battle. In this picture-book world there are never any Roman casualties, only the enemy is killed. Here too success is always ensured by the commanding presence of the emperor. Trajan is shown leading his troops into combat, receiving embassies, consulting his senior officers, addressing his men, and sacrificing to ensure the favour of the gods.

In the same matter-of-fact way Trajan's Column also records the atrocities of war. Defeated Dacians grovel, begging for clemency; some are imprisoned, others tortured. Villages are torched, their defenceless inhabitants butchered along with

图 1.4 图拉真记功柱

图 1.5 图拉真记功柱细节

their animals. Trophy-hunting Roman soldiers display the severed heads of their enemies to the emperor and his staff.

At the conclusion of the campaign native families and their livestock are forcibly evicted; their land now belongs to Roman settlers. The backdrop of these scenes of conquest is certainly Dacia, but the themes are universal: the inevitability of Roman supremacy, the futility of resistance, and the routine violence that accompanies the acquisition of new territories. As Trajan's Column publicly and proudly proclaimed, for those reckless enough to attempt it, these were the cruel consequences of opposing the imposition of Roman rule.

(Christopher Kelly: *The Roman Empire: A Very Short Introduction*, Oxford University Press, USA, 2006.)

图拉真记功柱净高 30 米，包括基座总高 38 米。柱身由 20 个直径 4 米、重达 40 吨的巨型卡拉拉大理石垒成。柱体之内，有 185 级螺旋楼梯直通柱顶。据古币的描绘，早期图拉真柱的柱冠为一只巨鸟，很可能是鹰，后来被图拉真塑像代替，漫长的中世纪夺去了图拉真塑像。1588 年，教皇西斯都五世下令以圣彼得雕像立于柱顶至今。

4.2 图拉真的军事扩张

在罗马帝国的历代皇帝里，图拉真绝对算得上是一位有为的君主，然而任凭他如何追慕古代的英雄事迹、锐意开拓疆土，仍躲不过后人的批评。爱德华·吉本在《罗马帝国衰亡史》中批评他："在人类对自身的杀戮者发出的欢呼声仍高于对人类造福者的情况下，对显赫军功的追求便将永远是最伟大人物的一大罪行。"

图拉真这位善良的王子曾受过军事教育，完全具有一位将军的才干。他的前辈帝王们所维持的和平局面现在已一次次被战争和向外侵略活动所打破；罗马的军团，在经过相当长一段时间之后，终于又看到自己处在一位尚武的帝王的统治之下了。图拉真的第一次行动是向居住在多瑙河彼岸的一个极为好战的部族达西亚人进军，他们在图密善统治期间曾公然冒犯罗马的威仪而并未受到任何惩罚。除了一般野蛮人所有的强悍和凶恶之外，他们更有一种厌恶生命的情绪，这是因为他们真诚地相信灵魂不灭和轮回转世之说。达西亚王德克巴卢斯的表现完全不愧为图拉真的一个对手，直到他的一些仇敌宣称他已用尽一切可以利用的资源，已是智穷力竭的时候，他始终未曾对自己和全族公众的命运感到过绝望。这一令人难忘的战争，除曾有短期停顿外，前后延续了五年之久；由于这位罗马皇帝可以毫无限制地动用全国的力量，他最后终于迫使那些野蛮人彻底投降了。这一新增的成为奥古斯都设想的第二个例外的达西亚省，周长约 300 英里。它的天然边界是德涅斯特河、蒂萨河或提比斯库斯河、下多瑙河和黑海。至今从多瑙河岸到现代史上的著名地区本得一带，直到土耳其和沙俄帝国的边界，还隐约可见一条军用通道的痕迹。

　　图拉真极端好名；在人类对自身的杀戮者发出的欢呼声仍高于对人类的造福者的情况下，对显赫军功的追求便将永远是最伟大人物的一大罪行。由一代代的诗人和史学家传留下来的对亚历山大的赞誉在图拉真的心中燃起了危险的誓与之一比高低的火焰。这位罗马皇帝也和他一样发起了侵入东方国家的远征，但他最后却只能发出一声长叹，可恨年事已高，自知已绝无可能与那位菲利普的儿子齐名之望。然而图拉真的胜利，尽管转瞬即逝，却是立见成效，而且十分显赫的。由于内部不和而解体的日益衰败的帕提亚人在他的部队所到之处闻风逃窜。他于是高唱凯歌沿底格里斯河而下，从亚美尼亚山区直达波斯湾。他是第一个，也是最后一个曾到那一遥远海域航行的罗马将军，这给他带来了莫大荣誉。他的船队对阿拉伯沿海的市镇大肆蹂躏，而图拉真还自我吹嘘，说他的兵力已几乎到达印度的国土了。感到惊愕的元老院的成员每天都能得到被他征服的新地名和新国家的情报。他们被告知博斯普鲁斯、科尔基斯、伊比利亚、阿尔巴尼亚、奥斯若恩的国王，甚至帕提亚人的专制君主也都接受了这位罗马皇帝的加冕；住在山区一向独立的米底人和卡杜克亚人的部落也都请求得到他的保护；而且位于亚美尼亚、美索不达米亚和亚述的一些富有国家也都变成了罗马的行省。但图拉真的死却立即使得帝国的光辉前景暗淡下来；于是，那么多遥远的国土，在那只置它们于控制之下的强劲的手已不再能制约它们的时候，它们是否全会要极力挣脱套在它们身上的枷锁倒恰好成了一种让人恐惧不安的根源。

　　（【英】爱德华·吉本著，黄宜思、黄雨石译：《罗马帝国衰亡史》，D·M·洛节编本，商务印书馆，1997 年，第 22—24 页。）

　　多瑙河下游的达西亚王国是图拉真侵略掠夺的第一个目标。征服达西亚不仅消灭了一个强敌，使多瑙河下游一带安定，而且获得了巨大的财富和土地，为图拉真进行宏大的公共建筑提供了资金。图拉真在罗马宣布用历时 123 天的节日来庆祝达西亚战争的胜利。

随后，图拉真东进直至底格里斯河和幼发拉底河。公元 116 年底，罗马军队又沿底格里斯河南下，兵抵波斯湾。这是罗马军队唯一一次兵抵波斯湾，图拉真也成为了惟一一个抵达这里的罗马统帅。

经过图拉真的一系列扩张，罗马帝国的版图扩大到了最大范围。它东起两河流域，西及不列颠的大部分地区，南包埃及、北非，北抵莱茵河和位于多瑙河以北的达西亚。

4.3 图拉真的版图

且不论持续了多久，毕竟在图拉真的努力下，罗马帝国获得了最广大的疆域。

套用爱德华·吉本的话来描述罗马帝国的疆域：

> 为了更准确地说明罗马的伟大，他可以说，罗马帝国，从安东尼边墙和北部边界达西亚到阿特拉斯山和北回归线的宽度便超过 2000 英里，而从西海洋到幼发拉底河的长度则更超过 3000 英里；它位于温带中北纬 24° 到 56° 之间最美好的地区；面积估计不少于 160 万平方英里的土地，其中大部分都是肥沃的熟地。

（【英】爱德华·吉本著，黄宜思、黄雨石译：《罗马帝国衰亡史》，D·M·洛节编本，商务印书馆，1997 年，第 26 页。）

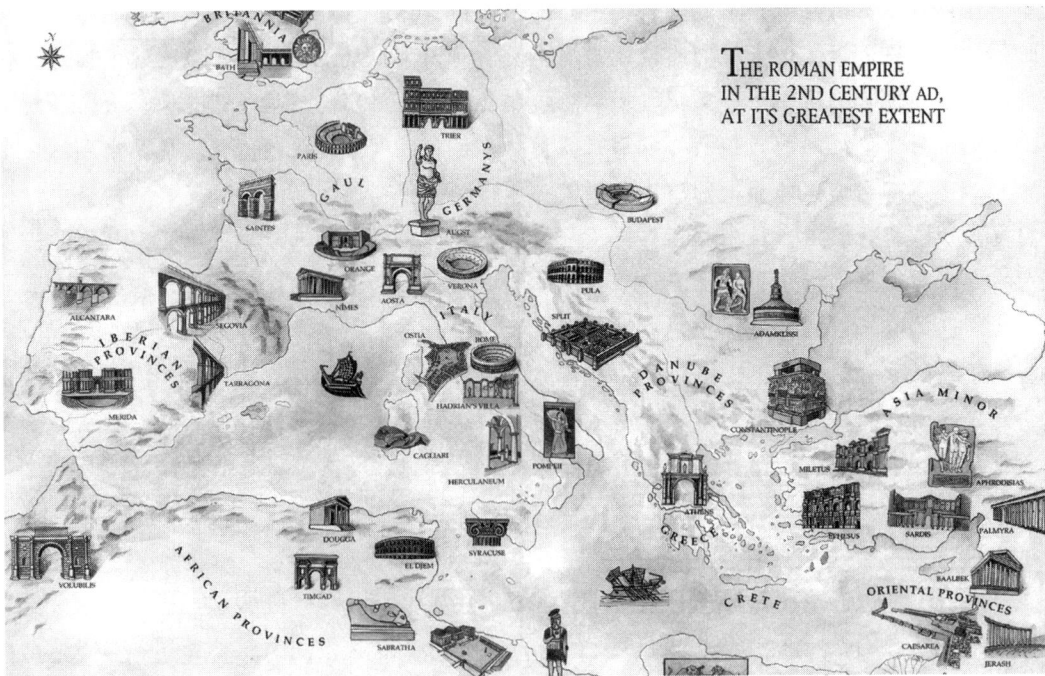

图 1.6 鼎盛时期的古罗马帝国疆域示意图，公元 2 世纪

思考与讨论

    对于古代国家来说，领土扩张有什么意义？观察罗马帝国极盛时期的版图，你能总结出多少条特征？

进阶阅读

    1.【英】爱德华·吉本著，黄宜思、黄雨石译：《罗马帝国衰亡史》，D·M·洛节编本，商务印书馆，1997年。

    这本书名气很大，似乎不需要多介绍了。爱德华·吉本这部著作在历史学与文学两方面都备受赞誉。关于从图拉真到马可·奥勒留五位皇帝是人类历史上最幸福时代之语，即出自吉本，然而，吉本是写衰亡史，而从五贤帝开始。这一意味深长的谋篇布局，一方面当然有极盛而衰的必然性，另一方面也是吉本对罗马盛世所埋藏的不安动机的发掘。这是大部头的书，考生不宜。可以选择商务"汉译世界学术名著"版的节选本。也有新近出版的席代岳全译本，又厚又贵，适合放在书柜显眼处。

    2.【英】Christopher Kelly著，黄洋译：《罗马帝国简史》，外语教学与研究出版社，2013年。

    在那么多煌煌大著之余，这本小书似乎很不起眼。恰恰本节课程从中选用的材料还不少。选用的材料是英文的，其实有黄洋老师翻译的中文版，外研社出版的中英对照本。本书并没有对罗马帝国历史泛泛而谈，而是集中在权力、历史书写等专题，既是学科入门的好手册，也是熟悉专业英语词汇的好工具。对爱好者来说，也是一本不平凡的好读物。

    3. 维基百科"罗马帝国行省"条目

    关于罗马帝国行省及各行省具体情况，可以参阅维基百科的"罗马帝国行省"条目，内容十分翔实。不爱上网的，可参考《泰晤士世界历史》第89页，一张图在手，罗马行省全知晓。

五 . 罗马皇帝哈德良在希腊

    哈德良（Publius Aelius Traianus Hadrianus Augustus，76年1月24日—138年7月10日），罗马帝国五贤帝之一，117年—138年在位。他最为人所知的事迹是兴建了哈德良长城，划定了罗马帝国在不列颠尼亚的北部国境线。

    哈德良崇尚希腊文化，试图将雅典建设为帝国的文化中心，在雅典城内大肆建设，其中最有趣的当属哈德良门。哈德良门将当时雅典市区分成新、旧两区，东边是罗马皇帝哈德良扩建的新市区，西边则为雅典的古市区。如今去雅典参观，哈德良门仍旧是进入雅典大门的象征。哈德良门的正反两面都刻有文字，西面写"这是雅典，从前是忒修斯的城市"，东面则写道"这是哈德良的城市，不是忒修斯的"。

公元 131 年，哈德良门在雅典落成。这不仅是一位罗马皇帝在表达对希腊文化的热情，更是表达"帝国对希腊的过去和现在都享有统治权"的重要时刻。

5.1 哈德良的文治武功

关于哈德良的才艺，爱德华·吉本在《罗马帝国衰亡史》中有如下论述。

在他的统治之下，帝国一直处在和平安宁，繁荣昌盛之中。他鼓励发展艺术，改革法律，加强军事训练，并亲身到各省去视察。他的博大而活跃的才智既能照顾到国家全局，又能对各种行政方面的问题洞察入微。但是他的心灵的主导情调却是好奇和虚荣。由于这种情绪总占据上风，也由于它们常被不同的目标所吸引，这便使得哈德良，一时成为一位了不起的皇帝，一时成为一个可笑的舌辩之士，一时又成为一个充满嫉妒心的暴君。他的行为的总的趋向是公正和温和，这是完全值得赞扬的。可是，他在刚继位的最初几天便处死了四个他一向仇恨的任执政的元老，而他们全都一直被认为是帝国的功臣；而一种长时期不愈的痛苦不堪的疾病最后又使他变得喜怒无常、性情残暴。元老院拿不定主意究竟该称他是暴君，还是该尊他为神，最后加之于他的称号是应虔诚的安托尼努斯的请求决定的。

············

哈德良继位后的第一件事是放弃图拉真在东部占领的一切土地。他让帕提亚人重新选举了自己的独立自主的君王，从亚美尼亚、美索不达米亚和亚述诸省撤回了罗马派去的驻军；同时，按照奥古斯都的

图 1.7 希腊雅典的哈德良门

设想，再次确定以幼发拉底河作为帝国的边界。对亲王们的公开行动和私下动机进行指责的评论，一直把可能是出之于哈德良的谨慎和温和性情的行为，归之于他的嫉妒心理。那位皇帝的时而猥琐不堪，时而宽宏大量的多变的性格，的确可能使人难免产生那种怀疑。但是，无论如何，除了这样承认自己无能保卫图拉真已扩张的土地之外，他也再没有别的办法更能使得他的前任格外显得功绩辉煌了。

图拉真的充满野心的黩武精神和他的前一任皇帝的温和政策形成奇特的对照。哈德良无休止的活动和安东尼·庇乌斯的温和、娴静的态度相比起来，自然也不会显得不那么突出了。前者的生活几乎是始终处在永无止境的旅途之中。由于他具有多方面的，包括军人、政治家和学者的才能，他通过完成自己的职责便可以完全满足了自己的好奇心。完全不顾季节和气候的变化，他始终光着脚徒步在喀里多尼亚的雪地和上埃及的酷热的平原上行军；在他统治期间，帝国所有的省份没有一处不曾受到这位专制帝王的光临。而安东尼·庇乌斯的平静生活却是在意大利的心腹地带度过的；而且，在他指导政务的二十三年之中，这位善良的皇帝所曾经历的最长的一次旅行是从他在罗马的皇宫移到他退隐的拉鲁芬别墅而已。

尽管他们在性格上十分不同，对于奥古斯都的总的设计，哈德良和两个安东尼却都是同样接受和遵照执行的。他们全都坚持尽力维护帝国荣誉，但无意再进一步扩大帝国领土。通过每一次善意的远征，他们力求获得野蛮人的友情，并试图使所有的人相信，罗马帝国的建立，并非出于领土野心，而完全是出于热爱秩序和公正和平的结果。在长达四十三年的时间中，他们的完全出于善意的努力终于取得了成功；而如果我们把几次曾使边疆地区的军团采取行动的小冲突除外，哈德良和安东尼·庇乌斯的统治的确提供了一个普遍和平的前景。罗马的名字在地球最边远地区的民族中也受到了极大的尊敬。最凶悍的野蛮人也常把他们自己之间的争端提请罗马皇帝裁决；据当时的历史学家记载，他们还看到，有一些外国使臣以作为罗马子民为荣，曾自己提出愿意归顺，却遭到了拒绝。

（【英】爱德华·吉本著，黄宜思、黄雨石译：《罗马帝国衰亡史》，D·M·洛节编本，商务印书馆，1997年，第75—76，24—26页。）

哈德良博学多才，在所有的罗马皇帝中以最有文化修养而著称。他在文学、艺术、数学和天文等领域都造诣颇深。哈德良同时也是一位有名的旅行家，在他统治期间，帝国所有的省份没有一处不曾受到皇帝的光临。121年，哈德良巡幸整个帝国，视察军队和检查边界的防务。先到高卢和日耳曼，然后到不列颠，再从不列颠前往西班牙，镇压毛里塔尼亚（摩洛哥）发生的起义。此后东进，经陆路横越巴尔干半岛，然后取道爱琴海，抵达小亚细亚（安纳托利亚）。他与帕提亚进行谈判，然后视察小亚细亚的西北部。124年航行至雅典，次年返回罗马。128年第二次巡幸时直至叙利亚和阿拉比亚。接着渡海去埃及，在尼罗河上进行勘查，然后又前往雅典。

5.2 罗马五贤帝

包括哈德良在内的前后共5位皇帝治下的罗马帝国，素来被称为人类的黄金时代，爱德华·吉本对这一时代不惜溢美之词，亦不乏发人深省的批评。

> 如果让一个人说出，在世界历史的什么时代人类过着最为幸福、繁荣的生活，他定会毫不犹豫地说，那是从图密善去世到康茂德继位的那段时间。那时广袤的罗马帝国按照仁政和明智的原则完全处于专制权力的统治之下。接连四代在为人和权威方面很自然地普遍受到尊重的罗马皇帝坚决而温和地控制着所有的军队。涅尔瓦、图拉真、哈德良和两位安东尼全都喜爱自由生活的景象，并愿意把自己看成是负责的执法者，因而一直保持着文官政府的形式。如果他们那一时代的罗马人能够安享一种合乎理性的自由生活，这几位君王是完全可以享有恢复共和制的荣誉的。
>
> 这些帝王的一举一动总会得到过当的报酬，这里有他们的成就所必然带来的无边的赞颂，还有他们对自己善德感到的真诚的骄傲，以及看到自己给人民带来普遍的幸福生活而感到的由衷的喜悦。但是，一种公正的但令人沮丧的思绪却为人类这种最高尚的欢乐情绪增添了酸苦的味道。他们必然会常常想到这种完全依赖一个人的性格的幸福是无法持久不变的。只要有一个放纵的青年，或某一个猜忌心重的暴君，滥用那现在被他们用以造福人民的专制权力，直至毁灭它，那整个局势也许就会立即大变了。元老院和法律所能发挥的最理想的控制作用，也许能有助于显示皇帝的品德，但却从来也无能纠正他的恶行。军事力量永远只是一种盲目的无人能抗拒的压迫工具，罗马人处世道德的衰败必将经常产生出一些随时准备为他们的主子的恐惧和贪婪、淫乱和残暴叫好的谄佞之徒和一些甘心为之效劳的大臣。

（【英】爱德华·吉本著，黄宜思、黄雨石译：《罗马帝国衰亡史》，D·M·洛节编本，商务印书馆，1997年，第13—14页。）

罗马五贤帝，即指公元96年至180年期间统治罗马帝国的五位安敦尼王朝的皇帝：涅尔瓦（Nerva，96年—98年）、图拉真（Trajan，98年—117年）、哈德良（Hadrian，117年—138年）、安东尼·庇乌斯（Antoninus Pius，138年—161年）和马可·奥勒留（Marcus Aurelius，161年—180年）。各个皇帝之间没有直接的血缘关系，他们大多是亲属关系。五贤帝时代权力交替非常平安，在罗马历代帝王中，此五人以和平传位而闻名。各个皇帝选择其继承人，然后收为养子，立为储君，这样就避免了权力交替前后的政治动乱和危机。故而皇位能够平稳交替，保障了政治的安定。

爱德华·吉本真可谓是毒舌，刚刚把五贤帝统治的时代抬到"最为幸福、繁荣的时代"，话锋一转，就说"只要有一个放纵的青年，或某一个猜忌心重的暴君"黄金时代即会随之逝去。这些道理在哈德良的时代似乎还难以想见，而吉本对于所谓"贤帝"的态度则跃然而出。

5.3 在昔日希腊的光荣上，展现罗马的伟大

正是在这一"最为幸福、繁荣的时代"，哈德良完成了"帝国对希腊的过去和现在都享有统治权"的标志性事件。Christopher Kelly 的《罗马帝国简史》把这称为"历史的较量"。

History War

In the 130s AD, the Roman emperor Hadrian invaded Athens. This was warfare without bloodshed: the emperor's attack on the cultural capital of the eastern Mediterranean relied not on crack legionary troops or superior military logistics, but rather on armies of construction workers and careful town planning. Hadrian had long paraded his love of Greek culture. He was the first emperor to travel extensively through the provinces of empire, and as a tourist and not a campaigning general; he was the first emperor to take a sustained and active intellectual interest in the ancient history and monuments of the eastern Mediterranean world.

In Athens, Hadrian's new Library dwarfed the buildings of the ancient Agora, dominating the city's civic centre where six centuries earlier (when Rome had struggled to control even central Italy) citizens had gathered to transact the judicial and administrative business of a democratic state. The Library enclosed a quadrangle surrounded by a vast hundred-column portico of luxurious violet-veined Phrygian marble from quarries in Asia Minor; the interior with its shining gilt ceilings was sumptuously decorated with rare paintings and statues, and expensively embellished with translucent alabaster. This was imperial architecture at its most extravagant. Unashamedly glorying in its baroque brilliance, Hadrian's Library was an unmistakable proclamation of Roman wealth and power at the centre of the most famous city in the Greek world.

In Athens, Hadrian also finished one of the largest temples ever constructed in the Roman empire. The great shrine to Olympian Zeus — the Olympieion — had been started in the 6th century BC (before Athens was a fully-fledged democracy). Building work had been sporadic and costly; the most recent patron, a century before Hadrian, was the emperor Augustus. Hadrian celebrated the temple's completion in person during a visit to Athens in 131–132, dedicating a colossal chryselephantine (ivory and gold) statue of Zeus. Although the complex is now in ruins and the giant statue disappeared long ago, the point of such gargantuan magnificence is still obvious to the modern visitor. Clearly visible on the top of the Acropolis which rises behind the Olympieion is the Parthenon. This exquisite temple to

Athena was completed in the 430s BC under Pericles, democratic Athens' greatest statesman. High above the city, the Parthenon stood as an enduring symbol of Athenian independence and a reminder of one of the most remarkable political experiments in Antiquity.

Hadrian's imperial challenge to Athens' past was more than architectural. The dedication of the Olympieion also marked the inauguration of a new organization of Greek cities, the Panhellenion (literally 'All-Greek'). The Panhellenion covered five Roman provinces, extending far beyond mainland Greece to include cities in Macedonia, Thrace, Asia Minor, Crete, Rhodes, and North Africa. It was presided over by a senior executive officer (*archon*) and a council of delegates (*Panhellenes*) elected by member-states from amongst their most prominent citizens. Hadrian envisaged a permanent international federation, embracing not only ancient foundations such as Athens, Sparta, Corinth, and Argos, but also including those cities across the eastern Mediterranean which could demonstrate a close connection with 'old Greece'.

....

Hadrian's Panhellenion re-shaped the Greek world. It brought together in a single institutional framework many cities that had never before been connected and indeed in the past had often been bitter enemies. Athens was designated the Panhellenion's headquarters. Here Hadrian established a four-yearly religious festival, the Panhellenia, first held in 137. In addition, he inaugurated the Hadrianeia (a festival associated with emperor-worship) and the Olympieia (associated with Olympian Zeus). These three festivals were each designated a 'sacred contest'; winners in the various athletic and cultural competitions were assured significant privileges in their home cities, including a procession to mark their victorious return, substantial tax breaks, and free meals at public expense. Hadrian also conferred the same status on the Panathenaea. This ancient festival in honour of Athena was said to have been instituted by Theseus, the city's legendary founder. Theseus had ruled Athens after his return from Crete, where he had secured lasting fame by escaping from the labyrinth and slaying the Minotaur.

The concentration of four sacred festivals in one city, without precedent in the entire history of Greece, underlined the central importance of Athens in this reorganized and improved Hellenic past. The extensive re-modelling of the city — now more Greek than any other — was celebrated in the recently completed temple to Olympian Zeus. The entrance was flanked by four statues of Hadrian, two in marble and two in porphyry (a hard, deep-purple Egyptian stone that since pharaonic times had been associated with rulership). Behind the temple towered a colossal statue of the emperor erected in his honour by the Athenians. The precinct itself was filled with bronze statues of Hadrian Olympios dedicated by cities from all over the Greek world. The message was clear. In almost identical inscriptions from nearly 100 altars found in excavations in Athens, Hadrian was routinely praised as 'Saviour, Founder, and Olympios'. Ringed with repeated images of the emperor, it was Hadrian's Olympieion — and not Pericles' Parthenon — that now claimed the symbolic and religious heart of the city.

Other Greek cities reiterated the insistent themes of Hadrian's Hellenic renaissance. Twenty-one in the eastern Mediterranean are known to have celebrated festivals with the title Hadrianeia; 15 added the epithet 'Hadriane' to their names; 9 more called themselves Hadrianopolis, 'the city of Hadrian'. In Hadrian's empire, local and imperial enthusiasms combined to create a unity and cultural cohesion never before enjoyed by the Greek world. In the 2nd century AD, a new corporate commitment to a common heritage amongst 'Greek' cities helped suppress the memory of ancient conflicts. The defeat of Athens and her allies by Sparta at the end of the Peloponnesian War 600 years before was to be erased; so too the city's subjugation in the 4th century BC by Philip of Macedon, the father of Alexander the Great. A fractured past was to be forgotten. Hadrian's benefactions ensured that Athens was now the unchallenged capital of a brave new Panhellenic world which stretched from Asia Minor to North Africa. A Roman emperor could at last succeed where Greek history had so obviously failed.

(Christopher Kelly: *The Roman Empire*: *A Very Short Introduction*，Oxford University Press, USA，2006.)

　　"罗马皇帝哈德良入侵雅典"，这是一句多么耐人寻味的话。当希腊人说着"光荣归于希腊，伟大归于罗马"的警句，勉强维系着被征服者最后的尊严时，哈德良带着一股热情发动了这场"对希腊历史的帝国式挑战"。

　　Christopher Kelly 继续写道（在此引用黄洋教授的译文）：

　　历史不可避免地成为帝国统治的受害者。在雅典这座哈德良留下印记最多的城市里，一座典雅的凯旋门建在奥林匹亚神庙附近，用于纪念哈德良皇帝对雅典的慷慨捐助。在它的西面，一篇铭文宣称："这是雅典，从前是忒修斯的城市。"对于那些不明其意的人，它对面的一个口号再次申明了一点："这是哈德良的城市，不是忒修斯的。"如同哈德良的其他许多建筑一样，这座凯旋门及其铭文可以理解成是对希腊历史满怀热情的肯定。我们看到，在伯里克利的城市里面，在泛希腊联盟的总部所在地，一位罗马皇帝巧妙地展示他的个人经历，并把自己和这座城市的最初建立者并列在一起。或者，我们可以把哈德良宣称自己的功绩能和忒修斯最初建城的成就相提并论的说法理解成是帝国对希腊的过去和现在都享有统治权的公开宣言。

（【英】Christopher Kelly 著，黄洋译：《罗马帝国简史》，外语教学与研究出版社，2013 年，第 226—227 页。）

思考与讨论

你是怎样理解"光荣归于希腊，伟大归于罗马"的？又是怎样理解"文治武功"的？

进阶阅读

1.【古希腊】普鲁塔克著，黄宏煦主编，陆永庭、吴彭鹏等译：《希腊罗马名人传》，商务印书馆，1990 年。

普鲁塔克没写过哈德良的传记。

在此推荐这部书的理由是，一方面这当然是一部十分优秀的史书，情怀高尚、语言优雅、所记载事迹隽永。另一方面，本章节论及哈德良对希腊的"侵略"，而普鲁塔克的《名人传》亦可看作是希腊作家"回应新的帝国力量对于古老世界的入侵"。

《希腊罗马名人传》为中文译名，原作的名称似更接近《比较列传》的意思，普鲁塔克刻画一系列成对的希腊和罗马人物，并明确用希腊规范来评判他们。从某一层面来说，普鲁塔克认为征服者与被征服者具有可比性，更提出鲜明的主张即"罗马的历史最好是从希腊的视角来理解"。

可惜商务印书馆的中译本只出版了上册，读者期待了几十年的下册不仅没有出现，而且大家还恍然大悟，缺的还有中册！本书另有席代岳的全译本，译名为《希腊罗马英豪传》，席代岳也是吉本《罗马帝国衰亡史》煌煌六卷的译者。

2.【法】玛格丽特·尤瑟纳尔著，陈筱卿译：《哈德良回忆录》，东方出版社，2002 年。

哈德良回忆录也不是哈德良写的。

法国女作家尤瑟纳尔 1951 年出版小说《哈德良回忆录》，虚构了罗马皇帝以一封写给他收养的孙子、未来的皇位继承人马可·奥勒留的书信形式的自传。

1980 年尤瑟纳尔被选入法兰西学院，是法兰西学院 300 多年历史上的第一位女院士，第一位"绿袍加身"的女性不朽者。

关于她的《哈德良回忆录》，她曾在笔记中写道："有些书，不到 40 岁，不要妄想去写它。年岁不足，就不能理解存在，不能理解人与人之间、时代与时代之间自然存在的界线，不能理解无限差别的个体……经过这许多年，我终于能够把握皇帝与我之间的距离。"

在 20 世纪女作家的笔下，公元 2 世纪的帝王，说出"我开始看见我死亡的端倪"。

六、哲学家皇帝马可·奥勒留

马可·奥勒留·安东尼·奥古斯都（Marcus Aurelius Antoninus Augustus）在 161 年 3 月 7 日继位成为罗马帝国皇帝，任期伊始就战争不断，并有多次自然灾害。163 年他入侵亚美尼亚，与此同时传染疾病泛滥整个帝国，但他成功地把日尔曼部族赶出罗马领土。

马可·奥勒留在希腊文学和拉丁文学、修辞、哲学、法律、绘画方面受过很好的教育，他也是晚期斯多葛学派代表人物之一，被称为"帝王哲学家"，而且也许是西方历史上唯一的一位哲学家皇帝。

马可·奥勒留是一位勤于国政的皇帝，对内颁布大量法令，作出诸多司法决定并从民法当中删除不合理的条款，对外作为统帅，征战四方，并最终死于军中。利用辛劳当中的片暇，他不断写下与自己心灵的对话，即《沉思录》。公元 166 年，马可·奥勒留在位时，罗马使者到达中国汉朝，这是中国与罗马正式交通。

6.1 爱思考的皇帝

马可·奥勒留以哲学家皇帝闻名，他的《沉思录》记录了他行伍生涯中的哲思。

我从祖父维鲁斯那里学得：良好的习性和平和的性格。

我从父亲的名望和对父亲的回忆中学得：谦敬和男子气质。

我从母亲那里学得：虔诚和慷慨；不仅要杜绝恶行，而且要杜绝恶念；养成简朴的生活习惯和远离奢侈的生活作风。

我从曾祖父那里学得：不要去公共学堂，应该在家有杰出的教师，知道应该在这些事情上乐于耗费。

我从教师那里学得：竞赛中既不做绿方，也不做蓝方，不做持小盾者，也不做持大盾者；能忍受劳苦，满足于少量，己事必躬亲，不贪管闲事，不听信谗言。

我从狄奥格涅托斯那里学得：不沉湎于琐事，不相信巫师术士的咒语之道、驱魔之说和各种类似的把戏，不喂养鹌鹑，也不热衷于其他类似玩物；允许直言不讳；学习哲学，曾经首先聆听于巴克赫奥斯，然后是坦达西斯和马尔基阿诺斯，幼时便曾习作对话体；睡陋床，盖粗毛皮，以及各种类似的希腊训育。

我从鲁斯提库斯那里学得：需要改进和培养品性，不热衷于诡辩式论争，不就纯思辩性问题进行著述，或作说教性谈话，或炫耀地显示自己是苦修、善行之人；避免过于藻饰和强调诗律的纤巧性写作；不着长袍正装在屋里踱步，不做其他类似的事情；朴实地书写

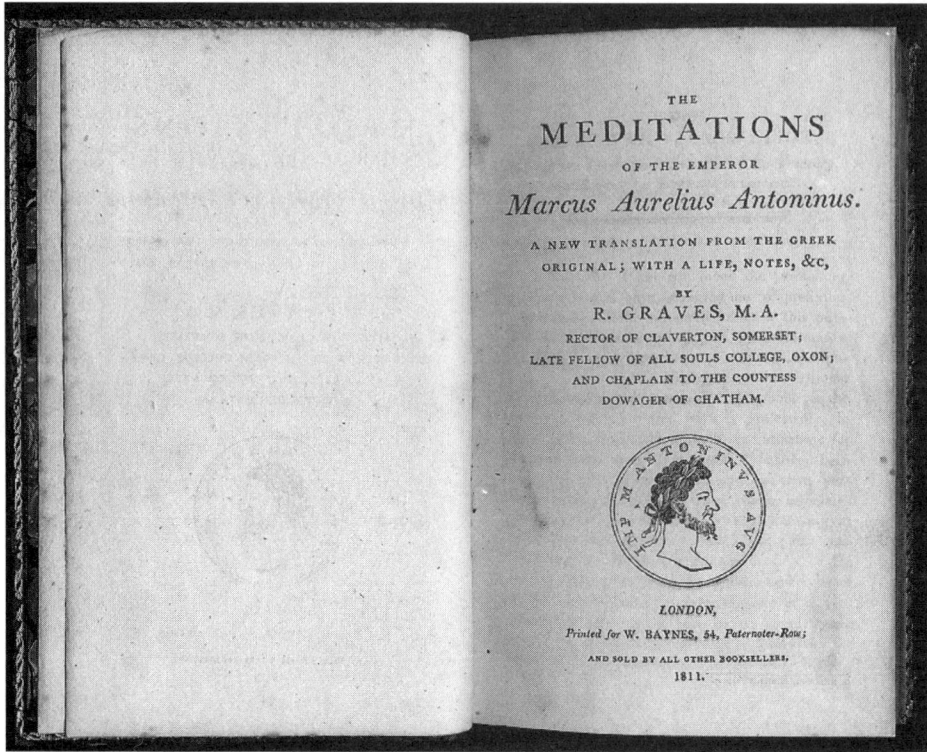

图 1.8 1811 年马可·奥勒留《沉思录》英译本扉页

图 1.9 马可·奥勒留《沉思录》中的句子 "Everything is only for a day, both that which remembers and that which is remembered"（美国纽约）

函札，有如他自己从西努埃萨写给我母亲的书札那样，对那些语言粗暴和行为乖谬之人，一旦他们自己希望恢复旧好，要忍让、和解地对待，认真读书，不满足于一般理解，不轻易赞同夸夸其谈之人的见解；阅读埃皮克泰德的教诲，是老师从自己的家藏书卷中提供给我的。

我从阿波洛尼奥斯那里学得：自由意志和无可动摇地坚定不移，任何时候都只听从理性；即使经受着剧烈的疼痛、失去儿子、身患重病，也要泰然如常；我从他这样一个活生生的榜样那里清楚地看到，他既严厉，又有耐心，诲人不躁；我还看到他在传授原理方面具有杰出的教导经验和技巧，但他从不自诩；知道如何接受朋友的恩惠，既不因此而显卑微，又不漠然处之。

我从塞克斯图斯那里学得：心性仁善，父权家庭的榜样；顺应自然地生活的观念；毫无做作的庄严气质；认真关心朋友；宽容无知识者和未经认真观察思考便发议论之人。

他能与所有的人随和相处，以至于与他交往比受任何阿谀奉承更令人愉快，由此他受到所有有机会与其交往的人的极度尊敬；彻悟、发现和总结必要的生活准则。

他从不表现出愤怒或其他激情，而是排除了一切情感冲动，同时又很温爱；称赞而不夸张，博学而不炫耀。

我从文法家亚历山大那里学得：不挑剔他人的错误；不责备性地打断蛮族式的，或不合语法的，或语音不和谐的表达，而是灵活地把那应有的表达方式表示出来，通过或是回答，或是共同证明，或是共同探讨事物本身，而不是直接关于那个语言表达，或者通过某种合适的提示。

我从弗隆托那里学得：知道什么是暴君的妒忌、反复无常和虚伪，我们中间被称为出生高贵的那些人又是怎样冷酷无情。

我从柏拉图主义者亚历山大那里学得：不要经常地，也不要没有必要地对人说明或致函说"我忙"；不能以这种借口推卸对由于共同生活而形成的各种应尽的义务。

（【古罗马】马尔库斯·奥勒利乌斯著，王焕生译：《沉思录》，上海三联书店，2010年，第1—5页。）

《沉思录》是马可·奥勒留自己与自己的十二卷对话，内容大部分是他在鞍马劳顿中所写，是斯多葛派哲学的一个里程碑。《沉思录》来自于作者对身羁宫廷的自身和自己所处混乱世界的感受，追求一种摆脱了激情和欲望、冷静而达观的生活。马可·奥勒留在书中阐述了灵魂与死亡的关系，解析了个人的德行、个人的解脱以及个人对社会的责任，要求常常自省以达到内心的平静，要摒弃一切无用和琐屑的思想，正直地思考。而且，不仅要思考善、思考光明磊落的事情，还要付诸行动。上文引用的是沉思录最开始的几则，内容大多为马可·奥勒留自述他从他人那里学到的东西。

听其言、察其行，我们很难想象在如此贤明、自律的皇帝马可·奥勒留统治时期，罗马帝国的盛世居然已经快要走到尽头了，内忧外患在暗中涌动，积极向上的黄金时代即将一去不返。或许，处于权力顶峰的马可·奥勒留比别人更深刻地感受到了这种山雨欲来的气息，在这个令人疲惫的时代东奔西走，他记录下思想的吉光片羽。

6.2 疲惫的时代

一位哲学家君王，不正能符合柏拉图的理想吗？那么，罗马帝国在这位哲学家皇帝治下走进了怎样的历史时期呢？

事实上，罗马的"黄金时代"与"罗马和平"在此时同趋结束。马可·奥勒留即位的第二年，东方爆发了安息战争。这场战争结束不久，西方的多瑙河上又传来了边警。公元167年，有两支日耳曼人渡过多瑙河，其中一支一直打到意大利的北部，迫使马可·奥勒留亲自带兵抗敌。西方的战争还未结束，东方的叙利亚又发生了新的叛乱。东方的叛乱虽得以平息，但多瑙河上的战争却已形成长期不决的局面。

此时，或许我们应该略微了解一下马可·奥勒留的斯多葛派哲学究竟是何种哲学。用现在普通人的眼光来看它，略有一点"乐活"，也有点儿"小清新"或"小确幸"，然而，英国哲学家罗素在《西方哲学史》中则毫不客气地说它是人们"只能向过去去寻找最美好的时代"的一种哲学。

> 关于早期的斯多葛派，我们要受一个事实的限制，即他们的作品流传下来的只有少数的片断。唯有塞涅卡、爱比克泰德和马尔库斯·奥勒留——他们都属于公元后一世纪至二世纪——的作品是完整地流传了下来的。
>
> 斯多葛主义比起我们以前所探讨过的任何哲学派别都更少希腊性。早期的斯多葛派大多是叙利亚人，而晚期的斯多葛派则大多是罗马人。塔因疑心迦勒底曾对斯多葛主义有过影响。于伯威格正确地指出了，希腊人在对野蛮世界进行希腊化的时候，给他们所留的却是仅只适合于希腊人自己的东西。斯多葛主义与早期的纯粹希腊的哲学不同，它在感情上是狭隘的，而且在某种意义上是狂热的；但是它也包含了为当时世界所感到需要的、而又为希腊人所似乎不能提供的那些宗教成份。特别是它能投合统治者，吉尔柏特·穆莱教授说："几乎所有的亚历山大的后继者——我们可以说芝诺以后历代所有主要的国王——都宣称自己是斯多葛派。"
>
> …………
>
> 他（马尔库斯·奥勒留）是一个悲怆的人：在一系列必须加以抗拒的各种世俗的欲望里，他感到其中最具有吸引力的一种就是想要引退去度一个宁静的乡村生活的那种愿望。

但是实现这种愿望的机会却始终没有来临。他的《沉思集》一书有些篇章是在军营里写成的，有些是在远征中写成的，征战的劳苦终于促成他的死亡。

…………

罗马有角斗士的表演以及人与野兽的搏斗，这种残酷是不可容忍的并且也必定腐蚀了欣赏这种景象的人民。马尔库斯·奥勒留确乎曾敕令过角斗士必须使用粗钝的剑进行角斗，但是这种改革是暂时的，而且他对于人与野兽的角斗也没有做过任何改革。经济制度也非常之坏；意大利已经日渐荒芜了，罗马居民要依赖着免费配给的外省粮食。一切主动权都集中在皇帝及其大臣的手中；在整个辽阔的帝国领域上，除了偶尔有叛变的将领之外，没有一个人在屈服以外还能做任何别的事情。人们都只能向过去去寻找最美好的时代了，他们觉得未来最好也不过是厌倦，而最坏则不免是恐怖。当我们以马尔库斯·奥勒留的语调来和培根的、洛克的、或者孔多塞的语调相比较时，我们就可以看出一个疲惫的时代与一个有希望的时代二者之间的不同。在一个有希望的时代里，目前的大罪恶是可以忍受的，因为人们想着罪恶是会过去的；但是在一个疲惫的时代里，就连真正的美好也都丧失掉它们的滋味了。斯多葛派的伦理学投合了爱比克泰德和马尔库斯·奥勒留的时代，因为它的福音是一种忍受的福音而不是一种希望的福音。

（【英】罗素著，何兆武、李约瑟译：《西方哲学史》，商务印书馆，1963年，第319-320,331-332页。）

斯多葛派哲学的拥趸或一些文学爱好者，或许会因为罗素对于斯多葛派的这番评价而立刻弃卷而去。然而，难道罗素的这段评语不中肯吗？

罗素评价马可·奥勒留的哲学"只能向过去去寻找最美好的时代了……觉得未来最好也不过是厌倦，而最坏则不免是恐怖"，"在一个有希望的时代里，目前的大罪恶是可以忍受的，因为人们想着罪恶是会过去的；但是在一个疲惫的时代里，就连真正的美好也都丧失掉它们的滋味了。"用这样的态度去点破《沉思录》中隐藏的情绪是残酷的，但也是深刻而实在的。

马可·奥勒留死后，其子康茂德继位，破坏了五贤帝挑选优秀继承者的传统。随后，康茂德与日耳曼人签订和约。根据和约，帝国在表面上维持原有的疆界，实际上却允许日耳曼人以"同盟"的身份迁居于帝国境内，并且为帝国服兵役，替帝国守边。从此帝国边境就不再是一道不可逾越的界线，为后来"蛮族"的大举入侵开了方便之门。

在马可·奥勒留和康茂德之后，罗马帝国经历了"三世纪危机"，再经伊利里亚诸帝、戴克里先的四帝共治、君士坦丁大帝的帝国，至狄奥多西一世死后将帝国正式分为两部分（395年）。西部在内忧外患中衰落，476年奥多亚克废黜最后一个西罗马帝国皇帝罗慕路·奥古斯都路斯，西罗马帝国灭亡。而东部帝国直到1453年为奥斯曼土耳其帝国所灭，史学家多称其为东罗马帝国或拜占庭帝国。

6.3 大秦王安敦来使

我们要讲的罗马帝国前期的历史，到这里本就该说完了。

一则美妙的史料却提醒我们再等一等。

《后汉书·西域传》

章帝章和元年，遣使献师子、符拔。符拔形似麟而无角。和帝永元九年，都护班超遣甘英使大秦，抵条支。临大海欲度，而安息西界船人谓英曰："海水广大，往来者逢善风三月乃得度，若遇迟风，亦有二岁者，故入海人皆赍三岁粮。海中善使人思土恋慕，数有死亡者。"英闻之乃止。十三年，安息王满屈复献师子及条支大鸟，时谓之安息雀。

自安息西行三千四百里至阿蛮国。从阿蛮西行三千六百里至斯宾国。从斯宾南行度河，又西南至于罗国九百六十里，安息西界极矣。自此南乘海，乃通大秦。其土多海西珍奇异物焉。

大秦国，一名犁鞬，以在海西，亦云海西国。地方数千里，有四百余城。小国役属者数十。以石为城郭。列置邮亭，皆垩塈之。有松柏诸木百草。人俗力田作，多种树蚕桑。皆髡头而衣文绣，乘辎軿白盖小车，出入击鼓，建旌旗幡帜。

所居城邑，周圜百余里。城中有五宫，相去各十里。宫室皆以水精为柱，食器亦然。其王日游一宫，听事五日而后遍。常使一人持囊随王车，人有言事者，即以书投囊中，王至宫发省，理其枉直。各有官曹文书。置三十六将，皆会议国事。其王无有常人。皆简立贤者。国中灾异及风雨不时，辄废而更立，受放者甘黜不怨。其人民皆长大平正，有类中国，故谓之大秦。

土多金银奇宝，有夜光璧、明月珠、骇鸡犀、珊瑚、虎魄、琉璃、琅玕、朱丹、青碧。刺金缕绣，织成金缕罽、杂色绫。作黄金涂、火浣布。又有细布，或言水羊毳，野蚕茧所作也。合会诸香，煎其汁以为苏合。凡外国诸珍异皆出焉。

以金银为钱，银钱十当金钱一。与安息、天竺交市于海中，利有十倍。其人质直，市无二价。谷食常贱，国用富饶。邻国使到其界首者，乘驿诣王都，至则给以金钱。其王常欲通使于汉，而安息欲以汉缯彩与之交市，故遮阂不得自达。至桓帝延熹九年，大秦王安敦遣使自日南徼外献象牙、犀角、玳瑁，始乃一通焉。其所表贡，并无珍异，疑传者过焉。

或云其国西有弱水、流沙，近西王母所居处，几于日所入也。《汉书》云"从条支西行二百余日，近日所入"，则与今书异矣。前世汉使皆自乌弋以还，莫有至条支者也。又云"从安息陆道绕海北行出海西至大秦，人庶连属，十里一亭，三十里一置，终无盗贼寇警。而道多猛虎、师子，遮害行旅，不百余人赍兵器，辄为所食"。又言"有飞桥数百里可度海北诸国"。所生奇异玉石诸物，谲怪多不经，故不记云。

（【南朝·宋】范晔撰，【唐】李贤等注：《后汉书》，中华书局，2000年。）

《后汉书·西域传》中记载的大秦即罗马帝国，展现了汉朝人根据道听途说再现的罗马帝国的情境。而其中关于桓帝延熹九年的故事虽然简短，但是意义非凡，此后罗马帝国与中国开始正式往来。延熹九年即公元166年，恰是马可·奥勒留在位，大秦王安敦或许是他的前任安东尼·庇乌斯，也可能就是他本人。

至于罗马的使者在归国后，是如何向这位疲惫的皇帝汇报在汉朝的所见所闻的，我们不得而知。更无法猜想当这位热爱思考的皇帝，在听使者述说着遥远东方国度的奇妙见闻时，眼中闪过的是怎样的光彩。

公元166年，罗马帝国与汉帝国的第一次接触，这就是我们最后要指出的关于罗马盛世的重要时刻，历史在这一刻显示出丰富的可能性。

思考与讨论

如果罗马和汉朝克服了安息（波斯）、天竺（印度）等中间障碍，会发生怎样的碰撞，历史会有怎样奇妙的发展？

进阶阅读

1.【古罗马】马尔库斯·奥勒利乌斯著，王焕生译：《沉思录》，上海三联书店，2010年。

《沉思录》是古罗马唯一一位哲学家皇帝马可·奥勒留所著，这本自己与自己的十二卷对话，内容大部分是他在鞍马劳顿中所写，是斯多葛派哲学的一个里程碑。《沉思录》来自于作者对身羁官廷的自身和自己所处混乱世界的感受，追求一种摆脱了激情和欲望、冷静而达观的生活。马可·奥勒留在书中阐述了灵魂与死亡的关系，解析了个人的德行、个人的解脱以及个人对社会的责任，要求常常自省以达到内心的平静，要摈弃一切无用和琐屑的思想、正直地思考。而且，不仅要思考善、思考光明磊落的事情，更要付诸行动。

《沉思录》亦有梁实秋的译本，也值得一读。所选王焕生译本为从希腊文翻译的。

2.【古罗马】塔西佗著，马雍、傅正元译：《阿古利可拉传／日耳曼尼亚志》，商务印书馆，1959年。

马可·奥勒留执政的大部分时间在戎马中度过，帝国此时与其最终的送葬者——日耳曼人，还只是初见。

在罗马史学家塔西佗的《日耳曼尼亚志》中，详细报道了罗马时代日耳曼尼亚以及住在日耳曼尼亚的各个部落的情况。这部书可能是最早全面记载古代日耳曼人的文献。

虽然塔西佗对于日耳曼尼亚的地理状况、日耳曼人的生活状况也不免有些不甚了然的地方，但大体上是报道得很正确的，关于日耳曼人各个部落的分布、风俗习惯、宗教信仰以及整个日耳曼人的经济生活、政治组织和社会生活等的材料都是极珍贵的。

第二讲　庞贝和庞贝人的生活

导言

　　庞贝的历史可以追溯到公元前600年，那时的庞贝还只是海湾畔的一个小集市，主要从事农业和渔业的生产，直到公元前80年，强大的罗马帝国将庞贝划入自己的版图，这里开始成为一座繁华的城市，贸易往来繁多，经济发达，集中了许多宏伟的建筑和精美的雕刻，是当时罗马帝国经济、政治、宗教的中心之一。

　　公元79年10月24日的一天中午，庞贝城附近的活火山维苏威火山突然爆发，火山灰、碎石和泥浆瞬间湮没了整个庞贝，古罗马帝国最为繁华的城市在维苏威火山爆发后的18个小时内彻底消失。直达18世纪中期，这座深埋在地底的古城才被挖掘出土而重见天日。

一、博物学家之死——庞贝末日

　　在庞贝出土的一幅壁画中写到"没有任何东西可以永恒"，可突如其来的灾难在毁灭了庞贝的同时也使得当时的古城风貌得以永生——能容纳近2万人的竞技场、100多家酒吧、30多家面包甜品店、可容纳5千人的大剧院、步行街、水池和精美的壁画……这一切都因为一场灾难而躲过了岁月的侵袭，正如伟大的诗人歌德所说"在世界上发生的诸多灾难中，还从未有过任何灾难像庞贝一样，它带给后人的是如此巨大的愉悦"。

　　发掘和保护永远是两难问题。庞贝考古两个半世纪以来，城中珍贵的壁画、石刻和雕塑暴露在亚平宁半岛多雨的冬季和干燥的夏天里，受到环境污染、旅游业与非法建造工程的破坏。每年庞贝古城至少有150平方米壁画逝去，至少3000块石头分解。"过去250年对庞贝城不断的挖掘，可能终将对古城造成不可避免的二次破坏。"*The Complete Pompeii* 的作者 Joanne Berry 如是写道。

　　近年来，庞贝管理者已经意识到考古带来的巨大保护压力，开始将工作重点放在已出土的建筑和文物保护上，而不是新的发掘。发起于2002年的 The Visual Fortune of Pompeii 是庞贝的数字化计划，旨在收集、呈现1748年以来有关庞贝的图文资料，向全世界分享庞贝的遗产。

1.1 人间天堂的炼狱

在公元 79 年维苏威火山爆发前，庞贝是亚平宁半岛上的人间天堂，罗马富人在这里营造别墅，在地中海的阳光与海风中享受暂时远离罗马城严酷政治斗争的假期。然而，这一切居然能在旦夕间毁灭。

目前为止所发现的所有文献中，描写维苏威火山爆发和庞贝末日最为详尽的非小普林尼写给历史学家塔西佗的书信莫属。在这封长信中，小普林尼以一个目击者的角度，贴切地描写了火山爆发的过程和特征，为后世的历史学家和科学家留下了宝贵的历史资料。这封信同时也记述了古罗马最为伟大的博物学家之一，老普林尼临死前的经历。虽然小普林尼没有直接记述庞贝城内居民所遭遇的一切，但在千年之后重读他的文章，依旧能够身临其境地感受到他们曾经面对的巨大恐惧和折磨。

《小普林尼致塔西佗之信 》节选自《小普林尼书信集》

"My uncle was stationed at Misenum, in active command of the fleet. On 24 August, in the early afternoon, my mother drew his attention to a cloud of unusual size and appearance. He had been out in the sun, had taken a cold bath, and lunched while lying down, and was then working at his books. He called for his shoes and climbed up to a place which would give him the best view of the phenomenon. It was not clear at that distance from which mountain the cloud was rising (it was afterwards known to be Vesuvius); its general appearance can best be expressed as being like an umbrella pine, for it rose to a great height on a sort of trunk and then split off into branches, I imagine because it was thrust upwards by the first blast and then left unsupported as the pressure subsided, or else it was borne down by its own weight so that it spread out and gradually dispersed. In places it looked white, elsewhere blotched and dirty, according to the amount of soil and ashes it carried with it. My uncle's scholarly acumen saw at once that it was important enough for a closer inspection, and he ordered a boat to be made ready, telling me I could come with him if I wished. I replied that I preferred to go on with my studies, and as it happened he had himself given me some writing to do.

As he was leaving the house he was handed a message from Rectina, wife of Tascus whose house was at the foot of the mountain, so that escape was impossible except by boat. She was terrified by the danger threatening her and implored him to rescue her from her fate. He changed his plans, and what he had begun in a spirit of inquiry he completed as a hero. He gave orders for the warships to be launched and went on board himself with the intention of bringing help to many more people besides Rectina, for this lovely stretch of coast was thickly populated. He hurried to the place which everyone else was hastily leaving, steering his course straight for the danger zone. He was entirely fearless, describing each new movement and phase of the portent to be noted down exactly as he observed them. Ashes were already falling, hotter and thicker as the ships drew near, followed by bits of pumice and blackened stones, charred and cracked by the flames: then suddenly they were in shallow water, and the shore was blocked by the debris from the mountain. For a moment my uncle wondered whether to turn back, but when the helmsman advised this he refused, telling him that Fortune stood

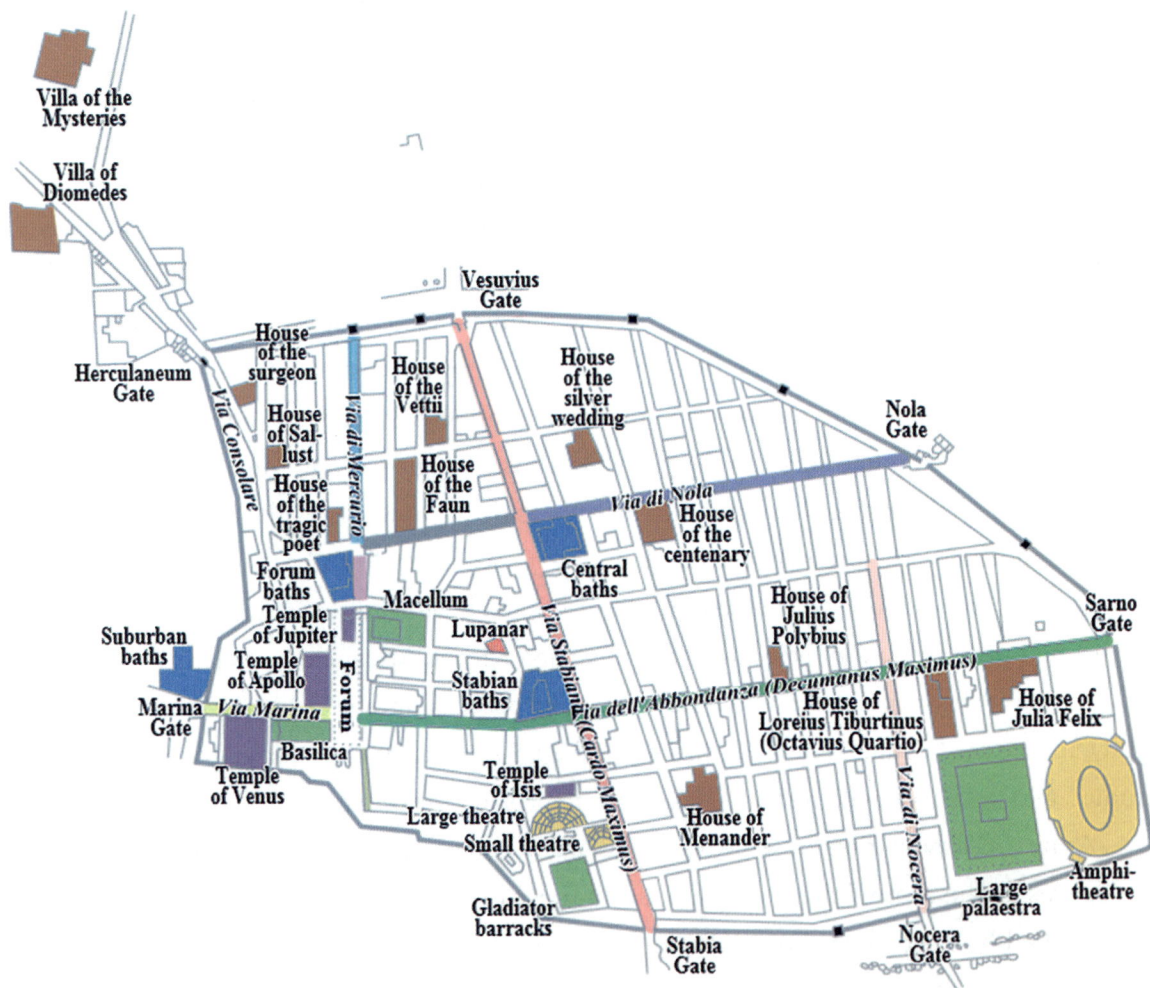

地图 2.1 庞贝古城平面示意图

图 2.2《庞贝的末日》（последний день помпей），【俄】卡尔·巴甫洛维奇·布留洛夫 K. P. Brullov, 1830 年 –1833 年

by the courageous and they must make for Pomponianus at Stabiae. He was cut off there by the breadth of the bay (for the shore gradually curves round a basin filled by the sea) so that he was not as yet in danger, though it was clear that this would come neared as it spread. Pomponianus had therefore already put his belongings on board ship, intending to escape if the contrary wind fell. This wind was of course full in my uncle's favour, and he was able to bring his ships in. He embraced his terrified friend, cheered and encouraged him, and thinking he could clam his fears by showing his own composure, gave orders that he was to be carried to the bathroom. After his bath he lay down and dined; he was quite cheerful, or at any rate he pretended he was, which was no less courageous.

Meanwhile on Mount Vesuvius broad sheets of fire and leaping flames blazed at several points, their bright glare emphasized by the darkness of night. My uncle tried to allay the fears of his companions by repeatedly declaring that these were nothing but bonfires left by the peasants in their terror, or else empty houses on fire in the districts they had abandoned. Then he went to rest and certainly slept, for as he was a stout man his breathing was rather loud and heavy and could be heard by people coming and going outside his door. By this time the courtyard giving access to his room was full of ashes mixed with pumice-stones, so that its level had risen, and if he had stayed in the room any longer he would never have got out. He was wakened, came out and joined Pomponianus and the rest of the household who had sat up all night. They debated whether to stay indoors or take their chance in the open, for the buildings were now shaking with violent shocks, and seemed to be swaying to and fro as if they were torn from their foundations. Outside on the other hand, there was the danger of falling pumice-stones, even though these were light and porous; however, after comparing the risks they chose the latter. In my uncle's case one reason outweighed the other, but for the others it was a choice of fears. As a protection against falling objects they put pillows on their heads tied down with cloths.

Elsewhere there was daylight by this time, but they were still in darkness, blacker and denser than any ordinary night, which they relieved by lighting torches and various kinds of

图 2.3 【英】John Martin，《维苏威火山爆发》，1822 年

lamp. My uncle decided to go down to the shore and investigate on the spot the possibility of any escape by sea, but he found the waves still wild and dangerous. A sheet was spread on the ground for him to lie down, and he repeatedly asked for cold water to drink. Then the flames and smell of sulphur which gave warning of the approaching fire drove the others to take flight and roused him to stand up. He stood leaning on two slaves and then suddenly collapsed, I imagine because the dense fumes choked his breathing by blocking his windpipe which was constitutionally weak and narrow and often inflamed. When daylight returned on the 26th — two days after the last day he had seen — his body was found intact and uninjured, still fully clothed and looking more like sleep than death.

（Translated by Betty Radice: *The Letters of the Younger Pliny*，Published by Penguin Books, Great Britain，1963 年，第 166-168 页。）

思考与讨论

1. 请试图自行翻阅相关书籍，了解小普林尼、老普林尼以及塔西佗分别在古罗马文化史上所做出的杰出贡献。

2. 请查阅相关地理书籍，找到"普林尼式喷发"的定义，并且将它与小普林尼的书信做比较。你能就此推测出庞贝城的居民在生命的最后几小时中都经历了什么吗？

3. 查阅地图，找到庞贝古城的地理位置。它距离维苏威火山有多远？为什么它虽然毗邻大海，但最后城内的居民却无法逃出这座城市？

课外活动

观看 BBC 2003 年纪录片 *Pompeii: The Last Day*.

进阶阅读

1.【英】罗伯特·哈里斯著，路旦俊译：《庞贝》，人民文学出版社，2009 年。

自从庞贝古城重见天日之后，艺术家、作家、科学家对于它的演绎和重建就从未停止过。罗伯特的著作《庞贝》属于历史小说，尽管不是正统的历史学著作，但是它依旧是本视角独特的作品。

2. Translated by Betty Radice: *The Letters of the Younger Pliny*, Published by Penguin Books, Great Britain, 1963.

小普林尼的书信集一直是西方学生必读的经典读物，作为优秀的散文家和观察家，他的书信将古罗马社会的方方面面包罗其中，是一个让今人窥探古史的窗口。

二、生活于维苏威火山脚下——庞贝的日常生活

时代的命名，并参照日常生活，反而以与日常最远的政治和文化为参照，于是才有了罗马"共和国"或"帝国"或"中世纪"或"文艺复兴"的时代之分。然而无论时代如何变迁，人们的生活终究如脉搏般有规律的跳动，在庞贝，我们看到庞贝人的饮食（面包炉）、公共生活（浴室）和娱乐（剧院），我们感到，原来这些湮灭在火山灰下的生活，曾经如此地活色生香。

2.1 庞贝厨房

以下呈现的古罗马食谱一份选自古罗马食谱集 *Apicius*。一般认为，该食谱集完成于公元 4 世纪晚期至公元 5 世纪早期之间，"Apicius"一词来源于生活在约公元 1 世纪的古罗马美食家 Marcus Gavius Apicius 之名，是一种对美食的小小致敬。在这本食谱集记载的食谱中，有不少食谱中都可见到面包的身影；而在庞贝古城的遗址内一共发掘出 34 座面包炉以及面粉磨坊的遗迹，更加证明了面包在古庞贝人的日常饮食中占据了重要的地位。

Boiled Dinner

Salacattabia

Pepper, fresh mint, celery, dry pennyroyal, cheese，pignolia nuts, honey, vinegar, broth, yolks of egg, fresh water, soaked bread and the liquid pressed out, cow's cheese and cucumbers are arranged in a dish, alternately, with the nuts; also add finely chopped capers,chicken livers; 4 cover completely with a lukewarm, congealing broth, place on ice and when congealed unmould and serve up.

图 2.4 庞贝小吃店（Thermopolium）场景还原图，来源：*Houses and Monuments of Pompeii*

2.2 罗马浴场

罗马浴场或许原先仅仅是古典专业学生之间的话题。然而，自从某岛国漫画家的作品问世，且近来被改编成电影以来，更多的人知道了罗马是流行公共浴场的。公共浴室对罗马人到底有多重要？曾有一句谚语道："世上若有凶残超过尼禄的人，那或许才有比浴室更美妙的事物。"

一些更多的史料记载或许能帮助我们更好地理解罗马浴室。

"There were two places in which Romans shed their clothes: the baths and the bedroom. While the bedroom was private, the baths were a public venue in which all from the lowest to the highest undressed, apart from their bath sandals, and were observed by others. 1 The public baths had spread across Italy from the third century BCE and by the first century CE were an essential feature of nearly every town across the Empire. Identified clearly by Tacitus, baths became a basic element of Roman culture that former barbarians would adopt in that process of becoming Roman. "

（ Ray Laurence: *Roman Passions : A History of Pleasure in Imperial Rome*, London, GBR: Continuum International Publishing, 2010. pp.63-64 ）

"The baths were a feature of the cities of the Roman Empire that disappeared from European cities by the end of the sixteenth century. These were places that not only provided the means for cleaning the body, but were also places at which men and women could come into contact with the bodies of others. The encounters were often sexual and the architecture of the baths created a quasi-public place of pleasure and encounter. "

（ Michel Foucault, 1984 b: 251 ）

"Bathhouses with the basic sequence of rooms: a frigidarium (cold room); a tepidarium (warm room) and a caldarium (hot room) have been identified right across the Roman Empire. This structure of heated space can be found in the Stabian Baths at Pompeii in the second century BCE"

（ Ray Laurence: *Roman Passions : A History of Pleasure in Imperial Rome*, London, GBR: Continuum International Publishing, 2010. pp.63-64 ）

图 2.5 庞贝罗马浴场场景还原图，来源：*Houses and Monuments of Pompeii*

2.3 剧院

在庞贝，亦发现有剧院，与所有的罗马城市一样。戏剧与角斗是罗马市民的两大重要公共文化生活。以下史料或许能帮助我们更好地理解罗马的剧院。

A Great Song and Dance Actions that are strongly discordant with civilized behaviour, such as singing in the forum, or any other instance of extreme waywardness, are readily apparent and do not call for much admonition or advice.

（Cicero: *On Duties*: 1.145）

"It was no longer enough for them to shout and clap as they reclined [at dinner], but, in the end, most of them leapt up and began to dance, making movements unfit for a free man but appropriate for that beat and that kind of melody."

（Plutarch: *Moralia*: 705E–F）

古罗马通识六讲 | 072

图 2.6 庞贝人与邻城在竞技场中比赛，壁画，出土于庞贝角斗士之家（House of the Gladiator），此图为 Vincenzo Loria 描摹的水彩画

图 2.7 小剧场上演音乐和舞蹈演出的场景，来源：*Houses and Monuments of Pompeii*

"For almost no one dances while sober — unless perhaps he is insane — neither while alone nor in a moderate and honorable banquet. The dance is the final accompaniment to an early banquet, a pleasant locale, and location of many other luxurious activities."

（ Cicero: *For Murena*: 13 ）

"Stone theatres had been built not just in Rome, but right across the towns of Italy. The impetus came, it would seem, from the construction of Pompey's theatre in Rome, followed by the theatres of Marcellus and Balbus under Augustus. These were not just places at which to see action upon a stage, but, as many visitors today will discover, these are harmonic spaces in which sound waves travel from the performer to the audience.

（ *Ray Laurence: Roman Passions : A History of Pleasure in Imperial Rome, London, GBR: Continuum International Publishing, 2010.* ）

"广场既已设定，接着，就要为在永生的诸神祇的祭日里观看竞技的剧场尽量选择卫生的建筑场地，如同在第一卷书中对城市建设时的卫生性所记载的一样。因为从比赛开始至结束，与妻小一起坐在席位上的人们，在愉快地享乐，身体不动，而血管却开放着，当晨风的气流停滞在那里，而且如果这风从沼泽地带或其他的不良方向吹来时，毒气就会侵入到身体里去。只要稍微注意选择剧场的用地，就可以避免这种缺陷。

············

因此，古代的建筑师们追随自然的踪迹，研究声音的上升，而完成了剧场的阶梯席位。他们还应用了数学家（所用）的定律和音乐上的法则，研究出使舞台上的任何声音即使微小也都能清晰而爽亮地达到观众的耳里。因为恰如乐器附加青铜薄板或角制共鸣器于弦上而测定声音的清晰度一样，古代人应用了和声学来规定剧场做法，以增大声音。"

（维特鲁威著，高履泰译：《建筑十书》，知识产权出版社，2001 年，第 131—133 页。）

思考与讨论

1. 请将庞贝的公共设施与中国古代城市的公共设施做一组对比，如：古罗马剧院与古中国戏台；写一篇小论文，讨论不同的文明和生活理念对建筑设计和规划产生的影响。

2. 古罗马的剧院模式对后世西方的剧院设计产生了深远影响，你能找出这些影响和关联吗？

课外活动

按照古罗马食谱的配方，自己做一道菜。

进阶阅读

1. Mary Beard, *Pompeii: The Life of a Roman Town*, Profile Books Ltd, 2008.

2. *The World of Pompeii*, Edited by John J. Dobbins and Pedar W. Foss, Routledge, 2007.

三、壁画与马赛克——庞贝室内艺术欣赏

火山爆发时庞贝大约有 20000 名居民，大多数在他们的假日别墅中。在庞贝诸多民居中，农牧神之家（House of Faun）是其中面积最大的之一，其布局也相对完整。农牧神之家得名于考古发掘时在中心水池里发现的精美农牧神像。这座建筑始建于公元前 200 年左右，之后被多次重修和改造，占地近 3000 平方米，占据了整整一个街区。这座私人住宅有两个不同风格的中庭，两座列柱式花园——其中一座可以进行演唱和戏剧表演，还有街面店铺。主人为自己修建了一个私人浴室，它和厨房都有一个巨大的炉子供暖。在农牧神之家里可以看到很多艺术作品：举世无双的马赛克镶嵌画"亚历山大大帝与波斯大流士三世的战争"，令后人望尘莫及的珠宝与首饰，启发了后来无数新古典主义设计师的烛台。

在西方，每一个在上学的孩子，都能就庞贝说出一二来。庞贝成为文化常识，与大量的出版物不无关系。1854 年由 Niccolini 兄弟出版的 *Le case ed i monumenti di Pompei disenatie disegnatie descritti*（有关庞贝城中的民居和纪念性建筑的绘画和阐释）被认为是首次完整梳理庞贝的正式出版物。Niccolini 兄弟将他们同时代人所描绘的庞贝手稿编纂集结成此书，包括地图、地形图、全景图、建筑平面图和复原图，壁画、家具、马赛克画、雕塑、金银器等艺术品的版画、水彩画、线描图等，农牧神之家及其艺术品也在其中。这便是庞贝对全世界的第一次公开亮相，其准确的数据、有趣的文字、精美的图片都是无可比拟的，诚如庞贝学者 Giuseppe Fiorelli 评价的那样，"正是这一工作赋予庞贝以荣耀和尊严"。

一个半世纪以后，美国的盖蒂博物馆以英文再版了此书，定名为 *House And Monuments of Pompeii: The Work of Fausto and Felice Niccolini*。除了原书大量精美的手稿绘画之外，新版还增补若干文章，以帮助现代读者了解相关情况，如 Niccolini 兄弟的贡献和庞贝对当时欧洲所造成的审美革命等。

想一想，如果你前往一座中国古镇进行采风，会运用怎样的手段记录下你的所见所闻？

图 2.8 尼罗河景色，马赛克画，发现于庞贝（右上）

图 2.9 动物，马赛克画，出土于庞贝农牧神之家（右中）

图 2.10 亚历山大与大流士之战（局部），马赛克画，出土于庞贝农牧神之家（左上）

图 2.11 庞贝农牧神之家中的马赛克镶嵌画地板，G. Frauenfelder 临摹，来源：*Houses and Monuments of Pompeii*（下）

3.1 马赛克镶嵌画

庞贝遗址内发现了大量马赛克镶嵌画。

（镶嵌画）由黏土、玻璃、大理石或木头制成的彩色小方块所构成的图案，镶嵌在墙壁、地板或屋顶，其面积可大可小。镶嵌画既有绘画性也有抽象图案。罗马人运用此种装饰手法最为广泛，早期基督教继承了该传统，并一直延续到中世纪早期，在拜占庭帝国时期发展到不可逾越的高峰。

（【英】斯坦戈斯编著，刘礼宾等译：《艺术与艺术家词典》，生活．读书．新知三联书店，2010 年 10 月，第 286 页。）

3.2 壁画

在发现马赛克镶嵌画的同时，发现了更多的壁画。

图 2.12 酒神节秘密仪式（局部），"秘密仪式别墅"第二风格壁画，意大利庞贝，公元前 50 年－前 60 年，森林之神正在向一个年轻萨蒂尔喂水，另一个年轻的萨堤尔则手举戏剧面具

从事于耕地收获的人们在其前院必须建造厩舍和小店，在住宅里必须建造地窖、堆房和储藏室，与其建造其他装饰华丽的房间，不如建造对收获物能够致用的房舍。又对于贷款业者和税吏，应当建造气派华丽而无被窃之虞的房间；对于律师和雄辩家，应当建造风格高尚而宽阔的房间，足以容纳聚会而来的人群。又对于得到名誉和官职而为市民服务的贵族们，为了粉饰他们的显赫，则应当建造像王宫那样的高大门厅，十分宽敞的院子和围柱式院子，广阔的园林和散步道。此外，图书室、画廊、集会厅也应当宏壮地规划建造，而不逊于公共建筑物。因为在这些人的邸宅里往往进行公众讨论和私人裁判调解的缘故。

（维特鲁威著，高履泰译：《建筑十书》，知识产权出版社，2001 年版，第 172－173 页。）

在其他房间即春季、秋季、夏季用室，还有前院和围柱廊院的壁画，都是以模写实物为题材的传统法式。实际上，绘画就是要做出存在的东西或可能存在的东西的形象，例如人物、房屋、船舶以及其他模仿轮廓清楚明确的实物而能做成表现其形象的图画……后来，开始模绘建筑物的外貌、柱子、人字顶的有凹凸的东西。在像谈话室那样空敞的地方，因为墙面宽阔，所以就把舞台面画成悲剧式的、喜剧式的或讽刺剧式的。如果是散步廊，因为有较长的空间，所以就应用在画中表现某地方特征的各种风景画来装饰。或者画出港口、半岛、海岸、河流、泉水、海峡、神庙、森林、山岳、家畜、牧人；还在一些地方画出显示神像的、或画出分别说明故事的装饰；此外还画出特洛亚战争或尤利西斯在各国流浪的装饰，以及其他与此形式相同而能从自然界中得到的事物。

（维特鲁威著，高履泰译：《建筑十书》，知识产权出版社，2001 年版，第 198 页。）

图 2.13 "秘密仪式别墅"第二风格壁画，酒神节秘密仪式，意大利庞贝，公元前 50 年 – 前 60 年，高约 162.5 厘米

图 2.14 花园景色，庞贝壁画

图 2.15 古希腊女诗人萨福，壁画，出土于庞贝（左图）
图 2.16 一对夫妇的肖像，VII-2-6 房间壁画，出土于庞贝，公元 70 年–79 年，约 58.5 厘米×52 厘米，那不勒斯考古博物馆藏（右图）

实际上，在古人中间有谁似乎不把朱色当成药品而吝惜使用呢？然而现在却普遍用到各处所有墙壁上。在那里还加上青绿色，紫色和阿尔明尼亚蓝色。当采用它们时，虽然没有按艺术去布置，但是在眼睛里看来却是美丽鲜明的。

（维特鲁威著，高履泰译：《建筑十书》，知识产权出版社，2001 年版，第 200 页。）

思考与讨论

1. 马赛克是一种直到今天还在被广泛运用的装饰艺术，请分别找到罗马、早期基督教以及拜占庭艺术使用马赛克装饰或创作的建筑或艺术作品，并且比较它们的异同。

2. 请将庞贝城内的古罗马壁画用色和敦煌壁画用色做一个列表，你更喜欢谁的用色，为什么？

3. 庞贝城的壁画颜色历经千年而不褪，请结合《建筑十书》中提到的古罗马人提炼颜料法进行探讨，你认为壁画的不褪色现象和相关的提炼法有关联吗？

课外活动

请临摹或自己创作一幅马赛克或壁画作品。

四、废墟与重生——庞贝的考古发现与记录

随着岁月的流逝，毁灭庞贝城的火山灰成为了种植葡萄的肥沃土壤。公元 1748 年春天，当地一名叫安得列的农民在挖葡萄园时，发现锄头穿透了一个金属柜子，打开一看，里面竟是一大堆熔化、半熔化的金银首饰及古钱币，于是盗宝者蜂拥而至，历史学家与考古学家也相继赶到。意大利政府根据专家们建议，于 1876 年开始组织科学家进行有序发掘庞贝古城。经过百余年、七八代专家的持续工作以及数千名工作人员的辛勤维护，终于将庞贝古城这一惊心动魄的一幕真实地再现于世人面前。

图 2.17 庞贝维蒂之家（House of the Vetti）考古发掘现场

4.1 考古揭示庞贝人的生活

出土后的庞贝城东西长 1200 米，南北宽 700 米，有城门七扇。城内四条大街，呈"井"字形纵横交错。主街宽 7 米，由石板铺就，沿街有排水沟。城内最宏伟的建筑物，都集中在西南部一个长方形的公共广场四周，广场周围设有神庙、公共市场、市政中心大会堂等建筑物，这里是庞贝政治、经济和宗教的中心。广场的东南方，是庞贝城官府的所在地，广场的东北方则是繁华的集贸市场。另外，城内还有公共浴池、体育馆和大小两座剧场，街市东边则有可容纳 1 万多名观众的圆形竞技场。

A GENERAL MAP OF POMPEII

This design schematically illustrates the development of excavations in Pompeii from 1748 to 1923. The monuments and buildings cited in this edition are numbered progressively and the boundary positions are also indicated, including the region, housing block, and civic address numbers.

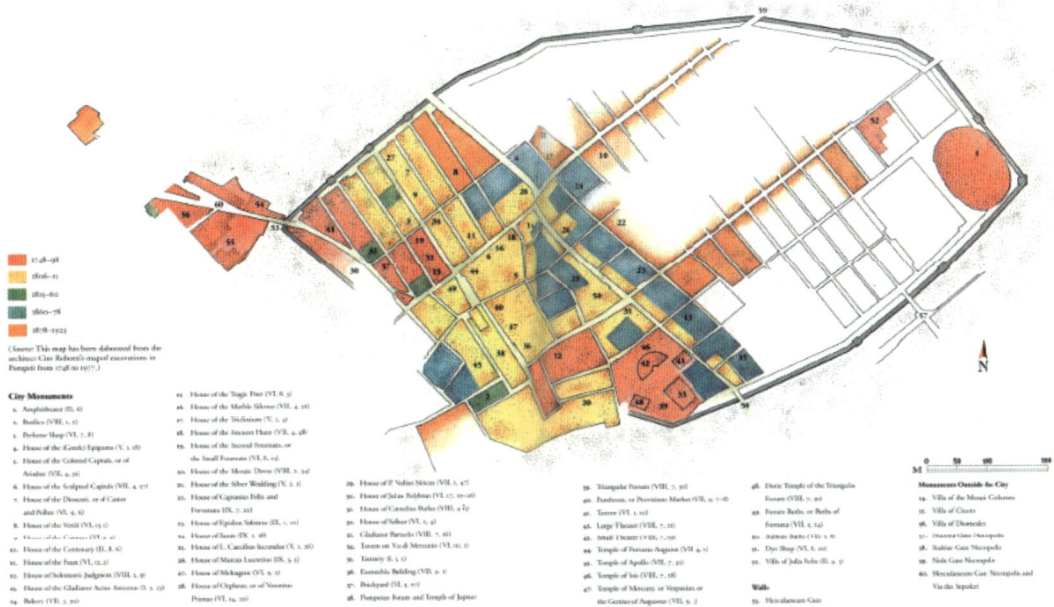

图 2.18 1784 年 –1923 年庞贝考古发现示意图，不同时期发掘区域以不同颜色标注，来源：*Houses and Monuments of Pompeii*

"It is the question, too, that Archaeology asks of the Past-Come, tell me how you lived? And with picks and spades and baskets we find the answer. 'These were our cooking pots.' 'In this big silo we kept our grain.' 'With these bone needles we sewed our clothes,' ' These were our houses, this our bathroom, here our system of sanitation!' 'Here, in this pot, are the gold earrings of my daughter's dowry.' 'Here, in this little jar, is my make-up.' 'All these cook-pots are of a very common type. You'll find them by the hundred. We get them from the Potter at the corner. Woolworth's, did you say? Is that what you call him in your time?"

（Agatha Christie Mallowan: *Come, Tell Me How You Live:An Archaeological Memoir*, Harper Collins Publishers, 1999.）

"That gate of dreams was closed, but I shall always feel that for an hour it was granted me to see the vanished life so dear to my imagination...Tell me who can, by what power I reconstructed, to the last perfection of intimacy, a world known to me only in ruined fragements."

（George Gissing: *By the Ionian Sea*, 1901.）

4.2 觉醒的古城

如今的庞贝古城已被联合国教科文组织定为世界文化和自然遗产，每天吸引着数以万计的来自世界各地的游人们来这里参观。目前，庞贝古城还只向游人开放三分之一，其余部分还埋在地下。

When rediscovery came in the 1750s, educated Europe was enthralled. Travellers from Scotland to Russia flocked to Naples, which became an obligatory stop on the Grand Tour route. In and around Rome these visitors had seen other large and splendid ruins, visible if half-buried; now for the first time they could see inside the inner sanctum of a temple and an ancient Roman bathhouse. Until Pompeii, no one knew, aside from what could be read in books, how the ancient Romans actually *lived*.

The eruption had occurred at a particularly fascinating moment in history, the height of the wealth and power of the ancient Roman Empire, and this launched an 18th-century treasure hunt of colossal proportions. Connoisseurs and collectors were enchanted by Pompeii's fine arts, beginning with the myriad great marble statues imported from Greece. Much — not all — was repro art, copies of famous works by renowned Greek sculptors, whose originals had never been seen.

With the rise of the middle class during the Victorian era, the domestic life of Pompeii captured imaginations in Europe and, now, America. The visitors flocked to admire the ivory-inlaid beds and decorated lock boxes containing the family treasure. They saw an ancient Roman kitchen with its pots and pans on the counter. They saw, they wrote poems, they painted — and they bought.

For some, Pompeii became a model and an idyllic world. For others, Pompeii represented the ultimate in decadence and sin. In both cases, Pompeii excited passionate interest.

The dead city has never lost its uncanny power to fascinate. Indeed, it attracts over two million tourists annually, and the numbers increase every year. Ask a backpacker in jeans or a venerable scholar from any nation to describe his or her first visit to Pompeii, and you will see eyes light up like lamps.

My own introduction to Pompeii began from a distance, with a reading of an old-fashioned novel by Edward Bulwer-Lytton. Lord Lytton, as the Victorians called him, wrote many historical novels, including one that famously begins, "It was a dark and stormy night". Each year an American university holds a purple prose contest in sarcastic emulation of his florid style, made familiar by Snoopy. But Lytton's achievements are not a joke. His epic *The Last Days of Pompeii*, published in London in 1834, was the second bestselling novel in history, still selling well in the early 1900s as a novel, and still being recycled as a movie in the 2000s. Both its lasting appeal and its effect on Pompeii, discussed in these pages, are extraordinary.

(Judith Harris: *Pompeii Awakened : A Story of Rediscovery*. London, GBR: I.B. Tauris, 2007.)

思考与讨论:

1. 除了庞贝之外，古代文明湮没之后留下的大型遗迹还有很多，譬如墨西哥的玛雅文明，柬埔寨的吴哥文明等等。请挑选一个除庞贝古城之外的古代文明遗迹进行了解。

2. 为什么歌德会说 "在世界上发生的诸多灾难中，还从未有过任何灾难像庞贝一样，它带给后人的是如此巨大的愉悦"？ ("Many a calamity has happened in the world, but never one that has caused so much entertainment to posterity as this one.")

请尝试分析他的观点。

课外活动

自从 18 世纪 50 年代重见天日后，庞贝一直是热门的旅游景点。近年来，庞贝古城不堪重负，古迹面临损坏风险的情况屡见报端。如果请你为庞贝古城设计一份全新的游客开放计划，你有什么样的想法和建议吗？

进阶阅读

1. *In Ruins*, Christopher Woodward, Vintage, 2003.

2.【英】阿加莎·克里斯蒂 著:《告诉我，你怎样去生活》，姚燚译，上海译文出版社，2010 年。

3. *Pompeii Awakened: A Story of Rediscovery*, Judith Harris, I.B. Tauris, 2007.

第三讲　古罗马建筑

导言

希腊人是科学家，罗马人是工程师。

上述这种庸见伴随着其工整的对仗，被一代又一代古典学的师生口耳相传。类似的论断与"伟大属于罗马，光荣属于希腊"这样的警句一样，貌似发人深省，实则空洞无物。

事实上，自古罗马共和国开始积极向外扩张始，其城邦政治的形态就开始了向霸权帝国转型，而罗马人在工程技术上的天赋，亦在一系列扩张战争中得到锻炼。举其两例，一则为军事征服中大放异彩的攻城技术与安置军营的技术；另一则是将罗马城建设成万邦之首的规划与实践，这当然是持续性的军事胜利所带来的必然结果。

图 3.1 阿基米德之死，Edouard Vimont(1846–1930) 创作

当武断地谈论起古希腊罗马世界科学家与工程师此消彼长的过程时，有一个历史瞬间是我们爱用的注脚。公元前 212 年，当罗马军队攻陷西西里岛的叙拉古王国，阿基米德蹲在残缺的石墙旁边。他在沙地上画着几何图形，罗马士兵命令他离开，他却傲慢地说："别把我的圆弄坏了！"罗马士兵在盛怒中挥刀砍杀了这位古希腊世界最后的科学家。殊不能忘的是，这位定义了浮力定律与杠杆原理的阿基米德，也发明了投石机、起重机和太阳能武器（用镜子聚光点燃罗马战船的帆），连对阵的罗马将军马塞拉斯都承认："这是一场罗马舰队与阿基米德一人的战争。"在阿基米德的发明面前颤抖过的罗马人的眼里，这位希腊人就是神一样的工程师，就好像电影里的钢铁侠或者春秋战国之际的公输般和墨翟。

自叙拉古开始，罗马人陆续占领了整个希腊世界。对后人来说，比侵夺土地更重要的情况是，罗马人侵夺了希腊文明，包括传统、神祇、文学和希腊人当时所掌握的科技，其中就有在任意一门建筑史课前必讲的多立克、爱奥尼克和科林斯式三种希腊柱式。三种希腊柱式被罗马人继承，并与罗马人发展出的塔司干和组合柱式一起，合称古典五柱式。

伴随着持续的对外扩张，城邦国家罗马征服了更多的其他城邦。罗马军队证明了罗马人比其他人更光荣，罗马城也必须成为一座能证明罗马人比其他人更伟大的城市。于是，一系列辉煌宏大的公共建筑伴随着城邦共和的崩溃而建起，此时的罗马城正如彼时希腊名将伯里克利治下的雅典城。

伯里克利终于被劲敌斯巴达人困死，罗马人则幸运地在汉尼拔的攻势下满血复活。然而，今日于雅典和罗马两城可供凭吊、发怀古幽思的废墟，诉说的却是分别发生在巴尔干和亚平宁的两则相似的故事。当伯里克利凭借一连串军事胜利高声宣告雅典的制度是其他城邦的榜样时，辉煌的雅典城践踏着希腊城邦同盟之间的平等与相互信任变得更加辉煌；当罗马城沉浸在一次又一次的凯旋式当中时，在别处一定有一座城市刚刚遭到罗马军队的洗劫甚至被夷为平地，而罗马城或许将增添一座宏大的建筑来标榜这次的武功。

希腊和罗马的那些辉煌宏大的建筑，是那个时代科学水平的结晶，也都有非凡工程师参与其中。罗马汲取了希腊的文化源泉，成为了古典时代建筑的集大成者，更影响了后来西方的建筑文化。

匠人营国。罗马的工程师是怎么建设伟大的罗马的？

本课程将选择 6 个能代表古罗马建筑水平的样本来一一解说，它们分别是加尔水道桥、马克森提乌斯公堂、图拉真市场、大斗兽场、万神庙和君士坦丁凯旋门。在试读一章节古罗马建筑理论家维特鲁威的《建筑十书》之后，还会安排一个折纸动手活动，以帮助了解几种拱形的力学结构。

一. 古罗马建筑的语法

1.1 文艺复兴对古罗马建筑的认识和借鉴

通常人们对于古典世界（古希腊与古罗马）的认识，都需通过文艺复兴时期的人的眼光，文学、戏剧、绘画和雕塑无不如是，建筑也不例外。

以多立克、爱奥尼克、科林斯、塔司干和组合柱式这古典五柱式来说，尽管一直被视为古典建筑的基础，但是自西罗马帝国灭亡以后，在意大利以外的欧洲各地即不流行了，即使在意大利其组合方式也很不严格，可以说其古典的风味荡然无存。

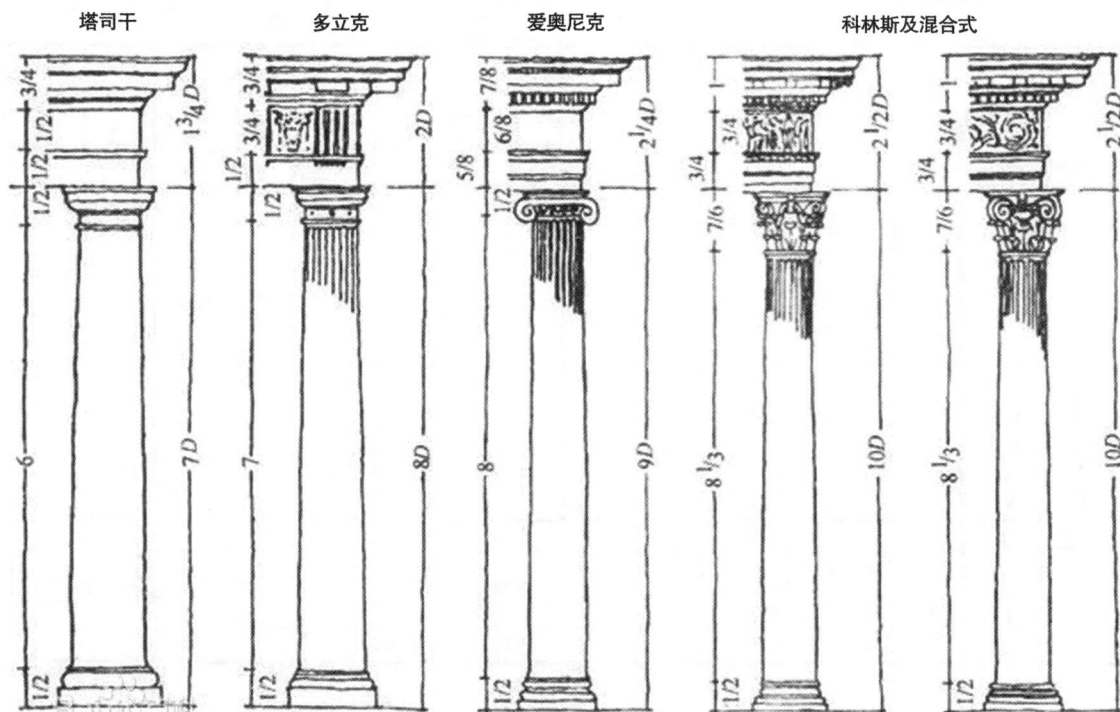

图 3.2 五种古典柱式

文艺复兴所"复兴"的东西里，即包括古典的建筑的柱式。意大利文艺复兴时期的建筑师，重新使用罗马柱式作为基本的建筑造型手段，追求风格的纯正。至 16 世纪下半叶，一派建筑师给五种柱式厘订死板的规范，甚至还消除了古罗马时期普遍存在的变体，作出苛细的量的规定，这种教条化的潮流被 17 世纪的古典主义建筑继承。古典主义建筑流行于法国和北美等地。当法国成了欧洲建筑教育的中心以后，教条化的柱式就在欧洲成了主流，一直持续到 20 世纪 30 年代。

那么，这种一度沉睡千年的建筑元素，究竟对文艺复兴时期的人以及对我们意味着什么呢？英国建筑史家约翰·萨默森（John Summerson）认为："一个真正懂得古典语言的建筑师，是因为他师从他自己。"

古典时代的建筑语法

在此之前，我们的注意力一直集中在五种柱式上，我理所当然地以为你们对此已十分熟悉，现在我们将进一步从柱式本身转向柱式的运用。柱式是什么？是些立于底座上的柱子（用哪一种是任选的），以突出部支撑着梁，进而支撑屋顶的檐子。你们能用它做点什么呢？如果你正在设计一座寺庙，前后用有圆柱的门廊，两边用柱廊，那么就外表而论，这些柱子和它们的配件几乎就已说明了一切。再在寺庙的前后，分别从两边的相对的两角上树起山墙，这就是座寺庙了。假如你不是设计寺庙，你正设计一个大而复杂的结构，像剧院、法院，一个有拱门、拱顶和许多门窗的几层楼，用什么方法呢？常识会暗示你抛弃那些亘古不变的与寺庙相连的柱式，让一切重新开始，使你的拱门、拱顶和门窗找到适于他们自己的表现方式。这可能是现代的常识，但是它没有出现得那么早，也不是罗马人当初在他们的公共建筑物上采用拱门拱顶时的想法。当他们造穹窿顶的圆形剧场、长方形会堂和凯旋门时根本没考虑柱式。他们之所以用了各种柱式，最明显的可能就是，他们感到（他们或许也这样做了），除非用了柱式，否则没有一座建筑物能传达出他们想说的一切。对他们来说，柱式就是建筑。这可能首先是一个想在世俗建筑中继续保持宗教建筑威望的问题。不过我不清楚。无论如何，罗马人把这种高度风格化，但结构相当原始的建筑，与极精致的拱门拱顶多层建筑相结合，如此把建筑语言提高到了一个新水平。他们发明了各种使用柱式的方法，柱式并不仅仅能为各种新结构类型加强装饰效果，而且还能起一种调节作用。这些柱式在罗马建筑中没有任何结构作用，但它们使建筑富有表现力，使它们说话；它们利用感觉和形式，常常极优美地把建筑物引入观看者思维之中。在视觉上柱式支配、控制它们所附属的建筑。

这又是怎么做到的呢？这不单单是在赤裸的结构上安排上柱子、柱上楣构和山花就罢了，结构和建筑的表现力整个都必须一体化，这就意味着柱子必须有各种不同的表现手法，你们看见到处是柱子，四周的柱子都支撑着构件，绝大多数承接它们自己的柱上楣构，也可能是一堵墙或仅是屋顶的檐口。不过你们还可以看到"独立柱"[detached columns]，在这些柱子后面有堵墙，它们并不贴着墙面，但其柱上楣构是牢固地造进墙里。还有3/4柱，即3/4柱在外，1/4埋在墙里。同样也有1/2柱，它的1/2露在墙外，最终还出现了"壁柱"[pilasters]，它是柱子的浅浮雕，雕刻在墙上，假如你喜欢的话，也可把它们想成造在墙里的方柱。在一个结构中，一个柱式可以是四种层次的综合，如浮雕的四个层次，阴影的四种浓淡。古罗马人从没学会探索它的充分可能性，尽管他们表现了这种手法。……罗

马的耶稣会教堂 [the Gesù] 绝大多数是壁柱，圣苏珊娜教堂 [S. Susanna] 上面是壁柱，下面是 1/2 柱和 3/4 柱，巴黎的格雷斯教堂 [Val de Grâce] 有一圈柱廊，用 1/2 柱、3/4 柱和壁柱。这三座建筑物以后还要进一步谈到。现在，我试图让你们注意这种做法，它和柱式结合，由于罗马人长期倡导的结果而成为可能。同时当你看着这几座教堂时，还要注意到另一点，每一次一个柱式改变它浮雕的平面时，即从壁柱向前推出 1/2，从 1/2 又向前推至 3/4，柱上楣构也随之向前推出。在一个不变的檐部下，你无法移动柱子，这是法则之一。

　　我想你们由此可以理解我说的：柱子在古典语言中不只是结构的附属，而且与结构融成为一体。它们时而隐身其中，时而又游身其外，成一列自由竖立的门廊或柱廊，而无时无刻它们都左右着结构。

　　再回到古罗马，先前我着重强调的所有重要的罗马建筑除了寺庙是以拱券与拱顶为本而设计的，然而就柱式而论则直接属于更早期的"横梁式结构"[trabeation] 系统，也即是柱和楣的结构。结合两者在某种意义上让古老形式的寺庙柱子承托拱券结构，可有一定的作用，但不令人满意，原因有二。第一，因为柱子和柱上楣构一直结合紧密仿佛为一体……若把它们分开就意味着残缺不全。第二，因为任何尺寸的拱门、拱顶建筑不仅要求柱子，而且要求厚实的户间壁承重，单是柱子太单薄了。那么罗马人是如何解决这些问题的呢？古罗马的大斗兽场 [Colosseum] 立刻做出了回答……你们看它的三层长长的中空围廊、拱门叠着拱门，在顶上另加一个牢固的顶层。你们再看每一层拱门又设计进了一个连续的柱廊，这个柱廊没有结构功能，即使有也是极小的。建筑物上面的浮雕是寺庙建筑雕刻的代表，但它本身不是寺庙，而是多层的拱门、拱顶系统的建筑。

　　如果这种把拱式和横梁式结合起来的方法——即把横梁系统简单地视为一种表现手法，对我们来说过于简单，那是因为我们对它太习惯了。它表面上简单，但当你仔细考察后，就会发现满不是那么回事。大斗兽场采用了四种柱式，底层是多立克柱式，第二层是爱奥尼亚柱式，科林斯柱式在最上面敞开的一层，在平素的顶层是一个未定的柱式（这种柱式有时称为混合式，其实大斗兽场的式样是特例），于是就有了一座比较完整的符合法式的建筑。请注意其中敞口地使用爱奥尼亚柱式的那一层的一个开间……它受一个纯粹按照它自己传统美学原则的爱奥尼亚柱式支配，另一方面，柱后的户间壁和拱门的形状和尺寸，又由于寻求便利和构造上的需要而产生。这两种原则和谐地交织在一起，我想我们也会赞许他们的做法。柱子底座凹凸线脚与拱廊基石的高度保持一致。拱墩在柱子 1/2 强的高度和柱子相交，拱门便适中地坐落在两柱之间，下楣置于其上。如果这种处理令人满意，通过仔细均衡各部分的需要就可成功地造成爱奥尼亚柱式在美学上的完全主宰，并满足建筑的实用功能。任何部分的细微更改都会损害全局。不信你们加宽开间至 12 英尺，会怎么样？拱顶可能就得上升至 6 英尺。假定你们想要保持拱和柱上楣构之间的现存空间，柱上楣则也要上升至 6 英尺，柱子也同样要加高 6 英尺，而爱奥尼亚柱式的原则是一个部分增大，柱式的其余各部都必须更大。底座必须加高，这样它的线脚就不再会与门槛高度一致，更糟糕的是，已经升高 6 英尺的柱上楣，现在还要增高，从而破坏上层楼面的水平，更不用说上层的科林斯柱式了。

事实上，大斗兽场的这一开间比我所描述的要更有"耐受力"，不过你们会逐渐明白古典语言和它的内在法则，这个法则能被不断地强化。……这是个在主要结构及理论设计上由十六世纪建筑师维尼奥拉同样处理的建筑。显然维尼奥拉决心设计出一座各个部分彼此依托的建筑，拱门周围的任一构件都无承受力，户间壁的宽度仅能容纳拱边饰和底座线脚的转折，紧得好像一个绳结。倘若这个设计绘在画板上，作为你选用的风格，并不能和你整个设计思想以及结构需要有机地结合起来，那你就得改用另一种方法，当然存在大量方法，只要你能想得到。

大斗兽场开创了拱门和柱式相结合的形式，你可设想它是使文艺复兴时代的人受益最多的建筑物之一，它不仅是特殊联结方式的范本，而且在柱式的重叠以及壁柱的使用上，同样是杰出的范例。它的顶层通过壁柱的使用，富有表现力地处理了一个几乎没有窗户的平面。如罗马城外的马塞卢斯剧院 [The Theatre of Marcellus]、伊斯特拉半岛维罗拉和波拉的剧院 [The Theatre at Verona and at Pola in Istria]，它们全都被仔细研究过，从中吸取了有用的语法成分，由赛利奥 [Serlio] 公之于众，一代人以后，又由帕拉蒂奥 [Palladio] 重推出来。假如你们想要在文艺复兴时期的建筑佳作中寻找大斗兽场主题在其中的体现，在众多的实例中随便就能找出三例：如威尼斯考乃尔府邸 [Palazzo Corner]，它的重叠的柱子和拱门；曼图亚 [Mantua] 公爵宫 [Ducal Palace]，在那儿罗曼诺 [Giulio Romano] 以浪漫主义的手法处理了同一主题，还有卡普拉罗拉 [Caprarola] 的法尔内塞别墅 [The Castello Farnese]，也用了有壁柱的大斗兽场顶层样式。那些建筑彼此确很不相同，但都运用了符合语法的表现手段，大斗兽场是最突出典型。

或许比剧院更有教益、更符合建筑语法的是罗马和意大利及其他地方的凯旋门。赛利奥举出了十一座之多，这些纯粹纪念性的建筑大多玩弄建筑和雕刻的细节。在罗马最大最重要的凯旋门，过去是、现在仍然是塞维鲁凯旋门和君士坦丁凯旋门。

……

我一直在谈论语法和规则，以致你们可能会对古典语言望而生畏，觉得难以把握，而且它们还时时向建筑师提出挑战，打破他们的第六感觉。在选择中，只给他们一丁点自由的余地。倘若你们有了那样的印象，我完全不感到歉疚，这是一个方面。但是此外尚有建筑师自己对这些规则的把握，这种把握使他既恪守陈规，又审慎地添入己意。也使他几乎相信自己设计了这个曾制约他使他深感头痛的柱式。恐怕我最终还是要引用前代最伟大的古典建筑师勒琴斯爵士 [Sir Edwin Lutyens] 写的几段话，这样会描述得更清楚。勒琴斯受十九世纪晚期生动的"旧英国" [Old English] 传统影响。他的早期作品都是这一风格。然而当他 35 岁时也即一九〇三年那年，开始洞察了古典主义的本质。这使他最终成为当代的建筑大师之一。在杰出的古典精神支配着他的时候，他为一个富有的工厂主在伊尔克利

[llkly] 设计了一所住宅。在给他的朋友贝克尔 [Baker] 的一封信中，他记下了一些生动闪烁的思想火花：

"陈旧的多立克柱式——这个可爱的东西——我冒失地采用了它。你不能原封不动地照搬它，你必须恰当地使用它、设计它……你不能依样画葫芦，你会发现，如果你想照抄，你就会面对大量的遗迹而无所适从。"

"这意味着在所有立体块面与每一连接处的每一条线上都需要艰苦的劳动，艰苦的思索，不能漏下一块石头。要是你从这些方面抓住了它，这个柱式就属于你；当你对每一细微处都心领神会，在头脑中完全把握住了每一处，就一定会变得富有诗意和艺术性，就像上帝赐予你的一样。你改变一种特征(你总是不得已而为之)，然后其余的每一特征都不得不进行一些修改和创造，以便与它保持一致，因此它既不是无聊的戏谑，也不是轻松愉快的游戏。"

勒琴斯说："你不能原封不动地照搬。"可另一方面在另一封信中又说：

"你不能创造柱式，它们这样完美，以致一切无出其右，它们已然凝炼得唯有本质尚存。它们确是珍奇可贵的，就像成形的植物一样无法变更……柱式的完美比任何出于冲动和灵感产生的一切，都更接近自然。"

一个真正懂得古典语言的建筑师，是因为他师从他自己。他一生热爱并遵从柱式，同时也向柱式挑战。如果在对伟大的古典建筑的再创造中，对法式的理解是起首要作用的一个因素，那么对法式的挑战就是另一个要素。

(【英】约翰·萨默森著，张欣玮译：《建筑的古典语言》，中国美术学院出版社，1994 年，第 11—16 页。)

1.2 罗马人所认识的建筑

中国的同学们一定对宋代人李诚不会陌生。李诚在两浙工匠喻皓的《木经》的基础上编成《营造法式》，那是北宋官方颁布的一部建筑设计、施工的规范书，也是中国古代最完整的建筑技术书籍。

在西方古典时代，与中国的《营造法式》类似的书籍就是维特鲁威的《建筑十书》了。

《建筑十书》是西方古典时代唯一幸存下来的建筑全书，也是西方世界有史以来最重要的一本建筑学著作。一部西方建筑史就是一部维特鲁威的接受史。2000 年来，各

图 3.3 郑州李诚故里

个历史时期的建筑师和理论家对于维特鲁威的认识和评价，折射出建筑观念的流变，也决定了西方城市与乡村的景观。除了建筑史的价值外，它还是一部真正的古代文化百科全书，广泛涉及哲学、历史、文献学、数学、几何学、机械学、音乐学、天文学、测量学、造型艺术等诸多领域，它所记载的不少史料在其他文献中已无法寻觅，为科技史、文献学与语文学的研究提供了珍贵的史料。

在《建筑十书》的第一书里，维特鲁威讲解了建筑的构成。

建筑的构成

1. 建筑是由希腊人称做塔克西斯的法式，称做狄阿忒西斯的布置、比例、均衡、适合，和称做奥厄科诺弥亚的经营构成的。

2. 法式是作品的细部要各自适合于尺度，作为一个整体则要设置适于均衡的比例。这是由量——希腊人称做波索忒斯——构成的。量就是由建筑物的细部本身采用模量，并由（这些）特别的细部做成合适的整幢建筑物。

布置则是适当地配置各个细部，由于以质来构图因而做成优美的建筑物。布置的式样——希腊人称做伊得埃——就是平面图、立面图、透视图。平面图是适度地使用圆规和直尺并由这些在建筑场地上放出图形。立面图是正面的建筑外貌，以适度的划分绘出要实现的建筑物的图样。还有透视图是绘出远离的正面图和侧面图，所有的线都向圆心集中。这些图样是由构思和创作产生的。构思就是热衷勤勉、孜孜不倦而愉快地做出方案。创作则是解决还不清楚的问题，运用智力创造新鲜事物的方案。这些都是布置的领域。

3. 比例指优美的外貌，是组合细部时适度的表现的关系。当建筑细部的高度与宽度配称，而且宽度同长度配称时，也就是整体具有其均衡对应时，就能够完成这一点。

4. 其次，均衡是由建筑细部本身产生的合适的协调，是由每一部分产生而直到整个外貌的一定部分的互相配称。在人体中，从臂、脚、掌、指以及其它细小部分里（取出一定部分），就属于比例的性质，会适合于均衡，那么与此相同，在完成作品时，也会是这样的。首先，在神庙中由柱子的粗细或三陇板以至模量，在重弩炮中由孔——希腊人称做珀里忒瑞通，在船舶中由船宽——称做狄珀却阿亚，还同样在其他物体中由其零件，都可以推导出均衡的计算法。

5. 适合是以受赞许的细部作为权威而组成完美无缺的建筑整体。适合是由程式——希腊称做忒玛提斯摩斯、习惯、自然而形成的。就程式来说，为雷电神朱庇特、卡厄罗、索尔、鲁娜在天空之下建造露天式建筑物是与其相匹配的，因为我们在开阔而明亮的现实天空里看到诸神的色相和法力的缘故。为弥涅瓦、玛耳斯、赫耳库勒斯就应当建造陶立克式神庙，因为对这些神祇来说，由于他们的雄伟的性格建立无所装饰的神庙是适宜的。为

图 3.4 维特鲁威向奥古斯都介绍其《建筑十书》，1684 年的版画

维纳斯、佛罗剌、普罗塞耳庇涅和泉神建成科林新式神庙似乎具有适当的性格，因为对这些女神来说，由于她们的婉约性质，用草叶、涡纹精细华丽地装饰起来的建筑物，反而能够得到正确的适合性。为朱诺、狄安娜、礼柏洛·帕忒里及其他类似的诸神，如果建造爱奥尼式神庙，就是采用中庸的道理，这是由于陶立克式的严整和科林新式的优美而能配合两方面的性格的缘故。

6. 对于习惯来说，适合是这样表现的：门厅要相对豪华的内部处理做得协调而优美。因为内部的面貌华丽，而入口却低陋，它就不够适合了。又同样，假使在陶立克式顶盖中挑檐上面雕刻齿饰，在枕形柱头和爱奥尼式顶盖中出现三陇板，那么特性就会从有根据之处转移到另一种建筑物上，而损坏了外貌。因为各种形式都取决于从来的习惯。

7. 如果首先对一切圣地选取最健康的土地，在它的境内选择适当的泉水，在那里建造起神庙，并特别为埃斯库剌庇俄斯和萨罗斯以及由其医治而愈许多病人的诸神祇建造了神庙，那么所谓自然的适合就是指这样的情况。因为病体由不卫生的地方转移到卫生的地方去，并用有益于健康的泉水进行治疗时，病体都会很快地康复起来。这样，由于场地的自然性质，诸神祇便受到更高而胜过先前威望的信仰。

又如果卧室和书房从东方采光，浴室和冬季用房从西方采光，画廊和需要一定光线的房间从北方采光，那么这也是属于自然的适合性。因为从北方采光，天空的方向由于太阳的运行就不会忽明忽暗，在一日之中常是一定不变的。

8. 经营就是适当地经理材料和场地，还有计算和精细地比较工程造价。首先，如果建筑师不想用（当地）不能找到的材料或非经困难不能求得的材料，那么这里便要经营了。因为不是在任何地方都出产砂、砾石或冷杉木、上等冷杉木或大理石，而是要从各个不同的地方出产，把它们运来是困难的和耗费的。因此，在没有山砂的地方便可用河砂或洗过的海砂，缺乏冷杉木便可用柏木、杨木、榆木、松木来弥补，其他也可以同样地说明。

9. 经营的另一个阶段就是对于业主或使用、或显示财产富饶、或擅有雄辩声誉要建造各不相同的房屋的情况。实际上，城市中的房屋似乎应当按照特殊的方式来建造；农村中从田地里收获谷物的房屋又应当按照另一种方式；对于财主家也不相同；对于富裕且追求豪华的人们则又按照另外的方式。此外，对于按其意旨治理国家的权势人物必须建造得对他们适用。一般来说，建筑的经营都必须做得对各自的业主适用。

（【古罗马】维特鲁威著，高履泰译：《建筑十书》，知识产权出版社，2001 年，第 12—15 页。）

思考与讨论

1. 《建筑十书》所讨论的法式与《营造法式》所讨论的法式，显然是不一样的。能否根据自己对西方古典建筑和中国古代建筑的了解和感受，谈谈两种文明的建筑艺术的差别？

2. 在中国，现在能看到越来越多模仿西方建筑式样的新式建筑，大家能否谈谈所见及感受，能否说出一些在街上看到的模仿的建筑的立柱属于哪种式样，那些貌似巨大的立柱是否真正承担了结构上的功能？

进阶阅读

【英】约翰·萨默森著，张欣玮译：《建筑的古典语言》，中国美术学院出版社，1994 年。

约翰·萨默森爵士（Sir John Newenham Summerson）是 20 世纪英国建筑史学界的领军人物之一。《建筑的古典语言》是根据其在 1963 年于 BBC 制作的 6 集系列广播节目稿编成的一本薄薄的小册子。这本书讨论了古典建筑的传统及其历经古典、文艺复兴等诸时期至近代的风格演变。

二、六座辉煌的古罗马建筑

　　传说中，罗穆卢斯根据鸟卜创建了罗马城，最初的罗马城并没有城墙，以犁划出的沟壕圈定了城界，城界包括帕拉蒂诺 (Collis Palatinus)、卡皮托利欧 (Collis Capitolinus)、埃斯奎利诺 (Collis Esquilinus)、维米纳莱 (Collis Viminalis)、奎里那莱 (Collis Quirinalis)、西里欧 (Collis Caelius)、阿文提诺 (Collis Aventinus) 七个山丘，因此罗马也被称为七丘之城。古罗马城的中心在帕拉蒂诺、卡皮托利欧和埃斯奎利诺三丘之间的谷地，被称为罗马广场。

　　这里自建城以来即为居民往来集会的中心，到罗马共和国末期，广场四周已遍布神庙、会堂、元老院议事堂和凯旋门、纪念柱等，至帝国时期又不断扩建装修，其富丽堂皇居整个帝国之冠。从朱利阿斯·恺撒开始，其后的历代罗马皇帝不断在罗马广场北面和东面建造以帝王为名的广场，其中最大的是皇帝图拉真的广场，由市场、公堂、图书馆、纪念柱和神庙组成，气象雄伟，建筑精美，代表罗马建筑的最高水平。在罗马广场西南不远耸立着的圆形的大斗兽场，内部可容 5 万观众，是古代最宏大的剧场建筑。此外，城中还有数以百计的神庙、剧场、图书馆、体育场、浴场以及规模宏大的引水道等。

图 3.5 今天的古罗马广场全景，从卡皮托利欧山看到的

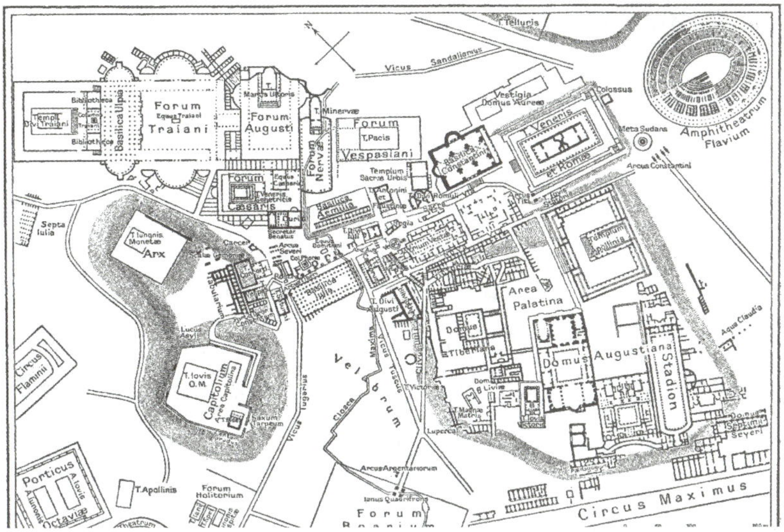

图 3.6 古罗马时期的广场布局

古罗马的建筑有多种多样，在罗马城有神庙、市场、公堂、浴场、剧院、竞技场、斗兽场、凯旋门、纪念柱，通往各行省则有水道桥和大路。择其有代表性的 6 例介绍。

2.1 加尔水道桥

修建于公元前 19 年 -20 年的加尔水道桥 (Pont du Gard)，位于法国南部加尔省，高 49 米，长 269 米，是古罗马水道桥中规模最大的一座。加尔桥共三层，中、下层是支撑桥体和通行桥，最上层为封闭水渠。加尔水道桥是加尔引水渠中的一部分，整个加尔引水渠自尼姆东北部至尼姆城，共 50 公里。加尔桥是这输水管道的一部分，当然，也是跨越河流的通道，供敞蓬双轮马车、行人通行。建筑该桥全部使用就地取材的石灰岩。

加尔桥的设计在桥梁和水利工程史上很有创新特色。该桥长度是下短上长，从横断面看，下宽上窄，十分符合力学原理，有利于桥的稳固。此外，下层桥拱大，利于泄洪，上层拱小，则便于建造和减轻桥体重量。此外，为适应河水的季节性特点，桥的底层桥墩完全建立在河床岩石上。为减轻洪水的侵蚀冲击，设计者特别在每个桥墩的上游方设计了一个三角形的分水墩结构，同时还挖凿河床便于洪水从桥孔通过。

图 3.7 加尔桥

图 3.9 Charles-Louis Clérisseau 于 1804 作的饰刻画加尔桥

图 3.8 引水渠

2.2 马克森提乌斯公堂

马克森提乌斯公堂（Basilica of Maxentius）位于神圣之路的右边，是古罗马广场最大的单体建筑。公元 308 年由西罗马皇帝马克森提乌斯提议兴建，最后由他的敌人君士坦丁大帝在公元 312 年完成，故也称之为君斯坦丁大帝公堂。像罗马广场上的其他建筑物一样，它也是作为一个商业和行政事务工作活动场所，包括用作法庭、会议室、接待厅等。

马克森提乌斯公堂的大型中央殿，其跨度有 25 米，在建成后的一千年里都不曾被超越。这是罗马人发明的拱结构和混凝土材料创造出的建筑奇迹，直到 17 世纪初，梵蒂冈修建圣彼得大教堂，中廊跨度 27.5 米，才超过了它。

大殿由三组连续的交叉拱顶（groin vaults）支撑，该结构并非承袭于传统的公堂建筑，而是从帝国的大型浴室借鉴而来。交叉拱顶或称十字拱顶，是由两个同样大小的筒状拱顶按照直角交叉在一起组成的拱顶结构，除了采光比筒状拱顶好之外，交叉拱顶对横向支撑力的要求也较低。

图 3.10 马克森提乌斯公堂现状

图 3.11 马克森提乌斯公堂的一个半圆形圣殿（apse）

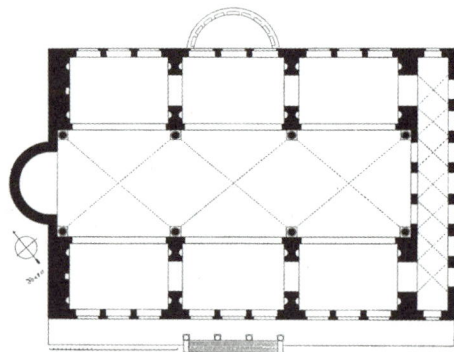

图 3.12 马克森提乌斯公堂平面图

3.13 马克森提乌斯公堂内部复原图

思考与讨论

　　马克森提乌斯是一位怎样的君王？不同的历史学家有不同的观点，阅读苏联历史学家科瓦略夫撰写的《古代罗马史》中的第二十六章，思考这位历史学家对于马克森提乌斯的态度。

进阶阅读

　　【英】约翰·沃德珀金斯著，吴葱等译：《罗马建筑》，中国建筑工业出版社，2010年。

　　如果你想成为一名建筑师，那么最好对古罗马建筑有所了解，因为今天我们的许多建筑仍然沿用着古罗马时期的结构、观念等。英国人珀金斯撰写的《罗马建筑》，有着翔实的材料和图片，仿佛是一架放大镜，透过它，你能更清晰看到古罗马时期城市和建筑的生动图景。

2.3 图拉真市场

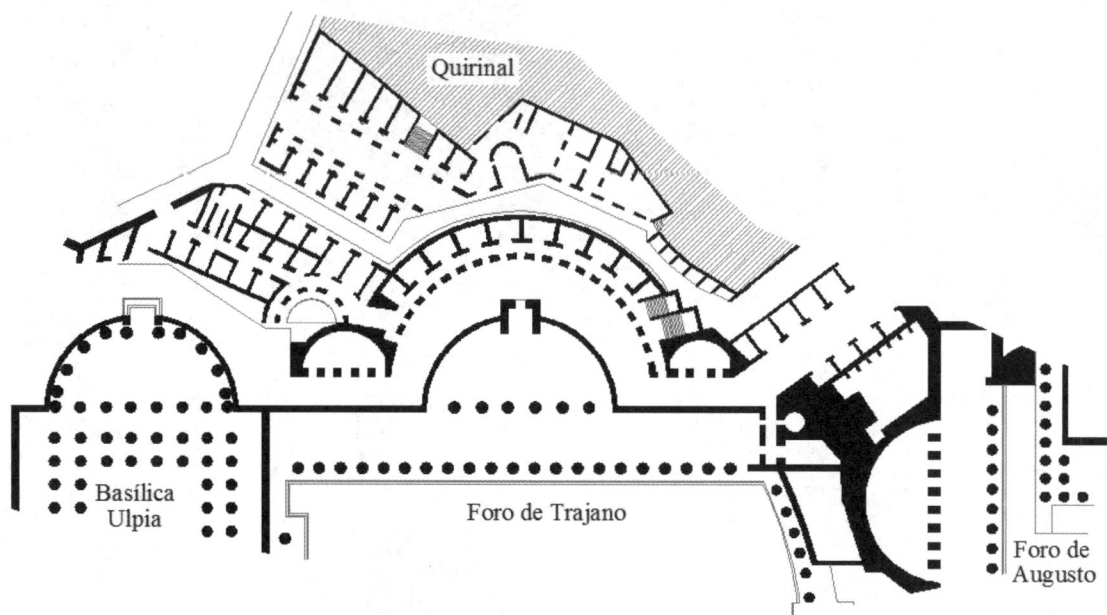

图 3.14 图拉真市场平面图

　　古罗马人用混凝土将奎里纳尔山天然的山体斜坡改造成一座复杂的多层建筑群——图拉真市场 (Trajan's Market)，俯瞰着山下的图拉真广场。罗马人可以在这里买油、酒、果蔬、海鲜和日常小百货。图拉真市场使用混凝土加贴面砖建成，有150多间独立的店铺和办公用房，多层建筑的有些区域多达6层。中世纪的时候，市场又被加高了几层，并建了防御性的塔楼。随后，一座修道院占据了这个空间。20世纪，图拉真市场开始重建时，修道院又被清除了。

　　图拉真市场的基本单位是一种带有筒状拱顶的小房间，被当地人称为"塔博那"(tberna)。每间"塔博那"都有一张很宽的大门，大门上方通常设有一扇窗户，使得光线能够照进存放货物的木质阁楼。不计其数的商铺一层叠一层，围绕着图拉真广场的大型室外集会场形成了一个半圆形的建筑群，并一直向山顶延伸；图拉真市场还包括一座巨大的室内大厅，就像现在的购物商场一样。大厅有两层商铺，上层店铺相对于下层店铺来说位置比较靠后。光线通过天窗照进大厅，再通过铺盖大厅的伞状交叉拱顶为底层的商铺提供照明。尽管被认作是世界上最古老的购物商场，现在很多人认为图拉真市场的拱廊是图拉真皇帝的行政办公室。

图 3.15 位于奎里纳尔山坡上的图拉真市场

思考与讨论

自 2008 年起，图拉真市场作为博物馆 (Museo dei Fori Imperiali) 开放。博物馆内收藏了许多珍贵的艺术品，也有许多意大利设计师和建筑师为博物馆的开放建言献策。在遗址上建立博物馆是一种流行的做法，既有利于保护文物，也可有利于文物的推广教育。你还知道哪些博物馆曾经是历史遗迹吗？

进阶阅读

【法】雅克·勒高夫著，徐家玲译：《中世纪文明》，格致出版社，2011 年。

有关中世纪的背景知识，你可以阅读年鉴学派雅克·勒高夫的著作《中世纪文明》。这本书将研究重点放在了经济、社会方面，文字平实易懂，你可以从中了解中世纪与希腊——罗马时代及现代有明显的分别。

2.4 大斗兽场

图 3.16 大斗兽场内部

　　大斗兽场（Colosseum）是罗马帝国内规模最大的一个椭圆形角斗场，可以容纳 5 万到 8 万名观众，是古罗马工程与建筑的杰出成就。大斗兽场有 VIP 通道、升降布景，以及 80 个出入口以保证快速进出。观众们入场时按照门票选择相应的拱门和座位，这种入场设计直到今天还被各类体育馆沿用。看台约有 60 排，分为五个区。当所有观众就座后，圆形竞技

图 3.17 大斗兽场

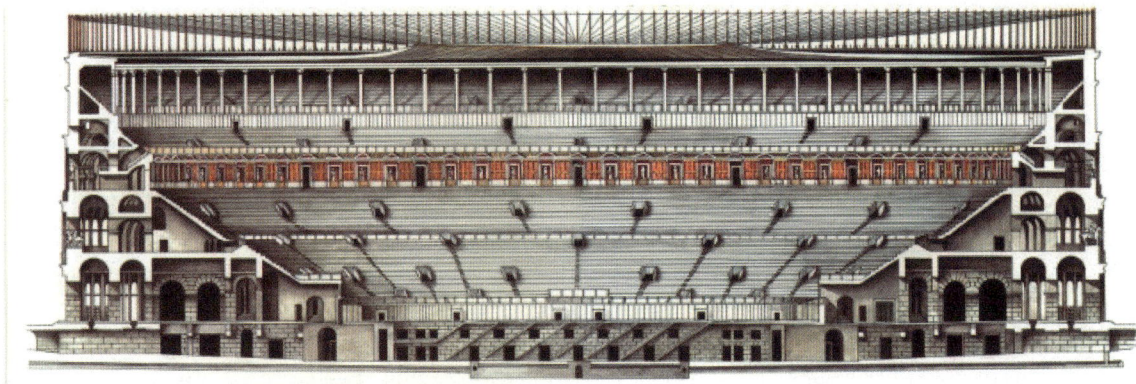

图 3.18 大斗兽场剖面

场成为罗马社会的一个缩影,不同社会阶层之间界限分明,最重要的人物坐在离角斗场最近的地方,享有最佳的观赛效果。在观众席上还有用悬索吊挂的遮阳天篷,由站在最上层柱廊的水手们像控制风帆那样操控。

图 3.19 大斗兽场内马赛克画

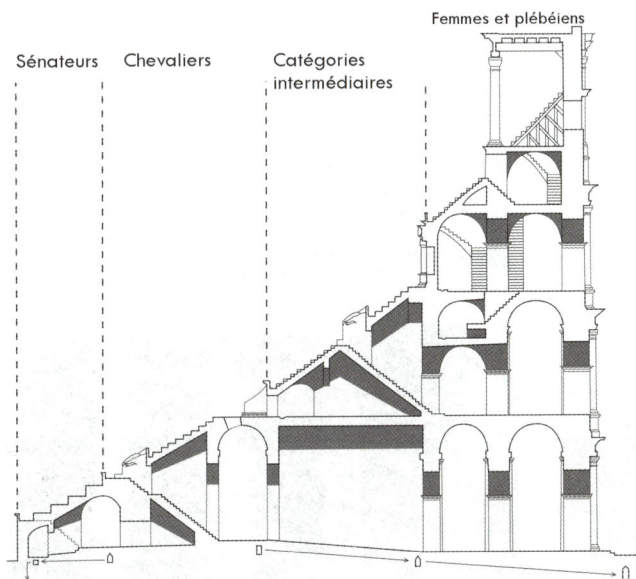

图 3.20 大斗兽场内的看台分配,从左向右分别是:元老、骑士、中产者、妇女与平民

思考与讨论:

从世界各地的体育场中都可以找到大斗兽场的影子。观察你身边的体育场,它和大斗兽场在哪些方面是一脉相承的呢?

2.5 万神殿

    万神殿 (Pantheon) 是至今完整保存的唯一一座罗马帝国时期建筑，始建于屋大维时期，现今所见的万神殿主体建筑是哈德良时期所建。万神殿揭示了混凝土这种新型材料的巨大潜力。当时的工程师以不同成分与配比的混凝土一层层堆叠这座建筑——最底层的混凝土是用极为坚硬和耐久的玄武岩混合而成，"配料"随着高度的变化而逐渐调整，顶端采用了轻巧的浮石以代替一般的石头，以减轻对底座的压力。穹顶的厚度也向上逐层递减，越靠近天顶也就越薄。

    由于古代建筑材料主要为石块和早期混凝土，承载负荷能力较强，并不需要进行复杂和严密的受力分析。但在现代建筑中，静态结构受力分析变得尤为重要。这种分析通常采用有限元法模拟设计结构的截面尺寸和构造方式，评价设计方案的合理性和安全性。

    被米开朗基罗赞叹为"天使的设计"的万神殿，正面是一个有 16 根科林斯柱式的长方形门廊，其上是三角门楣，门廊之后是宏伟的大殿——一个巨大的半球形穹拱结构，高度和宽度均为 43 米。整座建筑的规划看起来就像是建立在两个交叉的圆上（一个是水平的，一个是垂直的），建筑的内部空间可以被想象成一个地球，穹顶则是位于地球之上的天堂。

图 3.21 万神殿外景

图 3.22 万神殿内景

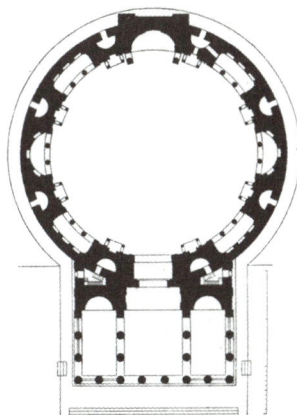

图 3.23 万神殿平面图

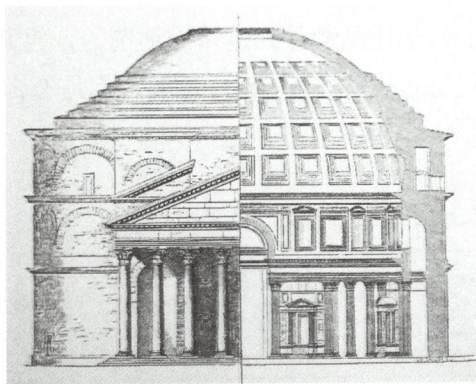

图 3.24 万神殿剖面图

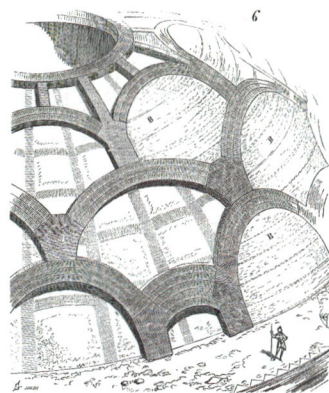

图 3.25 万神殿穹顶细节图

进阶阅读

【日】川口卫等著，王小盾等译：《建筑结构的奥秘：力的传递与形式》，清华大学出版社，2012 年。

万神庙的穹顶在后世被不断使用，这种穹顶成为欧美城市建筑艺术的基本形式，甚至改变了城市的轮廓线，影响极为深远。在《建筑结构的奥秘：力的传递与形式》第 5 章《穹顶，壳》中，我们可以对比万神庙和佛罗伦萨大教堂、圣彼得大教堂的穹顶。

2.6 君士坦丁凯旋门

公元 315 年，元老院和罗马人民在斗兽场附近建起一座三拱的君士坦丁凯旋门 (Arch of Constantine)，纪念君士坦丁即位十周年和战胜马克森提乌斯。这种建筑形式始于公元前 2 世纪，并一直延续到罗马教皇的统治时期。不过，"凯旋门"这一名称并不十分恰当，因为罗马的圆形拱门不仅仅是为了庆祝胜利而建。这种独立拱门上经常装饰着镀金的青铜像来纪念各种重大事件，从对外取得的军事胜利到国内道路 、桥梁的建设，都在纪念范围之内。

作为最大的皇家凯旋门之一，君士坦丁凯旋门最大的不寻常之处在于，表面的浮雕几乎无一是专为这座凯旋门设计的。这些雕塑装饰大都来自图拉真、哈德良、马可·奥勒留期间建造的其他大型建筑。凯旋门上的立柱也属于前一个时期的作品。雕塑家对这些公元 2 世纪的浮雕板进行改造，用新皇帝的相貌特征替换之前旧皇帝的头像。

学者们用"挪用"（spolia）这个词，来描绘君士坦丁凯旋门的这种改造行为，没有存世的古代资料能够解释这种做法。一些学者认为，"挪用"是一种退步，它证明罗马帝国在动荡岁月中创造水平和技术水平的退步。另一些学者则将"挪用"视为合法化意识的一部分——因为这些被重新改造的雕塑作品都是经过精挑细选的，他们的目的是在君士坦丁和公元 2 世纪的那些"贤君"之间建立联系。有关这一问题，你是怎么看的呢?

Datation des reliefs de l'arc

■ Trajan   ■ Hadrien   ■ Marc-Aurèle   ■ Constantin

图 3.26 君士坦丁凯旋门上不同时期制作的浮雕。绿：图拉真；黄：哈德良；蓝：马可·奥勒留；红：君士坦丁

图 3.27 君士坦丁凯旋门

课外活动

1. 想知道全世界有多少座凯旋门吗？打开谷歌地图网页，键入 triumphal arch，你可以看到这些凯旋门的具体位置。选择其中某个凯旋门，将左侧的小人图标拖至右边地图的街道中，你可以看到这座凯旋门的实景照片，你还可以点击箭头，顺着道路前后左右走一走。

2. 参观博物馆，观摩古罗马城市沙盘及建筑模型。根据古罗马城的沙盘，各自收集更多资料，设计一条古罗马建筑之旅的旅游线路，需有一个有趣的主题，注明日程，及所要参观的古建筑的简略介绍。

三、无所不晓的罗马建筑师

"建筑是凝固的音乐"，这句话听上去极不可靠，因为另有一句是"音乐是流动的建筑"。然而不管怎么说，对于古典时代的人来说，世界并非像今天这样被笼罩在层层人工技术的背后，各种技艺也并非泾渭分明。建筑可以是杀戮的帮凶，也可以是营造乐园的手艺；而音乐既可以是感性的熏陶者，也可以是逻辑力的培养者。

对罗马人来说，才艺不分彼此，善战的将领也能著优美的散文，腹黑的参谋摇身一变可以成为良史，而一位建筑师在行伍中能负责安营扎寨，在庙堂上则能言善辩也都很正常。

究竟古罗马的建筑师要具备何种才德与多少技艺？一切的描述在维特鲁威的经典面前似乎都很苍白，不如直接阅读以下引文吧。

建筑师的教育

1. 建筑师的专门技术要靠许多学科以及各种专门知识来提升。运用这些技能做成的所有作品，都要由他成熟的判断力进行评估。专门技术来自于实践与理论。实践就是反复不断地训练双手，作品是要靠双手运用设计所要求的材料完成的；而理论则是熟练而系统地对完成作品的比例进行演示与说明。

2. 因此，那些努力获取实践性手工技能但缺乏教养的建筑师，往往事倍功半，而那些完全沉湎于理论和写作中的建筑师，则是在追逐虚无缥缈的幻影。只有那些完全掌握了这两种技能，或者说全副武装的建筑师，才能更快捷、更有力地达到他们的目标。

3. 世间万物，尤其是建筑，可分为两大类，被赋予意义者以及赋予意义者。被赋予意义者是我们打算谈论的对象，赋予意义就是根据既定的知识原理进行理性的演证。因此我们可以看到，如果有谁想成为一名建筑师，就应该在这两方面进行练习。此外，他还应有天分，乐于学习该专业的各种科目。因为，有天分而无学问，或无天分又无学问，只能成为一个工匠。要有教养，就必须是位熟练的制图者，要精通几何学，熟谙历史，勤学哲学，了解音律，知晓医学，理解法律专家的规则，清晰掌握天文学和天体运行的规律。

4. 这里就说说为什么应该这样。一个建筑师应能识字，这样就可以阅读这一领域的文字材料以加强记忆。其次，应具备绘图的知识，可以得心应手地用例图来表现想要建造的作品的外观。几何学对建筑助益良多，首先它传承了圆规与直尺的技术，有助于实施现场的平面布局，画出直角线、水平线和直线。同样，利用光学知识，可将窗户的朝向设计得更合理。算术可用来计算工程开支，发展测量的基本原理。运用几何学的原理和方法，可使种种均衡问题迎刃而解。

5. 建筑师应了解大量的历史知识，因为他常常会将装饰运用在建筑上。当人问起时，他应能够解释为何要运用某些母题。例如，他若要在建筑中采用身穿贵妇长袍的女像——

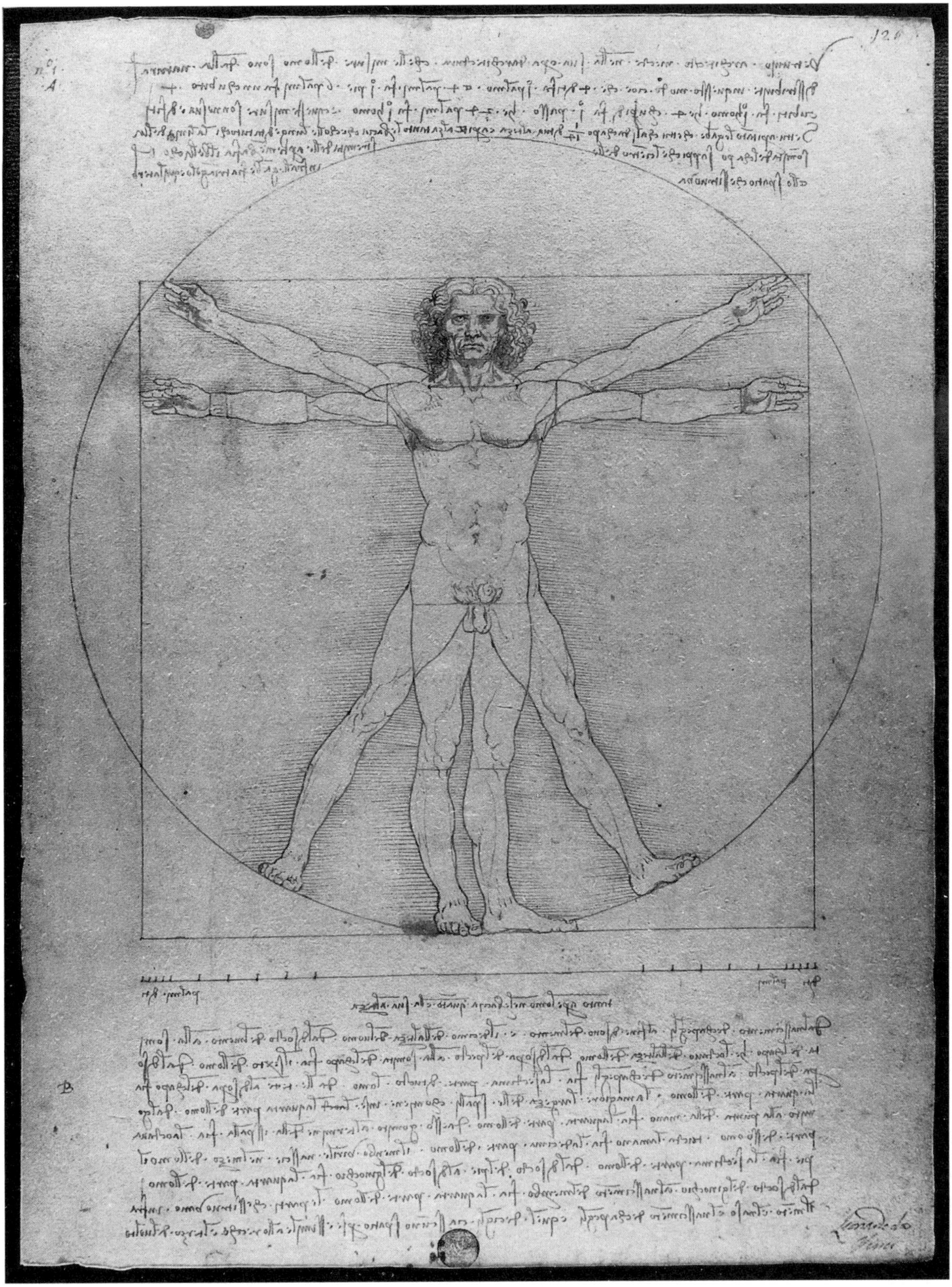

图 3.28 达·芬奇的《维特鲁威人》

即所谓的女像柱来替代圆柱，并在它们上部安置上楣与上楣底托石，他就可以向问及此事的人解释以下这条历史依据：卡里埃是伯罗奔尼撒的一个城市，它站在波斯人一边与希腊人为敌。后来希腊人赢得了战争，联合起来向卡里埃人宣战。他们占领了该城，屠杀男人，还要让居民蒙受耻辱。他们将有身份的妇人囚禁起来，不许她们脱去长袍摘下首饰，不仅让她们在凯旋游行队伍中示众，还要永远承受耻辱的重负，为整座城市严重的不忠行为付出代价。所以当时的建筑师便将这些妇女形象做成承重构件纳入公共建筑中，这个远近闻名的卡里埃妇女受罚的故事便代代流传了下来。

6. 斯巴达人在阿格西拉斯之子波利斯之子鲍萨尼阿斯率领下，在普拉塔亚战役中以少量军队击溃了庞大的波斯军团。在赢得了决定性胜利之后，他们建起了波斯式门廊，这是为子孙后代树立的一座胜利纪念碑。这门廊自然是在为庆祝所缴获的战利品所举行的凯旋庆典之后建造的，作为胜利纪念碑而世代相传，资金则来自表彰公民勇气的战争奖赏。他们将波斯战俘的形象置于门廊中，这些战俘身着华丽的蛮族服饰，支撑着屋顶。他们高傲自大，受到严厉处罚，罪有应得。此外，这种做法可令敌人畏惧退缩，他们被斯巴达人的英勇气概吓得魂飞魄散；而公民们看到这英勇战斗的榜样会备受鼓舞，时刻准备捍卫自己的自由。在此之后，许多建筑师都采用波斯人的雕像来支撑下楣及其装饰，使建筑富于变化。还有其他类似的故事，建筑师必须有所了解。

7. 哲学可以成就建筑师高尚的精神品格，使他不至于成为傲慢之人，使他宽容、公正、值得信赖，最重要的是摆脱贪欲之心，因为做不到诚实无私，便谈不上真正做工作；也使他不过分贪婪，不一心想着博得礼物或奖赏，注意维护自己的名誉，保护自己的尊严——这些就是哲学所提倡的。

再者，哲学还可用来解释"物性"，在希腊语中这被称作自然哲学。有必要透彻了解这门学问，因为它有许多实际的用处，例如渡渠问题。自然的水压不同，这取决于所处理的水流是从山上迅速蜿蜒下泄的，还是沿缓坡向上提升的。只有通过哲学这门学问掌握了自然物性的人，才能平衡这些水压的冲击力。此外，要阅读科特西比乌斯、阿基米德或该领域其他作家的手册，如果不在哲学家的帮助下打好知识基础，便不能消化所读到的东西。

8. 建筑师应该懂音乐，以便掌握各种规范和数学的关系，此外也便于调校石弩炮、弩机以及小型弩机，叫做蝎型弩机。在这些机械顶部的左右两边各有一个"半音"弹索孔，将皮筋绳索穿入，并以绞车和杠杆将其绷紧，绷到弩机制作者能听到皮筋绳索发出特定音高的弦音，方可用楔子将它固定住。将弩机的双臂扣上扳机，一旦发射，两边皮筋就应释放出一致的推力。如果它们发出的音调不一致，弩机射出的弹丸便不可能是直线的。

9. 同样，剧场中座位下方封闭放置的青铜缸——希腊人称之为共鸣缸——是根据音高的数学原理放置的。这些缸沿着剧场圆弧形各区域段成组地安放，便可以发出四度、五度直至双八度音程。这样，舞台上发出的声音就可在整个剧场设计中获得准确的定位，使声波在冲击共鸣缸时产生碰撞并放大，观者听起来更清晰悦耳。还有个例子：若不依靠音乐原理，便不可能造出水风琴以及其他类似的水力装置。

10. 建筑师应知晓医学，它取决于天空的倾斜，希腊人管这叫做气候区，还要知晓空气，知道什么地方有利于健康，什么地方隐藏着疾病，了解水的不同用途，因为不对这些进行研究，就不可能营造出健康的居所。

建筑师也应了解法律，尤其是涉及建筑事务的法律，包括界墙、天沟和排水沟的走向，采光以及供水。此外，其他同类问题建筑师也应加以了解，甚至在动手建房之前就要小心，不要在完工之后留给主人一桩诉讼官司。在与承包人和客户的交涉之中，确实应像立法者那样事事留心。因为如果法律条文写得很周全，就会使得各方受到契约限制而相安无事。

至于天文学，建筑师应知道东、西、南、北，天空、春（秋）分、夏（冬）至的基本原理，以及星辰的运行轨迹。缺乏这些知识就不可能理解日晷的基本原理。

11. 因此，由于这样一种了不起的职业必由丰富多彩的专业知识来装点，所以我不信任那些天真地声称自己如何如何的建筑师。只有一步一个脚印不断攀登，从小接受教育——首先是语文，以及技艺——的人，才能抵达巍峨的建筑圣殿。

12. 对那些不懂行的人来说，人的天性能够学习如此大量的知识并能记得住，或许是不可思议的事情。但如果他们注意到这些学问是相互关联的，能够融会贯通，便会相信这是能够做到的。因为完善的教育就像一个人的躯体一样。是由各个部分所组成的。所以，那些从小就接受各类教育的人便能够认识到，各类文献都具有共同的特点，一切知识分支都是相通的，因此他们掌握各学科的方法就容易得多了。

从前有位建筑师叫皮特俄斯，为普里恩的密涅瓦神庙做了卓越的设计。他在文章中强调，建筑师通过学习和实践，应比那些在单一技能上独占鳌头的艺人更能驾驭所有技能和学科。但这其实是做不到的。

13. 一位建筑师不应该也不可能成为像阿里斯塔科斯那样优秀的语文学家，但也不应该目不识丁；即便不能成为亚里士多赛诺斯那样有天分的音乐家，但仍应懂音乐；即便不是一个可与阿佩莱斯比肩的画家，也应擅长绘图术；倘若做雕塑达不到米隆或波利克莱托斯的水平，也不应对雕塑技术一窍不通。再者，就算不能成为希波克拉底式的人物，也应掌握实际的医学知识。建筑师可能在某个单科学问方面不能出类拔萃，但还是应该掌握所有学科的专业技能。毕竟一个人不可能掌握所有学科的精华，因为凭一己之力要掌握和理解所有理论，几乎是不可能的。

14. 并不是建筑师个人不可能完全掌握所有事物的真谛，因为即便是那些分门别类掌握了各种特定工艺细节的人，也不可能获取最高的赞赏。因此，如果说单个匠师——不是所有人，只是极少数——好不容易才能在某项技能上取得古往今来的卓越成就，那么建筑师要精通那么多技艺，不只是去干些重大的、令人惊叹的事情，那他又怎么可能对每门技艺了如指掌，超越所有勤奋钻研单门技艺的匠师呢？

15. 因此，看来皮特俄斯在这方面是说错了，因为他没有注意到，每种独立艺术都是由两种要素构成的：作品本身，以及它背后的理论。一种要素是作品本身的制作，这是受过单项技能训练的人特别擅长的。另一种要素，即理论是任何有学识的人所共有的，如医师和乐师都了解人的脉搏节律的知识以及双脚运动的知识。然而，如果需要医治伤员或抢救垂危病人，乐师就不会出马，因为这是医生才胜任的工作。同样，乐师能弹奏乐器使歌声悦耳动听，医师则做不到。

16. 同样，天文学家和乐师会讨论一些共同的话题：行星的和声，方形间隔和三角形间隔，即音乐中的四度音程与五度音程。他们和几何学家谈论视觉，希腊语叫做 logos optikos（视觉规律），即光学知识，而在另一些学科中，只要讨论所及，许多事物或一切事物都具有共同的特性。但要着手将作品做出来，达到优美的效果，无论是灵巧的双手还是技能的运用，还得请在专门技能方面训练有素的人来做。无论是谁，只要对建筑所必需的各学科理论和单门学科的实践细节有中等程度的把握，就足以胜任，而且绰绰有余，如果需要的话，他便能够对决定的事项做出判断和校验，并对不同的领域和技术做出评估。

17. 但是有些人，大自然已赋予他们聪明才智、敏锐的判断力和优良的记忆力，他们精通几何学、天文学、音乐和相关学科，因而超越了建筑师的业务范围，成了数学家。他们可轻松地在此类研究领域内站稳脚跟，因为他们拥有一座储备精良的知识武库，拥有其他学科的飞弹。不过此种人殊为难得，曾经出现的有萨摩斯的阿里斯塔克，他林敦的菲洛劳斯和阿契塔斯，佩尔格的阿波罗尼奥斯，昔兰尼的厄拉多塞，叙拉古的阿基米德和斯科皮纳斯。他们通过数学与自然哲学发明了各种测量方法，将讨论这些学问的著作传给子孙后代。

18. 并非世上所有民族都拥有这样的天才，他们寥若晨星，得归功于造物主的智慧。即便如此，建筑师还是必须靠多种技能才能完成他的任务。由于事业宏大无边，就一般常理而言，建筑师若无最高的智慧，能具有这些学科的中等知识水平也就可以了。

（【古罗马】维特鲁威著，【美】T.N. 豪评注／插图，【美】I.D. 罗兰英译，陈平译：《建筑十书》，北京大学出版社，2012 年，第 63—66 页。）

进阶阅读

【古罗马】维特鲁威著，高履泰译：《建筑十书》，知识产权出版社，2001 年。

《建筑十书》是古罗马建筑师和工程师维特鲁威所著，全书分为十卷，是欧洲中世纪以前遗留下来的唯一的建筑学专著，内容涉及城市规划、建筑设计基本原理、建筑构图原理、西方古典建筑形制、建筑环境控制、建筑材料、市政设施、建筑师的培养等等。这本书后来成为文艺复兴时期、巴洛克时期和新古典主义时期建筑界的经典，并且至今仍对建筑学界产生着深远的影响。

马尔库斯·维特鲁威·波利奥 (Marcus Vitruvius Pollio)，古罗马的御用建筑师和工程师。他生活在罗马共和制向帝制过渡的重要转折期，在文化上是一个"保守主义者"，不遗余力地维护着从古希腊继承下来的文化价值观和建筑理想。他在书中所强调的建筑师的通识教育、知识的统一性、建筑的意蕴、理论与实践的关系、建筑与社会伦理、人类健康与环境等问题，至今仍对我们具有重大的启示意义。

所推荐译本为高履泰先生的中译本，或者北大出版社根据剑桥大学 1999 年的英译评注本译出的新译本。

课外活动

如何用一张纸来创造拱形？

由于折纸的自然曲率使它们有着很高的强度，尽管它们通常只有薄薄的一层。将许多三角形折叠后绑定在一起，可以进一步增加这个结构的强度（三角形是所有多边形中最强、最牢固的结构形态）。有趣的是，虽然它们百分之百地呈现了纸张的表面，但这些结构还可以被压平成一个手风琴式的狭窄的棒。

X 形拱形的制作

这是由一个重复的折叠图样制成的，它类似于一个 X 形。在这个折缝图样是相同的情况下，若压缩或拉升它们，可以改变拱形的几何形态以及它今后的曲率。每个拱形都是圆柱体的一部分。

在一个正方形纸片上，这是基础的 X 形，由水平划分和对角线划分成 8 份制作而成。为了形成这个拱形，每个 X 形的中心必须是凸出的，也就是说朝着你自己上升的。

第四讲　罗马人与罗马法

导言

清末民初，西学东渐。当时旅欧留美的人当中，除习理工、医学、文学和艺术外，即有一些人独热心拉丁文。研习拉丁文，大多醉心于法学。为什么学法律要学拉丁文呢？因为欧洲大陆法系与罗马法有千丝万缕的联系，在当时即覆盖法德意西等欧洲主要国家。

关于罗马法，在高中历史课本中的相关内容，已经十分详尽而全面。本节课则依然围绕罗马法为主题，引申出来若干有趣话题，或可作为课本的补充。借助一些西方经典关于罗马法著作的片段的阅读，来一起探讨几个问题，包括："法"的诞生对人类文明的意义，罗马人的法律观念究竟是怎样的，以及罗马法是怎样影响到后世欧洲的法等。

一、法是什么？有什么用？

若不组成社会，单个的人或许很难成其为人。人类组成社会，便需要遵循一些规则来活动。其中一部分规则，即是"法"。那么，从罗马法的角度来看，"法"究竟对我们的社会生活起到怎样的作用呢？

1.1 法学是关于正义与非正义的科学

在东罗马帝国皇帝查士丁尼下令编撰的《法学总论 – 法学阶梯》里，第一卷第一篇即定义了正义与法律的关系。

正义和法律

正义是给予每个人他应得的部分的这种坚定而恒久的愿望。

1. 法学是关于神和人的事物的知识；是关于正义和非正义的科学。

2. 在一般地说明了这些概念之后，朕认为开始阐明罗马人民法律的最适宜的方法，看来只能是首先作简明的解释，然后极度审慎地和精确地深入细节。因为如果一开始就用各种各样的繁复题材来加重学生思想的负担，这时候学生对这些还很陌生而不胜负担，那么就会发生下列两种情况之一：或者我们将使他们完全放弃学习，或者我们将使他们花费很大工夫，有时还会使他们对自己丧失信心（青年们多半就因而被难倒），最后才把他们带到目的地；而如果通过更平坦的道路，他们本可既不用费劲，也不会丧失自信，很快地

图 4.1 查士丁尼大帝的半身像，该镶嵌画保存于意大利拉文纳圣维他教堂

被带到那里。

    3．法律的基本原则是：为人诚实，不损害别人，给予每个人他应得的部分。

    4．法律学习分为两部分，即公法与私法。公法涉及罗马帝国的政体，私法则涉及个人利益。这里所谈的是私法，包括三部分，由自然法、万民法和市民法的基本原则所构成。

（【罗马】查士丁尼著，张企泰译：《法学总论——法学阶梯》，商务印书馆，1989 年，第 5—6 页。）

    查士丁尼的《法学阶梯》，是研习罗马法必读的经典和工具书。在《法学阶梯》最开始，便是"正义与法律"的关系。在阐述了正义是什么之后，立即提出法学是"关于正义和非正义的科学"，之后又提出了法律的基本原则"为人诚实，不损害别人，给予每个人他应得的部分"。借助法律所展现的图景，也正是保证每一个个体能自由活动，并维系人类社会的基础之一。

1.2 你的财产和我的财产

    那么落实在具体的社会实践中，法律是怎样为每个人正当行为的领域划定明确、可靠的边界？在法国政治学家菲利普·内莫看来，罗马的法学家勾画出的边界强调了每个人自己的财产，即"我的财产"和"你的财产"。这一边界的勾画，无疑是罗马帝国留给后来的西方世界的宝贵遗产，直接促进了人文主义的复兴。

    希腊人创建了城邦这一通过法律管理的共同体，讲求人人平等的法律乃由人创造，人们在公共场地（agora）内理性地对之加以讨论，这使得个体自由成了可能。可是，尽管他们发掘出了法律的此种形式，但他们却并未更进一步对它的内涵进行详细阐述。正是罗马人最终深化了法律的内涵，赋予了包含在法律观念中的潜在的个体自由以现实性。只要人们想杜绝社会关系中的暴力和专断行为，那么法律的功用就是做出指导，指出什么该做，什么不该做。因为法律的作用就是能为每个人正当行为的领域划定明确、可靠的边界。然而，这些边界强调的是"我的财产"和"你的财产"，即每个人自己的财产，这些正是罗马的法学家勾画出的边界。

    他们在数世纪之内创建并完善了法律，这都是因为罗马在征服各地之后成了世界性大国的缘故，它不得不使不同种族的人生活在一起，使脱胎于种族及宗教本位主义的司法概念、以及各种愈来愈抽象和普遍的司法工具同台共处。涉及个人权利的有：未成年、丧失能力、监护、财产管理、家庭、婚姻、遗产、收养、过继、法人等概念；涉及财产权的有：所有权、占有、地役权、有形资产与无形资产、动产、时效、虚有权、用益权、共同所有权（Copropriété）、共有权（indivision）、租赁；涉及债务权利的有：契约、寄托、担保、抵押权、保证契约、委任、财产共享、买卖、双务契约、诈欺、诈骗、遗嘱、遗赠、委托遗赠……

希腊人当然懂得"我的财产"和"你的财产"的意思（况且，西塞罗对我们说过，罗马法中对正义所下的定义是 jus suum cuique tribuere，即"物归其主"，这个定义正是来自希腊人）。但是，"我的财产"会发生很多事，今后我会结婚、有孩子、同某人合伙、我的合伙人会承担债权或债务、我会抵押财产，而我的孩子则会继承我的遗产、然后离婚、会承认或不承认私生子、他们的财产被骗走后经由司法裁决又会失而复得等等，所有这一切都是因为罗马人第一次创建了司法工具，才使确切的信息得到了保存。交换和转移的行为决定了每个人所有权的未来发展状况，而正是罗马法保证了它们的合法性和安全性。

尽管这些发明表面看上去很枯燥，但实际上它们所引发的后果颇具形而上学的意味。如果因为每个人的自有财产(domaine propre)都会经过几代人的定义和确认，那么正是自我(le moi)获得了此前其他任何文明都未赋予的重要性。自我首先被投射至时间的前台：他不再是像一朵花或一口气息那样短暂的存在，而是镌刻在了漫长的持存之中。在此持存中，他能做出合理的规划，因为他能预见到自己的所有权随后会具有何种不同的形式，因为他知道自己是唯一能做出决定的人，每次均能自由地做出自己的判断。因而，他无法化约为另一个人，因为随着交换行为在他他生活中的日益展开，他所有权今后获得的各种形式自己也都亲身经历，所以它勾画出了某种相当独特的轨迹，同其他任何一个勾画出了自己的生命与自由的人都交叠在了一起。人不再融入集体的海洋之中，这不仅仅是从部落群体内部融合的意义上而言，也是从希腊城邦内部极为紧密的相互关联性而言。历史上第一次，由于法律，我们所说的私人生活才有了可能：个体自由的范围被创造了出来，法律规定其他人不得穿越其中。

我们同意，从这个方面说，罗马人创造了西方意义上的人本身，也就是说个体、自由的人格拥有内在的生命、极为独特的命运，且无法化约为其他任何一个人，而且该人格想让其他许多人和拥有个体性的集体组织都来尊重这些权利。除了中世纪之外，此后西方所有的政治体式在设想和构建的时候都会以如此设想的人的存在为准绳。只要不"以人为本"(humaniste)，便没有一个政治体制能够长久地得到认同。

在西方人文主义的发展过程中，犹太基督教文明自然起到了根本性的作用（我们将会清晰地阐述这一点）。不过，人文主义原本乃是罗马人的创造，它是罗马法的成果，正是因为罗马法界定并保护了私有财产，我们才拥有了这一成果。

我们相信，正是因为在伟大的罗马哲学家和文学家生活其中的社会里，由于法的作用，个体人格已经拥有了得到承认的社会空间，自我能够安全地得到充分发展，这些作家的著作所具有的人文主义色彩才会与希腊作品中的人文主义截然不同。我们只要思考一下就会发现柏拉图《法律篇》中的社会体系同卢克莱修、西塞罗、塞涅卡的哲学，同维吉尔或贺拉斯(Horace)的诗歌，同塔西佗(Tacite)的历史中的社会体系之间的差别……他们身处的是另外一种文明，与现代欧洲人的文明要近得多。

（【法】菲利普·内莫著，张竝译：《罗马法与帝国的遗产》，华东师范大学出版社，2011年，第1—3页。）

恰如前文所说，人类组成了社会，那么个人去向何方？是否就被湮灭在这一名为"社会"的名称中了呢？当"我们"构成了一种权力，"我"又该向何处寻觅呢？

幸运的是，法为之做出了界定。借助最原始的"我的财产"和"你的财产"的划分与规定，"我"才得以被"镌刻在漫长的持存中"。就像引文中说到的"以人为本"和"物归其主"一样，在这一的基础上，社会中的个人得以展开各自的活动，如水分子一样，各做各的运动，但又统一和谐。

思考与讨论

中国历史上也有过很多有名的立法事件，如商鞅变法、刘邦约法三章等，能否将罗马法的精神与我国历史记载中的这些立法事件相比较，放置于特定的政治历史文化背景下，总结各自特点，并进而讨论古罗马社会与中国封建社会的的异同之处？

进阶阅读

1. 【罗马】查士丁尼著，张企泰译：《法学总论——法学阶梯》，商务印书馆，1989年。

关于罗马法必读的参考书即《法学总论》，又名《法学阶梯》，是东罗马帝国拜占庭皇帝查士丁尼(527—565年)下令编写的一部法学教科书。"法学阶梯"一名取自罗马帝国鼎盛时期大法学家盖尤斯、保罗·乌尔比安以及其他法学家弗洛伦和马其安(Marcienus)的同名著作，并以它们为蓝本，其中特别是以盖尤斯的《法学阶梯》和《日常事件法律实践》为蓝本于533年底编写而成。

"法学阶梯"即法学入门之意。书中既吸收了历代罗马皇帝所颁布的有关私法的诏令，也吸收了罗马各著名法学家有关私法的学说。因此，是罗马帝国最完备的一部私法，对后世欧洲各国民法的制订和发展有过很大影响，《拿破仑法典》也是以它为蓝本制订的。

2. 【法】菲利普·内莫著，张竝译：《罗马法与帝国的遗产》，华东师范大学出版社，2011年。

《罗马法与帝国的遗产》为菲利普·内莫《古典与中世纪政治思想史》的第二卷。作者系法国当代著名哲学、政治学教授。本书首先围绕着罗马共和国的兴盛与罗马帝国的崛起，线条鲜明地勾勒了整部罗马人的历史。在向读者论述罗马历史的同时，本书作者着重介绍了罗马法的各项重要内容，包括其起源发展，各个历史阶段的诉讼程式，以及罗马公法和私法的各项内容。

二、罗马人认识的法

关于古罗马第一部成文法"十二铜表法"的意义，能在很多不同领域的文章中读到。然而，这一在我们看来具有立法里程碑式意义的事件，究竟具有怎样的价值呢？是否与罗马人自己盛赞的一样呢？

2.1 "十二铜表"与法的起源

"十二铜表法"也叫十二表法，是古罗马国家立法的纪念碑，也是最早的罗马法文献。公元前5世纪时，罗马的法律还是习惯法，它的解释权操在贵族法官手里。法官利用这个权力为贵族谋利益。一般认为，公元前449年，平民经过长期的斗争逼使贵族成立十人委员会制定和公布了成文法。因这个文法刻在十二块铜表上而得名"十二铜表法"，遂成为罗马成文法的开端。

图4.2 1555年一本法律书上表现十人委员会制定十二表法的场景的版画插画

而意大利罗马法学家格罗索在其《罗马法史》中则表示，《十二表法》无疑具有很重要的地位，但其价值是否真的就如传说中渲染的那样则仍需考察。

十人委员会所完成的立法工作同传统说法将其与十人委员会的产生相联系的那些目的有何关系呢？我们所掌握的材料告诉我们，那些大部分涉及民事诉讼程序、刑法、适法行为的形式、时效取得、父权、继承等问题的规范同平民的不大相干；但是人们也注意到，对某些原则的确定，尤其是相对于市民法确定一些限制，这应当被看作是一种胜利。正如我们下面将解释的，市民法是一种从早期的跨家庭生活中发展起来的习俗，是一种传统，它的程式保存在僧侣们的深宅之中，在需要加以解释的情况下，正式的解释者是统治阶级。对成文规范的确定，对执行程序期限的确定，对惩罚犯罪的刑罚的确定等等，在当时均可被视为平民的胜利，因为它意味着对权利的更严格的保障。《十二表法》就代表着这种胜利，虽然是个有限的胜利。

正是由于在贵族和平民的斗争进程中有这么一段插曲，由于上述事实在罗马历史中具有特殊色彩，人们才把《十二表法》解释为罗马法历史中"独一无二"的立法里程碑，习惯的发展不依立法干预为转移，正如我们将看到的，它表现为法（ius）发展的自然进程，法学理论也作为渊源介入其中。在这一进程的最早时期出现了如此重要的立法活动，这恰恰应当归功于一定的历史要求，这种要求从外部对法的发展起着推动作用。这就是贵族与平民之间的伟大斗争，准确地说，是在平民不断取得胜利并迅速被纳入城邦之前出现的那个斗争激化阶段。

《十二表法》的特点也由此得到解释，它远不是我们所理解的那种真正的法典化表现，相对于罗马人对它的颂扬，它只具有很有限的价值。法（ius）那些制度是其先存条件，在《十二表法》中人们仅仅确定了一些原则，使有关规范变得确切和确定，这种工作与法（ius）的总合相比较仍然是辅助性的。如果具有上述特色的复合体可以构成传统说法借以称颂《十二表法》的所谓基本里程碑的话，这正应归功于上述立法确定性工作所具有的历史意义。

在《十二表法》中，除存在着较符合社会进步需要的规范外，人们还可以看到一些残酷的原始规范（比如在数名债权人之间划分债务人躯体的规定），这种现象反映出"法（ius）"的最古老原则的顽固性，它本身体现着原始人的冷酷逻辑，人们仍然尊重这种逻辑，同时，规定诉讼程序这一事实本身就是在对擅断加以限制。

但是另一方面，人们可以说瓦解性批判也是多产的，随着原始文献的消失和以口头方式加以流传，最早时的内容显然被大大扩大了。一方面语言也在逐步地现代化，因而《十二表法》的内容虽然很古老，但它的文本并不完全反映公元前五世纪的语言；另一方面一些后来的规范或后来事件的结果可能通过流传掺进《十二表法》之中。

这肯定可以通过公布司法日历的方式获得承认。在聂恩·福劳维传播法律问题上的提前是显而易见的，西塞罗和阿蒂科也都注意到这一点，他们竭力给予解释。但是，这种情况不可能扩及整个私法和诉讼程序；根据通行的观点，在聂恩·福劳维传播之前，法保存在祭司们的深宅之中，聂恩·福劳维传播的是《诉讼编（liber actionum）》。因此获得确定的是行为的程式和后果，比如《十二表法》中关于要式买卖的规范；法律诉讼（legis actiones）中的诉讼方式（modi agendi），尤其是期限和限制，均通过法律加以确定和调整，这些都是在罗马法发展中出现的情况，这并不排除保存在祭司深宅中的法（ius）传统所具有的价值。无论怎样，面对祭司们的保留，它恰恰是对在贵族与平民斗争中提出的要求的确认，十人委员会正起源于这场斗争。

人们可能会针对那些旨在限制葬礼奢侈程度的规范提出疑问，一方面提出异议说在公元前五世纪的罗马怎么会存在这种必要性，另一方面又认为罗马在这个问题上已经受到埃特鲁斯人的影响。

总而言之，人们可以得出这样的结论：《十二表法》的基本核心，正如通过我们所获得史料所可以描述的那样，实际上同传说所介绍的十人委员会的工作是相符合的，但需去除一切由传说添加进去的细节。

（【意】朱塞佩·格罗索著，黄风译：《罗马法史》，中国政法大学出版社，1994年，第82—84页。）

"随着原始文献的消失和以口头方式加以流传，最早时的内容显然被大大扩大了。一方面语言也在逐步现代化，因而《十二表法》的内容虽然很古老，但它的文本并不完全反映公元前五世纪的语言……" 这样的分析是客观而合理的，但也丝毫不影响"十二铜表法"的价值。虽然价值并不如夸大的那样，但体现的是"法"发展的自然进程中的重要时刻。

2.2 罗马人关于法的观念

以现代人的观念去推理古罗马人关于法的观念，显然不合适。那么法对于罗马人来说究竟意味着什么呢？另一位意大利罗马法学家彼德罗·彭梵得在其著作《罗马法教科书》中探讨了这个问题。

法的概念和罗马观念

法是人在社会生活中的行为规范，即在一定范围内为维护所有人的利益而对个人行为规定限度的规范。法不是唯一的社会规范，它的目的和实质并不有别于其他规范，无论是那些真正意义上的道德、名誉、习俗，还是共处规范等等。但是，它是最重要的社会规范，在一定历史时期中，它以强制力而显著地区别于其他规范，因为国家强求对它的遵守并负责对它的保护。

法的技术性称谓，从外部的和实在的意义上（即作为必须实施并希望得到遵守的规范），在罗马人中叫作 ius，这是个词源含混的词。

Ius civile 是所有市民的法，无需任何定语，是指罗马民族的法，因为 civitas（城邦）这个名词在罗马人中含有作为有秩序社会的民族的意思. 而 Iustus（正义）则是对合乎实在法的关系和行为（即合法的、法定的、正当的关系和行为）的称呼。

为了从内在的和目的的意义上，即从法的宗旨的实质上表述法，罗马人使用 aequitas（公正）这个词。这个词则有着确定的和似乎明显的词源，它产生于一个含有"统一"、"平等"意思的词根，它生动地体现着法的宣告性原则，即：为单个人的活动确定条件和限度，在人民意识中，考虑到每个人的理由以及与联合体的其他人的关系，这些条件和限度对于每个人都是平等的。

但是，由于某些法律规范已经过时或者在某种方式上不再适合于一定的社会环境或者由于立法者采用的方式不完善，因而并非一切法的规范均与法的目的相吻合或者并不是永恒地与之相吻合，所以，经常出现 ius（法）或 iustum（正义）同 aequum（公正）之间的矛盾。

在我们的术语中，没有一个同罗马词 aequitas 相对应的词，含有较为理想和充实概念的词是"正义"和"公正的"，这两个词在我们这里不再单纯表示合法性。

然而，在优士丁尼的谕令和编纂者作了添加的法学家著作中，aequitas 和 aequum 有了温和、宽让的含义，它们一般指审判员所欣赏的情形。

既然古代概念同现代概念之间存在着矛盾，把原始文献中的 aequum 和 aequitas 通常译成"公平的"和"公平"，这纯属误解，它给论理造成影响。

外部强制力是国家从法中所借用的最有效的形象，但是，自动实现法的原则，即在不考虑外部强制力的情况下自动实现法的各项原则这一主观美德，也同法相符合，就像同道德和其他行为规范相符合一样。在这个意义上，人们使用 iustitia 这个词，它恰恰被优士丁尼皇帝用乌尔比安的话定义为"给每个人以稳定和永恒权利的意志(constans et perpetua voluntas ius suum cuique tribuendi)"。

乌尔比安也提出了法的准则，优士丁尼皇帝将其表述为："法的准则是，诚实生活，不犯他人，各得其所"。这些准则是那些在各自领域都具有相同内容的其他各类规范所共有的。但是，毫无疑问，这些准则在最重要和最权威的规范中是突出的。

法律科学，ars iuris（法的艺术）或 iurisprudentia（法学），或简单地说 ius(法)，被杰尔苏定义为"善良和公正的技艺(ars boni et aequi)"；这从整个外延上表述了法学的概念，即不是把法学的任务限定在对实在法的解释上。另外，罗马法学家不仅在理论上而且在实践上参与了法的沿革进程。因为，他们的解释在一定程度上超越了真正解释的限度，并且创造着新法。

（【意】彼德罗·彭梵得著，黄风译：《罗马法教科书》，中国政法大学出版社，1992 年，第 4—6 页。）

如引文中所说，"法并不是惟一的社会规范……但它是最重要的社会规范"。接着作者从词源上分析了"法"在古罗马究竟指什么，这个词会遭遇怎样的解读。

从以上两则引文中，我们能很清楚地读到，虽然本质不变，但是法的内容在不断的扩张，同时法学的的概念也在不断地完善着。

三、罗马法的影响

德国法学家耶林（Rudolph von Jhering）说："罗马三次征服世界，第一次是以武力，第二次是以宗教，第三次是以法律，而第三次征服也许是其中最为和平、最为持久的征服。"

可见，罗马法对后世法律制度的发展，影响是很大的。

罗马法中所蕴涵的人人平等，公正至上的法律观念，具有超越时间、地域与民族的永恒价值。尤其是对欧洲大陆的法律制度影响更为直接。

正是在全面继承罗马法的基础上，形成了当今世界两大法系之一的大陆法，亦称为罗马法系或者民法法系。

3.1 罗马法如何影响后世

罗马法如何影响着后世的法律学界，英国罗马法学家巴里·尼古拉斯在《罗马法概论》有详细的论述。

第三节 对罗马法的接受

罗马法文献有着它自己的精神权威，但它也因皇权而获得权威，因为在神圣罗马帝国已经体现得不完美的帝国观念一直还支配着人们的思想。上述精神权威和产生于皇权的权威，在与注释学派和评论学派的活动相伴的进程中，一直发挥着作用，我们称这一进程为对罗马法的接受进程，也就是说，通过此进程，罗马法变为西欧的共同法。但是，这一接受进程在欧洲大陆的发展也是因地而异的。在欧洲南部（意大利、西班牙和法国南部），正如我们已经介绍过的，罗马法从来没有完全消亡过，在那里，各种注释和评论学派的学说可以简单地作为对保存在《西哥特罗马法》和其他汇编中的法的补充而被接受。因而，在那里所出现的与其说是对新法律制度的突变性接受，不如说是旧法的逐渐复兴和再发掘。然而，在欧洲北部却只保留着因地而异的习惯法。因而，那里对罗马法的接受则要迟缓得多，而且这一进程在开始时显得很突然。对新知识的敌视态度部分地来自于当地的世俗法庭，这些法庭很珍视本地的习惯法；有时候，也部分地来自于王位（比如在法国）。因为，在神圣罗马帝国以外，《民法大全》的皇权根据恰恰阻碍着对它的接受，直到后来，国王或者君主可以在自己领地内以皇帝自尊，因而才为他自己而适用所有那些主张绝对皇权的文献。

随着中世纪走向结束，繁杂的地方习惯所带来的弊端和问题以及地方法庭的无能为力使得人们难以抗拒对罗马法的需求和对受过罗马法教育的法律工作者的需求。由此而产生的对罗马法的接受在德国和荷兰表现得最为彻底。在 15 世纪后期，出现了拥有较为广泛司法管辖权的法庭，这些法庭的法官都接受过罗马法教育。在 16 世纪，对罗马法的接受完全实现。大量的地方习俗仍然继续存在，尤其是在家庭法和继承问题上，但是，法的基本结构和法律工作者的思想方法以及所使用的术语均来自于罗马法，习惯法的规则作为一种地方变数对一般制度施加着影响。

在法国北部（那里是"习俗的故乡 [pays des coutumes]"，相反，南部则是"成文法的故乡 [pays de droit ecrit]"），对罗马法的接受比在德国要早，而且比较地渐进，不那么激烈。各种习俗在 16 世纪被编纂

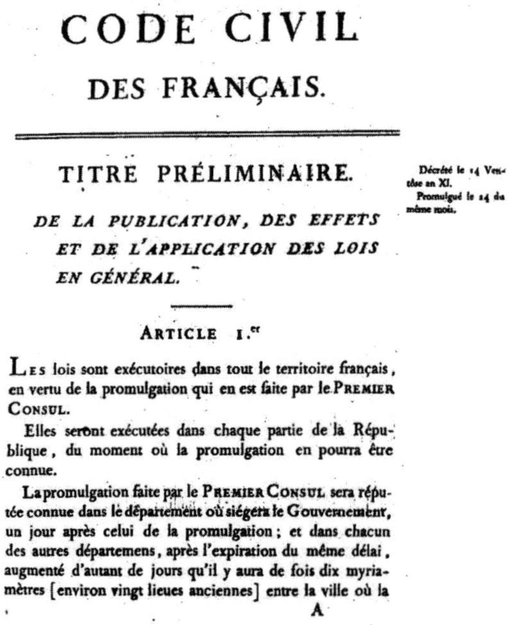

CODE CIVIL

DES FRANÇAIS.

TITRE PRÉLIMINAIRE.

DE LA PUBLICATION, DES EFFETS
ET DE L'APPLICATION DES LOIS
EN GÉNÉRAL.

Décrété le 14 Ven-
tôse an XI.
Promulgué le 24 du
même mois.

ARTICLE I.er

LES lois sont exécutoires dans tout le territoire français, en vertu de la promulgation qui en est faite par le PREMIER CONSUL.

Elles seront exécutées dans chaque partie de la République, du moment où la promulgation en pourra être connue.

La promulgation faite par le PREMIER CONSUL sera réputée connue dans le département où siégera le Gouvernement, un jour après celui de la promulgation; et dans chacun des autres départemens, après l'expiration du même délai, augmenté d'autant de jours qu'il y aura de fois dix myriamètres [environ vingt lieues anciennes] entre la ville où la

A

图 4.3 1804 年出版的拿破仑法典的第 1 页

成典，因此能够更好地抵御罗马法的渗透。但尽管如此，罗马法对法律思维方式和逻辑的影响却是不可躲避的。

在英国，从另一方面讲，虽然罗马法比较早地被了解和讲授，但一直没有在普通法庭的实践中立足。造成这种情况的原因一方面在于：早期建立的国王中央权力制度使得国王法庭的普通习惯（我们称之为"普通法"）能够取代地方的习惯法；另一方面的原因也在于：存在着律师公会，这一强大的职业组织比较靠近国王法庭，但远离大学，并且在排斥罗马法方面与法庭有着共同的利益。

第四节　人文主义的复兴

然而，在对罗马法的接受进入高潮的时期，也同时出现对评论学派的方法和宗旨的反击。人文主义在古典文化领域中的复兴造就出这样一批学者，他们认为评论学派糟糕的拉丁文、历史敏感性的完全缺乏以及对原始文献的无视是令人哀叹的，"返回原文"现在成为他们的呼声。随着对原始文献重新发生兴趣，《民法大全》的历史特点开始得到强调，人们希望按照当时的历史面目重新发现罗马法。这第一次促使人们试图探索《民法大全》中的"添加"，并且由此揭示真正的古典法。这一人文主义运动在法国发展得尤为强劲，那里的主要代表人物是库嘉丘斯（Cujacius, 1520 年或者 1522 年 –1590 年）、多内卢斯（Donellus, 1527 年 –1591 年）和法贝尔（Faber, 1557 年 –1624 年）。对罗马法重新发生兴趣也促使人们去发现某些未依赖于优士丁尼而保存下来的后古典作品，并且重新关注《狄奥多西法典》。嘉科布斯·哥托福雷杜斯（Jacobus Gothofredus, 1587 年—1652 年）出版了这部法典并且带有评注，这些材料现在还一直为人们所参考。

第五节　自然法

在 17 世纪和 18 世纪，人文主义的考古兴趣让位于自然法学派的新理性主义。这一学派认为：任何一个社会都可能通过合理运用人和自然本性所固有的原则而得到法，因而，这一学派的追随者拒绝接受中世纪评论学派赋予《民法大全》的不可置疑的权威。他们根据罗马法关于万民法（ius gentium）和自然法（ius naturale）的学说，在罗马法中也发现了大量在他们看来体现着自然理性的东西。第一位倡导这一新学说的人是格老秀斯（Dutchman Grotius, 1583 年 –1645 年），他特别运用这一学说论述国际法的形成。实际上，自然法学派在这一领域中的影响力最大，但它也鼓励人们从现代罗马法理论中清除那些非理性的、因而也是罗马人所特有的东西（人文主义者曾经很注重这些东西），并且强调（甚至有些过分）逻辑在法律中的作用。

第六节 法典化和现代民法

自然法观念也促使人们发出对法典化的呼唤，有条理地安排法律原则和规则，这一理想状态能够在成文的法典得到最好的实现。这种呼唤在巴伐利亚（1756年）和俄罗斯（1794年）得到了一定程度的响应，但在现代欧洲法律史中无可比拟的最重要事件是1804年拿破仑《民法典》的颁布，这部法典的最重要意义并不主要在于法国在其历史上第一次有了一套单行的法律体系，而主要在于这部法典得到其他许多国家的采纳或者模仿。有时候，对它的采纳是拿破仑征服的结果，但它的吸引力在拿破仑最终失败后仍然长时间地继续保存，这一方面应归功于该法典本身的简洁明了，另一方面应归功于法国在19世纪中的威望。在不同程度上效仿法国《民法典》的法典分别出现在荷兰、西班牙、意大利、比利时、卢森堡、魁北克、埃及以及南非的许多地区。

在德国，要不是由于伟大法学家萨维尼（1779年—1861年）的影响，可能也会在拿破仑战争结束后制定一部法国式的法典。萨维尼认为这样的时机尚不成熟，为了能够成功地制定一部令人满意的法典，需要更加深入地研究罗马法，其深度应当超过中世纪的法律工作者和自然法学派所达到的程度。由此开始了最新的、实际应用罗马法的伟大时期。在萨维尼及其继承人手中，优士丁尼的《民法大全》为19世纪的德国生产出一部具有高度系统性、得到严谨分析并且显然经过精细加工的法律汇编（Pandektenrecht[学说汇纂法]）。直到德意志帝国创建后，才在由此奠定的基础上开始进行法典化的工作，并且直到1900年《德国民法典》才终于出台。这部法典比法国法典更加系统和精细，它也受到其他国家的模仿，例如在日本和巴西；它的影响也表现在瑞士法典之中，这部瑞士法典随后为土耳其所采纳。

法典化运动在一定意义上导致罗马法第二阶段生活的结束。除了在南非和锡兰（现在的斯里兰卡）曾依然保留着早先的罗马法制度外，《民法大全》已经不再是直接的法律渊源。没有哪些地方允许将它作为权威文献加以使用，除非当法典在某一问题上出现空白或者模棱两可时。从另一种意义上讲，法典化又赋予罗马法以新的生命，并且将它扩展到它过去从未能涉足过的地域。没有法典化的制度是不适合输出的，按照现代的标准，罗马法是一种没有法典化的制度。实际上，没有法典化的普通法已经遍布于全球，但它追随的是旗帜。普通法仅仅扎根于那些接受英国统治并且有受过普通法教育的法律工作者的地方。在另一方面，正如我们刚才谈到的，法典的传播却一帆风顺。但是，我们必须注意不要夸大现代法典对罗马法的体现程度。在德国（更不用提法国了），《民法典》包含着许多完全不同于罗马法的东西，甚至罗马法的成分也常常在各国的立法进程中被改造；但是，在结构、思想方式和基本术语方面，这些民法典有着强烈的大家庭特点，至少在普通法的法律工作者眼中，这种大家庭特点比它们之间的细微差别更加具有意义。这种大家庭特点产生于它们对罗马法的共同继承。但是，如果简单地将现代民法法系法律工作者区别于普通法系法律工作者的所有思维习惯都归功于罗马法，那也是危险的。不应当忘记：《民法大全》是存在于罗马古典法学与后来的民法继承人之间的东西，民法（无论是否经过法典化）是一种书本上的法，而古典罗马法却根本不是这样的。

（【英】巴里·尼古拉斯著，黄风译：《罗马法概论》，法律出版社，2004 年，第 49–53 页。）

罗马法的有关私法体系被西欧大陆民事立法成功地借鉴与发展。《法国民法典》和《德国民法典》就是对罗马法的继承和发展。1804 年制定的《法国民法典》继承了《法学阶梯》的人法、物法、诉讼法的体例；而 1900 年实施的《德国民法典》则是以《学说汇纂》为蓝本，形成了总则、债法、物法、亲属法、继承法。法、德两国的民法体系，又为瑞士、意大利、丹麦、日本等众多国家直接或间接地加以仿效。

此外，罗马法中许多原则和制度，也被近代以来的法制所采用，如公民在私法范围内权利平等原则、契约自由原则、遗嘱自由原则、"不告不理"、一审终审原则等，权利主体中的法人制度、物权制度、契约制度、陪审制度、律师制度等。

3.2 罗马法的法谚

东罗马帝国皇帝查士丁尼（又译"优士丁尼"）下令编撰的《法学总论——法学阶梯》，其实属于《民法大全》的一部分。他在位期间组织法学家对大部分罗马法进行了重新整理汇总，最终编纂成被后人称为有四部分构成的《民法大全》。该法典是罗马法的集大成者，也是罗马法在欧洲大陆几乎完全失传数百年后，突然又得以被重新重视和研究的主要原因：

1. 第一部分为《法典》（*Codex*），收集了自哈德良皇帝（117 年 –138 年）以后的各代皇帝敕令。近现代法律学术文献引用习惯简写为 C。

2. 第二部分为《学说汇纂》（*Digesta* 或 *Pandectae*），收集了罗马帝政时代被赋予"解答权"的法律学者们的学说。这一部分共有 50 卷，费时 3 年，于 533 年完成。这部分也是该书在文艺复兴前重新出现在欧洲大陆后，历代学者研究的重点。与其他三部分最大的区别是，这部分的编写往往引用了大量互相并不相容的罗马法学家的观点，从而使后人能够非常深入地了解罗马法的历史与发展。然而由于编辑者时间仓促，而且全部是希腊语母语的工作人员，从事的却是当时已经有数百年历史的纯拉丁文编辑工作，所以也经常被后代研究者诟病其编写水平。这部分近现代法律学术文献引用习惯简写为 D。

3. 第三部分是皇帝命令编辑的一本法学入门教材《法学阶梯》（*Iustiniani Institutiones*），这部教材主要是基于公元二世纪的法学家盖亚斯（Gaius）编写的同名教材，到今天仍然作为罗马法学生的使用书籍之一。该书由四卷构成，旨在对学习罗马法的学生提供一个概览。与普通教科书不同，该书的内容在某些时期曾经被赋予了法律的效力。近现代法律学术文献引用习惯简写为 I。

4. 第四部分是查士丁尼死后，法学家们整理其在位期间颁布的宪令，定为一编，名为《新律》（*Novellae Constitutiones Justiniani*）。《新律》共收有百余条，以希腊文和拉丁文两种文本行世，流传至今的有 152 条。近现代法律学术文献引用习惯简写为 N。

在《学说汇纂》中作为结尾的 50 题签中，辑录了一些论断之词；它们处于上下文语境之外，因此具有普遍意义。这便是罗马法的法谚。例如：Suum cuique tribuere（法律在于备取其所应得）、"能赞成的人亦能拒绝"、"人们不能为自己的卑劣行为从法律中找借口"、"同等者不必服从同等者"等，此类法谚不超过 200 条。

罗马法法谚，除言简意赅地表达法律的论断外，一般还具有格言警句一般的修辞特点。写作时适度而合理地引用一二，能为文章添色，以下收集了一部分罗马法法谚。

附录：法谚

法律、法学理论

习惯是法律最好的解释者。

有法律就有欺诈。

法不是针对个别人的，而是为所有人普遍创设的。

法律应当能被所有人理解。

通晓法律不在于了解它的文字表述，而在于掌握它的精神和实质。

法是善良和公正的技艺。

法律的效力在于命令、禁止、允许和惩罚。

法越严格就越显不公。

法则产生于事实。

吸收性法律变通被吸收的法律。

后来的特别法变通先前的一般法。

在法的所有领域特殊变通一般。

新法优于旧法。

后颁布的法律是有效的法。

时间确定行为。

市民法原则不可变通。

神圣约法不可变通。

公法不得被私人简约变通。

法律可禁止实施某一行为，但如果行为已实施，则不予撤销。

法律考虑激愤者，激愤者却不考虑法律。

对法的不知是不可原谅的。

相同的法律根据产生相同的法律规范。

法律在愿意时表态，在不愿意时沉默。

原则

任何人均不应损人利己。

任何人不得通过损害他人的方式为自己获利。

行使自己权利以不损害他人权利为限。

不净交易的双方已得物者地位较优。

相互间的诈欺相互抵消。

诈欺之责一律承担。

商人间可以相互使用伎俩。

任何人不因企图而受到惩罚。

得失自负。

重过失等同于故意。

未摆脱债务者不得慷慨。

任何人均不能向他人转让超过其原有权利的权利。

不得推定任何人遗弃自己的财物。

享有利益者也承担义务。

无效的东西不产生任何效果。

违反法律原则的规定不应得到因循。

转让者权利的无效导致受让者权利的无效。

以暴力反抗暴力正当。

人法

社团至少由三人组成。

监护人针对人身，保佐人针对财产。

收养关系仿照自然家庭关系。

姻亲之间无姻亲。

姻亲关系不因一方配偶的死亡而消灭。

无人继承但期待人继承的遗产叫做尚未继承的遗产。

在未立遗嘱情况下实行的继承是法定继承。

法定继承只适用于最亲近者。

任何人死亡时均不可能对部分遗产立有遗嘱而对另一部分遗产未立遗嘱。

遗产中的债务被当然地加以分割。

遗产在尚未被继承期间不归任何人所有。

母亲总是确定的，父亲则不一定。

不情愿者之间缔结不了婚姻。

在涉及起利益时胎儿被视为已经出生。

丈夫与妻子间的赠与被认为无效。

一旦成为继承人，则永远成为继承人。

父卖子三次，子即脱离父权。

亲等的级数等于代的级数减祖先。

遗产继承不发生在生前。

债法

契约起源于意愿，随后变为必须遵守的义务。

契约不使第三人得利或者受损。

协约应当遵守。

未规定清偿期限的债务可被立即要求清偿。

迟延是偿债中的不正当拖延。

任何人不得为他人缔约。

任何人不对不可能的给付负责。

意外事件让债务人倒霉。

陷于非法状态者也对意外事件负责。

物的风险由所有主承担。

买受人须谨慎。

损失与得利相互抵消。

期限代人催债。

给付不能不构成债。

选择之债可择一履行。

债的标的只有一个，清偿的标的可以有两个。

债的标的为可数物，债的清偿择一而成。

选定一条路后，就不能再走另一条路。

对协议更宜注重缔约者的意愿而非词句。

不履行清偿义务的人无权要求获得清偿。

价格不公毁约。

在无法定义务的情况下的给予被视为赠与。

赠品是被自愿给付的物品。

不能向不愿接受者实行赠与。

不能向不愿接受者表示慷慨。

种类物永远不会消灭。

不得要求任何人履行不可能的给付。

短时间迟延不构成严重损害。

在使用中可损耗的物品不能成为使用借贷的标的。

没有任何涉及过去或现时行为的条件。

在未提出清偿请求的情况下不可能发生迟延。

发布新施工告令是为了维护我们的权利，或者为了避免侵害，或者为了保护公共利益。

允诺是要约人的单方面的承诺。

为他人而负债的人被称为保证人。

提存物扣押是指根据数人的委托保管有关争议物的人。

如果为债附加不可能实现的条件，有关的缔约行为将不会发生效力。

无价金就构不成买卖。

债务承担代替清偿。

任何人可代债务人清偿，即使后者不知晓或者不情愿。

物法

后来失信不影响占有的效力。

使用借贷应该是无偿的。

物不可能同时归属于数人。

扣除债务后的部分被视为财产。

获使用权者可以使用物，但不能取得该物的孳息。

认定孳息须先扣除费用。

不可能有排除使用权的收取孳息。

从物添附于主物。

善意占有人取得已消耗的孳息。

对自己的物不能行使役权。

使用借贷不使借用人成为物的所有主。

地上的任何建筑物添附于土地。

地上物永远添附于土地。

土地应当相互比邻。

保佐人的职责是经管事务。

所有的孳息属于用益权人。

任何人不享有永恒的用益权。

在我给付后，物从我的变为你的。

无主物允许任何人根据自然法实行先占。

被寄托的物的所有权仍归寄托人所有。

对物的改变导致用益权消灭。

役权赋予物一种品质，使所有主的权利因此而削弱，并且使另一人的权利因此而增加。

役权不能表现为要求作为。

地役权不可分割。

被剥夺占有者首先应得到对占有的恢复。

埋藏物是远早的财物寄存，它已不在人的记忆中，不再有所有主。

让渡是手递手的交付。

时效尚未产生的诉权不受时效约束。

委托被委托人不得再委托。

批准类似于委托。

期限、期日

期限不计算起始日，但计算终止日。

起始日被视为完整之日。

节假日在法律上不被计算。

诉讼法

诉讼只不过是通过审判获得应得之物的权利。

起诉的审理者也要审理抗辩。

审判员只应裁断向其提出的和证明的事实。

你告我事实，我给你审判。

原告不举证，被告即开释。

原告追踪被告住所地法院。

对于同一案件不得提起两次诉讼。

承担举证责任的是主张者，而不是否认者。

否认者不负举证责任。

法官只知法，事实须证明。

一目了然之事无须证明。

审判员不得审理与己有关的案件。

没有原告，就没有法官。

任何人均无义务指控自己。

法官不得自动审判。

单一证据不能证明，与其他证据相结合可以证明。

一名证人不足为证。

和解协议相当于已决案。

被告在抗辩中变为原告。

判决应当与请求相对应。

刑罚应当成为对人的改造。

思考与讨论

各自选择一至二条法谚，并根据自己的知识对此加以解读；尝试在之前写过的作文中，适当的加入法谚，看看感觉有什么不一样。

进阶阅读

【英】巴里·尼古拉斯著，黄风译：《罗马法概论》，法律出版社，2010 年。

这本关于罗马法的教科书比较特别，作者尼古拉斯以比较的方法撰写，在每一个议题的论述中都加进来罗马法与英国法的比较以及古典罗马法与现代民法法系制度的比较。这种比较有助于加深读者对各项罗马法具体制度的理解，也能让我们看到罗马法的影响力是如何作用于现代欧洲各国乃至全世界的。

第五讲　修辞学与西塞罗

导言

　　"与一个以语言和文学见长的城市为敌，该是多么可悲的事。"普鲁塔克在《忒修斯传》中发出这样的感叹，因为他发现昔日的海上霸主、克里特岛的米诺斯王国，在雅典的戏剧舞台上被描绘得每况愈下。这里，以语言和文学见长的城市即指雅典，而雅典也正是凭借这一优势成为希腊文明的代表。

　　而当普鲁塔克在写到《西塞罗传》时，则又借阿波罗纽斯之口说："演说和辩才是希腊仅存的光荣，现在却经由你转移到罗马的名下了。"这里的"你"即西塞罗。

　　西塞罗是罗马共和国晚期的政治家和演说家，也是著名的修辞学家。

　　当文治武功的影响都湮灭成传说，唯有修辞术能建造沟通今古的桥梁。古希腊罗马世界的神话传说、兴衰更替、乃至点滴往事，直至今天依然为人品鉴、谈论、资以训诫，惹文艺复兴以来人多称颂"希腊之伟大与罗马之光荣"，即是"语言和文学见长"的最好证明。

　　对于古典世界的人来说，修辞术是演说的艺术，是雄辩的艺术，是说服的艺术；修辞术既是政治，也是外交；既关乎个人的修养与品德，也是斗争的武器。

一、修辞术与论辩术

　　修辞学是研究修辞的学问，修辞是增强言辞或文句效果的艺术手法。

　　"赋比兴"是修辞，"三段论"也是修辞，前者属汉语的修辞，后者属影响到现在西方诸语言的修辞学。西方修辞学的理论，能溯源到亚里斯多德（罗念生译作"亚理斯多德"）。

　　　修辞术是论辩术的对应物，因为二者都论证那种在一定程度上是人人都能认识的事理，而且都不属于任何一种科学，人人都使用这两种艺术，因为人人都企图批评一个论点或者支持一个论点，为自己辩护或者控告别人。大多数人，有一些是随随便便地这样做，有一些是凭习惯养成的熟练技能这样做。既然这两种办法都可能成功，那么，很明显，我们可以从中找出一些法则来，因为我们可以研究为什么有些人是凭熟练技术而成功的，有些人却是碰运气而成功的。人人都承认这种研究是艺术的功能。

　　　　　（【古希腊】亚理斯多德著，罗念生译：《修辞学》，《罗念生全集》第一卷：亚理斯多德《诗学》、《修辞学》，
　　　　　　　　　　　　　佚名《喜剧论纲》，上海人民出版社，2004年，第147页。）

对于亚里斯多德提出的修辞术，罗念生是这么认为的：（见其译注）

　　"修辞术"原文是 tekhne rhetorike，意思是"演说的艺术"，包括立论的艺术和修饰辞句的艺术。罗马以后的修辞术着重风格即辞句的修饰。"修辞"一词在我国古代是"立论"的意思，《易经》上有"修辞立其诚"一语，意思是立论要表现真理。"论辩术"原文是 tekhne dialektike，意思是"问答式论辩的艺术"，后世转义为"辩证法"(dialectics)。论辩的题目是当时尚无定论的问题。参加论辩的一方就指定的题目不断地提出问话，另一方应当不断地予以回答。答方的每一个回答是答方的一个意见，即一个已经断定的命题。问方只能用答方这些回答（即命题）而不能用别的命题作为他推论的前提，如果问方能由此推出逻辑矛盾，从而否定这些前提或前提之一，那么问方就胜利了，答方就失败了；反之，问方就失败了，答方就胜利了。答方的回答是答方断定为真实可靠的命题，而不是问方断定为真实可靠的命题。由于论辩的题目是当时尚无定论的问题，所以论辩式推论的前提只能是一般人的"意见"（不是知识），也就是在某些人看来是真实可靠的事理，或者有某种程度真实性的事理，或者在多种情况下是真实可靠的事理。这种前提是尚未找到客观根据的命题。前提既然是或然性的，所以由这种前提推出来的结论也就是或然性的。这种论辩的目的在于发现问题的多方面，从而明辨是非，找出真理，作出有普遍意义的结论（修辞术则作出有特殊意义的结论，如惩罚或不惩罚）。还须说明，论辩的推论形式主要是三段论法。论辩式推论和"证明式"推论（即科学的推论）不同，因为"证明式"推论的前提必须是真实可靠的命题，所以由这种前提推出来的结论也就是真实可靠的。但"证明"（即科学的证明）的推论形式也主要是三段论法。"对应物"指与另一事物非常相似而不完全相同的事物。修辞术和论辩术是姊妹艺术，彼此之间有许多相似之点，不同之处主要在于：修辞术采用叙述方式，论辩术采用问答方式。亚理斯多德把修辞术与论辩术并列在一起，他的用意是批评柏拉图否定修辞术是一种艺术。

（【古希腊】亚理斯多德著，罗念生译：《修辞学》，《罗念生全集》第一卷：亚理斯多德《诗学》、《修辞学》，佚名《喜剧论纲》，上海人民出版社，2004年，第149页。）

1.1 修辞术是说服术

　　何为修辞术？亚里斯多德在《修辞学》中的定义是："一种能在任何一个问题上找出可能的说服方式的功能。"

　　修辞术的定义可以这样下：一种能在任何一个问题上找出可能说服方式的功能。
　　有的或然式证明不属于艺术本身，有的或然式证明属于艺术本身。所谓"不属于艺术本身的或然式证明"，指不是由我们提供的，而是现成的或然式证明，如见证、拷问、契约；

所谓"属于艺术本身的或然式证明",指所有能由法则和我们的能力提供的或然式证明。

由演说提供的或然式证明分三种。第一种是由演说者的性格造成的,第二种是由使听者处于某种心情而造成的,第三种是由演说本身有所证明或似乎有所证明而造成的。当演说者的话令人相信的时候,他是凭他的性格来说服人,因为我们在任何事情上一般都更相信好人,由于这个缘故,我们对于那些不精确的、可疑的演说,也完全相信。但是这种相信应当由演说本身引起,而不应当来源于听者对演说者的性格预先有的认识。有些修辞学作者在他们的课本中认为演说者的善良品质无补于他的说服力,这个说法不合乎事实;其实演说者的性格可以说是最有效的说服手段。当听众的情感被演说打动的时候,演说者可以利用听众的心理来产生说服的效力,因为我们在忧愁或愉快、友爱或憎恨的时候所下的判断是不相同的,正如我们所说的,惟有这种事情是今日的修辞学作者所注意的。最后,当我们采用适合于某一问题的说服方式来证明事情是真的或似乎是真的时候,说服力是从演说本身产生的。

既然或然式证明是用这些方法产生的,那么,很明显,演说者要掌握这些方法,他要能作逻辑推论,要能分析人的性格和美德,还要能分析人的情感以及产生情感的原因和方式。所以修辞术实际上是论辩术的分支,也是伦理学的分支,伦理学应当称为政治学。由于这个缘故,修辞术貌似政治学。

…………

演说按听众的种类分为三种,即政治演说、诉讼演说和典礼演说。政治演说用于劝说和劝阻。诉讼演说用于控告或答辩。典礼演说用于称赞或谴责。政治演说涉及未来的事,因为劝说或劝阻都是对未来的事提出劝告。诉讼演说涉及过去的事,因为当事人都是就过去发生的事进行控告或答辩。典礼演说最宜于涉及现在的事,因为所有有所称赞或谴责的人,都是着眼于现状,虽然也时常追忆过去,预测未来。政治演说的目的在于指出建议是有益的还是有害的,劝说的人认为是比较好的,劝阻的人则认为是比较坏的,其他一切问题,例如正义不正义,光荣不光荣,都是次要的。诉讼演说的目的在于指出行动是正当的或是不正当的,其他一切问题都是次要的。典礼演说的目的在于指出行动是光荣的或是不光荣的,但也涉及其他一切问题。

([【古希腊】亚理斯多德著,罗念生译:《修辞学》,《罗念生全集》第一卷:亚理斯多德《诗学》、《修辞学》,佚名《喜剧论纲》,上海人民出版社,2004年,第151—157页。)

亚里斯多德在《修辞学》中为修辞学所下的定义很精确:"一种能在任何一个问题上找出可能说服方式的功能。"显然,修辞学属于语言学的一部分,而且是属于语言的艺术中,能增加语言的说服力的那一部分。而说服又不仅仅是一种语言的技巧,所以亚里斯多德又强调了演说者必须能做到的"逻辑推论"、"分析性格"和"分析情感"等目标。在这样的目标下,学习修辞学也必须深谙伦理学。

在演说的类型上，亚里斯多德分出几大类——"政治"、"诉讼"和"典礼"，这一分类极大地影响了后来的修辞学的发展。

1.2 大演说家的记忆术

虽然作者不详，但是古罗马时期的修辞学著作《献给赫伦尼》，与西塞罗的《论修辞学的发明》和昆体良的《雄辩术原理》一样，被后人视为修辞学的经典。

《献给赫伦尼》(*Rhetorica ad Herennium*) 约成书于公元前 86 年 – 前 82 年，作者是一名修辞教授，全书以一种类似教科书的形式，涵盖了修辞演说的五个范畴。分为发明 (invention)、谋篇 (disposition)、文采 (elocution)、记忆 (memorization) 和发表 (delivery)，这 5 个部分的划分最终成为了西方修辞学传统。

其中关于记忆的部分，又是比亚里斯多德、西塞罗和昆体良等人都要详尽的。以下是这一部分的英译，英译者认为其作者为西塞罗。

Rhetorica ad Herennium 3.16-24
English translation by Harry Caplan (Loeb, 1954)

Now let me turn to the treasure-house of the ideas supplied by Invention, to the guardian of all the parts of rhetoric, the Memory.

The question whether memory has some artificial quality, or comes entirely from nature, we shall have another, more favourable, opportunity to discuss. At present I shall accept as proved that in this matter art and method are of great importance, and shall treat the subject accordingly. For my part, I am satisfied that there is an art of memory — the grounds of my belief I shall explain elsewhere. For the present I shall disclose what sort of thing memory is.

There are, then, two kinds of memory: one natural, and the other the product of art. The natural memory is that memory which is imbedded in our minds, born simultaneously with thought. The artificial memory is that memory which is strengthened by a kind of training and system of discipline. But just as in everything else the merit of natural excellence often rivals acquired learning, and art, in its turn, reinforces and develops the natural advantages, so does it happen in this instance. The natural memory, if a person is endowed with an exceptional one, is often like this artificial memory, and this artificial memory, in its turn, retains and develops the natural advantages by a method of discipline. Thus the natural memory must be strengthened by discipline so as to become exceptional, and, on the other hand, this memory provided by discipline requires natural ability. It is neither more nor less true in this instance than in the other arts that science strives by the aid of innate ability, and nature by the aid of the rules of art. The training here offered will therefore also be useful to those who by nature have a good memory, as you will yourself soon come to understand. But even if these, relying on their natural talent, did not need our help, we should still be justified in wishing to aid the less well-endowed. Now I shall discuss the artificial memory.

The artificial memory includes backgrounds and images. By backgrounds I mean such scenes as are naturally or artificially set off on a small scale, complete and conspicuous, so that we can grasp and embrace them easily by the natural memory — for example, a house, an intercolumnar space, a recess, an arch, or the like. An image is, as it were, a figure, mark, or portrait of the object we wish to remember; for example, if we wish to recall a horse, a lion, or an eagle, we must place its image in a definite background. Now I shall show what kind of backgrounds we should invent and how we should discover the images and set them therein.

Those who know the letters of the alphabet can thereby write out what is dictated to them and read aloud what they have written. Likewise, those who have learned mnemonics can set in backgrounds what they have heard, and from these backgrounds deliver it by memory. For the backgrounds are very much like wax tablet or papyrus, the images like letters, the arrangement and disposition of the images like the script, and the delivery is like the reading. We should therefore, if we desire to memorize a large number of items, equip ourselves with a large number of backgrounds, so that in these we may set a large number of images. I likewise think it obligatory to have these backgrounds in a series, so that we never by confusion in their order be prevented from following the images — proceeding from any background we wish, whatsoever its place in the series, and whether we go forwards or backwards — nor from delivering orally what has been committed to the backgrounds.

For example, if we should see a great number of our acquaintances standing in a certain order, it would not make any difference to us whether we should tell their names beginning with the person standing at the head of the line or at the foot or in the middle. So with respect to the backgrounds. If these have been arranged in order, the result will be that, reminded by the images, we can repeat orally what we committed to the backgrounds, proceeding in either direction from any background we please. That is why it also seems best to arrange the backgrounds in a series.

We shall need to study with special care the backgrounds we have adopted so that they may cling lastingly in our memory, for the images, like letters, are effaced when we make no use of them, but the backgrounds, like wax tablets, should abide. And that we may by no chance err in the number of backgrounds, each fifth background should be marked. For example, if in the fifth we should set a golden hand, and in the tenth some acquaintance whose first name is Decimus, it will then be easy to station like marks in each successive fifth background.

Again, it will be more advantageous to obtain backgrounds in a deserted than in a populous region, because the crowding and passing to and fro of people confuse and weaken the impress of the images, while solitude keeps their outlines sharp. Further, backgrounds differing in form and nature must be secured, so that, thus distinguished, they may be clearly visible; for if a person has adopted many intercolumnar spaces, their resemblance to one another will so confuse him that he will no longer know what he has set in each background. And these backgrounds ought to be of moderate size and medium extent, for when excessively large they render the images vague, and when too small often seem incapable of receiving an arrangement of images. Then the backgrounds ought to be neither too bright nor too dim, so that the shadows may not obscure the images nor the lustre make them glitter. I believe that the intervals between backgrounds should be of moderate extent, approximately thirty feet; for, like the external eye, so the inner eye of thought is less powerful when you have moved the object of sight too near or too far away.

Although it is easy for a person with a relatively large experience to equip himself with as many and as suitable backgrounds as he may desire, even a person who believes that he finds no store of backgrounds that are good enough, may succeeded in fashioning as many such as he wishes. For the imagination can embrace any region whatsoever and in it at will fashion and construct the setting of some background. Hence, if we are not content with our ready-made supply of backgrounds, we may in our imagination create a region for ourselves and obtain a most serviceable distribution of appropriate backgrounds.

On the subject of backgrounds enough has been said; let me now turn to the theory of images.

Since, then, images must resemble objects, we ought ourselves to choose from all objects likenesses for our use. Hence likenesses are bound to be of two kinds, one of subject-matter, the other of words. Likenesses of matter are formed when we enlist images that present a general view of the matter with which we are dealing; likenesses of words are established when the record of each single noun or appellative is kept by an image.

Often we encompass the record of an entire matter by one notation, a single image. For example, the prosecutor has said that the defendant killed a man by poison, has charged that the motive for the crime was an inheritance, and declared that there are many witnesses and accessories to this act. If in order to facilitate our defence we wish to remember this first point, we shall in our first background form an image of the whole matter. We shall picture the man in question as lying ill in bed, if we know his person. If we do not know him, we shall yet take some one to be our invalid, but not a man of the lowest class, so that he may come to mind at once. And we shall place the defendant at the bedside, holding in his right hand a cup, and in his left tablets, and on the fourth finger a ram's testicles. In this way we can record the man who was poisoned, the inheritance, and the witnesses. In like fashion we shall set the other counts of the charge in backgrounds successively, following their order, and whenever we wish to remember a point, by properly arranging the patterns of the backgrounds and carefully imprinting the images, we shall easily succeed in calling back to mind what we wish.

When we wish to represent by images the likenesses of words, we shall be undertaking a greater task and exercising our ingenuity the more. This we ought to effect in the following way:

Iam domum itionem reges Atridae parant.

"And now their home-coming the kings, the sons of Atreus, are making ready."

If we wish to remember this verse, in our first background we should put Domitius, raising hands to heaven while he is lashed by the Marcii Reges — that will represent "Iam domum itionem reges" ("And now their home-coming the kings,"); in the second background, Aesopus and Cimber, being dressed as for the rôles of Agamemnon and Menelaüs in *Iphigenia* — that will represent "Atridae parant" ("the sons of Atreus, are making ready"). By this method all the words will be represented. But such an arrangement of images succeeds only if we use our notation to stimulate the natural memory, so that we first go over a given verse twice or three times to ourselves and then represent the words by means of images. In this way art will supplement nature. For neither by itself will be strong enough, though we must note that theory and technique are much the more reliable. I should not hesitate to demonstrate this in detail, did I not fear that, once having departed from my plan, I should not so well preserve the clear conciseness of my instruction.

Now, since in normal cases some images are strong and sharp and suitable for awakening recollection, and others so weak and feeble as hardly to succeed in stimulating memory, we must therefore consider the cause of these differences, so that, by knowing the cause, we may know which images to avoid and which to seek.

Now nature herself teaches us what we should do. When we see in everyday life things that are petty, ordinary, and banal, we generally fail to remember them, because the mind is not being stirred by anything novel or marvellous. But if we see or hear something exceptionally base, dishonourable, extraordinary, great, unbelievable, or laughable, that we are likely to remember a long time. Accordingly, things immediate to our eye or ear we commonly forget; incidents of our childhood we often remember best. Nor could this be so for any other reason than that ordinary things easily slip from the memory while the striking and novel stay longer in mind. A sunrise, the sun's course, a sunset, are marvellous to no one because they occur daily. But solar eclipses are a source of wonder because they occur seldom, and indeed are more marvellous than lunar eclipses, because these are more frequent. Thus nature shows that she is not aroused by the common, ordinary event, but is moved by a new or striking occurrence. Let art, then, imitate nature, find what she desires, and follow as she directs. For in invention nature is never last, education never first; rather the beginnings of things arise from natural talent, and the ends are reached by discipline.

We ought, then, to set up images of a kind that can adhere longest in the memory. And we shall do so if we establish likenesses as striking as possible; if we set up images that are not many or vague, but doing something; if we assign to them exceptional beauty or singular ugliness; if we dress some of them with crowns or purple cloaks, for example, so that the likeness may be more distinct to us; or if we somehow disfigure them, as by introducing one stained with blood or soiled with mud or smeared with red paint, so that its form is more striking, or by assigning certain comic effects to our images, for that, too, will ensure our remembering them more readily. The things we easily remember when they are real we likewise remember without difficulty when they are figments, if they have been carefully delineated. But this will be essential — again and again to run over rapidly in the mind all the original backgrounds in order to refresh the images.

I know that most of the Greeks who have written on the memory have taken the course of listing images that correspond to a great many words, so that persons who wished to learn these images by heart would have them ready without expending effort on a search for them. I disapprove of their method on several grounds. First, among the innumerable multitude of words it is ridiculous to collect images for a thousand. How meagre is the value these can have, when out of the infinite store of words we shall need to remember now one, and now another? Secondly, why do we wish to rob anybody of his initiative, so that, to save him from making any search himself, we deliver to him everything searched out and ready? Then again, one person is more struck by one likeness, and another more by another. Often in fact when we declare that some one form resembles another, we fail to receive universal assent, because things seem different to different persons. The same is true with respect to images: one that is well-defined to us appears relatively inconspicuous to others. Everybody, therefore, should in equipping himself with images suit his own convenience. Finally, it is the instructor's duty to teach the proper method of search in each case, and, for the sake of greater clarity, to add in illustration some one or two examples of its kind, but not all. For instance, when I discuss the search for Introductions, I give a method of search and do not draught a thousand kinds of Introductions. The same procedure I believes should be followed with respect to images.

Now, lest you should perchance regard the memorizing of words either as too difficult or as of too little use, and so rest content with the memorizing of matter, as being easier and more useful, I must advise you why I do not disapprove of memorizing words. I believe that they who wish to do easy things without trouble and toil must previously have been trained in more difficult things. Nor have I included memorization of words to enable us to get verse by rote, but rather as an exercise whereby to strengthen that other kind of memory, the memory of matter, which is of practical use. Thus we may without effort pass from this difficult training to ease in that other memory. In every discipline artistic theory is of little avail without unremitting exercise, but especially in mnemonics theory is almost valueless unless made good by industry, devotion, toil, and care. You can make sure that you have as many backgrounds as possible and that these conform as much as possible to the rules; in placing the images you should exercise every day. While an engrossing preoccupation may often distract us from our other pursuits, from this activity nothing whatever can divert us. Indeed there is never a moment when we do not wish to commit something to memory, and we wish it most of all when our attention is held by business of special importance. So, since a ready memory is a useful thing, you see clearly with what great pains we must strive to acquire so useful a faculty. Once you know its uses you will be able to appreciate this advice. To exhort you further in the matter of memory is not my intention, for I should appear either to have lacked confidence in your zeal or to have discussed the subject less fully than it demands.

（Cicero：*Rhetorica ad Herennium*，*Cicero Volume I*，Harvard University Press， 1954，pp.205-225.）

记忆术的创始人相传是古希腊的西蒙尼德。据西塞罗在《论演说家》所记，西蒙尼德出席一宴会，那宴会厅突然倒塌，被压死的人面目模糊，无法辨认；但西蒙尼德记得他们的位置，于是便把座位次序和面孔联想起来，藉以分辨尸体是谁，由此他领悟出一套以形象和位置为基本元素的记忆术。在古典时代，学习记忆术的目的不是为了应付考试或当作娱乐表演，而是为了在演说时能流利无碍且一字不漏地讲出所有要点，所以记忆术就顺理成章属于修辞学的范畴了。

在以上《献给赫伦尼》的引文中，作者对记忆在修辞实践中所起的作用评价很高，称之为"主意的宝库"、"修辞所有部门的监护者"，并且认为"艺术和方法"对记忆能力的发展极为重要。记忆术由位置和形象组成，"位置"是一个我们容易记忆的地方，如房间、走廊等；"形象"则象征我们要记的事物。记忆的方法就是把"形象"摆放在"位置"之上，我们要回忆时，就在脑海中默观那坐落在既定位置的形象；如是者我们就可通过一连串的形象，把大量事物按其摆放次序回忆起来。《献给赫伦尼》中举例子说明了如何记忆事物，即记忆内容重点：假设有人因遗产问题被毒杀，事件涉及很多证人，而你是辩护律师，那么当你要记忆上述内容时，就要想象一个睡在床上的病人（即死者），身边站着被告，那被告右手拿着杯（象征毒药），左手持记事板（代表遗嘱）和公羊睾丸（"睾丸"的拉丁文为testiculus，跟"证人"testis发音相近）。如此，你就可用一个图像轻松记下一堆数据了。

思考与讨论

聊聊记忆术。请大家想想自己在背诵政治、历史等相关课程的知识点的时候是怎样记忆的，再试试用"位置－形象"的方法来记忆一下。进一步讨论一下，为什么记忆对于演说很重要，用文稿提示有什么负面效果？

进阶阅读

1. 【古希腊】亚理斯多德，罗念生译：《修辞学》，《罗念生全集》第一卷：亚理斯多德《诗学》、《修辞学》，佚名《喜剧论纲》，上海人民出版社，2004 年。

《修辞学》是亚理斯多德的重要代表作，提出了诸如演说者当尊重事实与真理，论证要言之成理，合乎逻辑等一系列有深远意义的原则，是欧洲文艺理论史上第一部系统的修辞学理论著作。推荐的译本是罗念生的译本。

2. Cicero: *Rhetorica ad Herennium, Cicero Volume I*, Harvard University Press, 1954 年.

《献给赫伦尼》似乎尚无中文译本。因为长期伪托为西塞罗所作，所以一般在西塞罗集中有收录，惟汉译西塞罗文集译文不精不建议阅读。有 Harry Caplan 于 1954 年的英译本，即引文所用，较为权威。

二、雄辩者西塞罗

西塞罗是一位著名的罗马人，也是说到雄辩者时，我们往往第一个会想到的人物。后来学者以"西塞罗体"来指称雄辩的文体，罗马帝国的开创者屋大维则称赞他是"一位富有学识的人、语言大师和爱国者"。

似乎西塞罗是一位与战国时期苏秦、张仪等《战国策》记载的纵横家相似的人物，而更优于纵横家的地方在于他有大量著作留世。

2.1 西塞罗的才华

究竟西塞罗的雄辩的风采如何？普鲁塔克在《希腊罗马名人传》中有专为他作传。

图 5.1 创作于公元 1 世纪中期的西塞罗胸像，现藏意大利罗马卡皮托利尼博物馆

图 5.2 少年西塞罗在读书，15 世纪 Vincenzo Foppa 创作壁画，现藏 Wallace Collection

等到他获得苏拉逝世的信息，这时他已经借着运动恢复健康，体质强壮，说话的音调可以收发自如，听起来响亮悦耳，配合手势和动作富于蓬勃的生气。罗马的朋友纷纷写信劝他重返政界，安蒂阿克斯同样对他促驾，于是他决心努力充实演说的本领，发挥政治的才能，不仅勤加练习还就教当时著名的雄辩家。他从雅典莱乘船前往亚细亚和罗得岛，在亚细亚的大师当中，他向亚德拉米提姆 (Adramyttium) 的色诺克利 (Xenocles)、马格尼西亚 (Magnesia) 的戴奥尼休斯 (Dionysius)、卡里亚的明尼帕斯 (Menippus) 诸人请益，他在罗得岛师事摩朗 (Molon) 之子阿波罗纽斯 (Apollonius) 学习演讲术，以及追随波赛多纽斯 (Posidonius) 研究哲学。

据说阿波罗纽斯不懂拉丁语，要求西塞罗用希腊语发表演说。西塞罗欣然照办，他以为这样可以使自己的错误得到更为明确的指点，等到他讲完以后，四座的听者大感惊讶，争相赞美，阿波罗纽斯在听他演说的时候，并没有表现出兴奋的神情，事后仍旧默然无语，像是陷入沉思之中，西塞罗对他这种态度深感不安，这时他才说道："西塞罗，我钦佩你的本领也赞美你的才华；不禁使我对希腊怀着怜悯之情，因为演说和辩才是希腊仅存的光荣，现在却经由你转移到罗马的名下了。"

前途充满希望的西塞罗，要在罗马的政坛力争上流，这时却有一道神谶使得他的锋芒受到挫折。他到德尔斐向阿波罗请示，如何才能获得最大的名望，女祭司给他的答复是：

人生的引导方针在于自己的天性而非社会的舆论。因此，他回到罗马以后，最初阶段言行极其审慎，不愿出来竞选公职，所以并未受到重视。罗马那些卑劣无知之辈，按照惯常的风气，用轻蔑的口气称他为"希腊人"或"学者"。他本来就胸怀大志，受到父亲和亲友的催促，终于全力投入法庭辩护的工作。他的业务蒸蒸日上，很快光芒四射，在律师界声誉鹊起领袖群伦。

据说，他最初也像笛摩昔尼斯一样，在演说的姿态和手势方面，存在很大的缺失，接受喜剧演员罗斯修斯和悲剧名角伊索 (Aesop) 的指点，刻意模仿戏剧的手法。据说伊索有次在舞台上扮演阿楚斯 (Atreus)，苦苦思量如何向特斯底 (Thyestes) 进行报复，情绪非常激动，心神陷入恍惚之境，这时正好有一个奴仆从台上跑过，他用权杖施以猛击，竟然将这位奴仆当场打死。后来，西塞罗演讲的姿态可以说是到达炉火纯青的地步，使他的说服能力大为加强，他时常嘲笑那些声调高昂的演说家，说他们之所以要大声喊叫，是因为他们不会讲话，正如瘫腿的人不能走路，只好骑马。人们认为他这种妙语如珠的本领，是一位辩护律师的宝贵特长，极能博得听众的好感，由于他把这种本领用得太过火，使许多人对他发生反感，让他留下尖酸刻薄的名声。

....

当时西塞罗说了很多非常巧妙的双关语，都已记录在案为世人所熟知。有一位名叫西昔留斯 (Caecillus) 的自由奴，说是按照犹太人的办法，对那些西西里人原告所说的话不予理会，只接受维里斯的证词，这时西塞罗问道："犹太人与'猪'有什么关系呢？"因为维里斯这字 verres 在罗马语中即"猪"的意思。维里斯指责西塞罗的生活颓废不知检点，西塞罗答覆道："你应该在家中用这些话去教训你的儿子。"因为维里斯有一个儿子行为卑劣名声狼藉。

演说家贺廷休斯 (Hortensius) 不敢直接负起为维里斯辩护的责任，却答应在估算罚款的问题上为他缓解，并且接受他所送一尊象牙的人面狮身像作为报酬。西塞罗用旁敲侧击的方式对他大加指责，贺廷休斯说他不善于猜谜，西塞罗却对他说道："那你家里为什么要摆一尊人面狮身像！"

....

有时他为了使自己的演说更加精彩，就会忽略礼仪和地位，从这种情形来看，可以知道他是如何喜欢争取别人的赞誉。例如，穆纳久斯(Munatius)经由他的辩护，获得无罪的宣判，立即前去控诉自己的朋友萨比努斯，西塞罗在盛怒之下指责穆纳久斯道："你以为你所以判决无罪，是凭着自己的本事？穆纳久斯，你知不知道，是我把整个案情弄得混淆不清，才让法庭无从查明你的罪行？"

有一次，他在讲坛上面赞扬马可斯·克拉苏，受到众人热烈的喝彩，几天之后，又对这个人公开责骂，于是克拉苏质问他说道："两天以前，你不就在这个地方公开赞许我吗？"西塞罗回答道："没错，我不过是用一个讨厌的题目来练习我的辩才罢了。"

谈到西塞罗，可以说是一位受过高深教育的学者，敦品苦读的结果成为多个学科都极有造诣的哲人，留下为数甚巨按照学院派原则撰写的哲学论文，甚至就是在有关政治或法律的讲话，可以得知他时常不忘显示自己的学识渊博。

（【古希腊】普鲁塔克著，席代岳译：《希腊罗马名人传》，吉林出版集团有限责任公司，2009年，第1543–1546，1560–1561，1582页。）

从以上引文中，我们能看到西塞罗是如何在希腊修习他的修辞术的，这一点也能指引我们看清楚罗马以希腊为师的事实。

但也不可忽略，普鲁塔克本人就是一位擅长修辞的作家，而且是一位希腊人。因此，他虽然也酸溜溜地记载了"演说和辩才是希腊仅存的光荣，现在却经由你转移到罗马的名下了"，这样盛赞西塞罗的话，但也努力记载了他所能搜集到的所有关于西塞罗刻薄粗鄙的事例。即使久负"捍卫共和国的英雄"、"祖国之父"这样的盛誉，普鲁塔克仍然批评他"演讲时毫无尺度的自吹自擂，表现出对名利的强烈欲望已经到了无法控制的地步，还大声疾呼今后武器要服从长袍，征战的桂冠要让位于辩才"。

2.2 雄辩更胜千军万马

西塞罗凭什么认为自己的辩才更胜于军事行动？因为，他凭借四次演说，挫败了想要变共和为独裁的"喀提林阴谋"。

反喀提林第一演说（西塞罗）
（在元老院发表）

（1）喀提林，到底你还要把我们的耐性滥用到什么时候？你的丧心病狂的行为还要把我们玩弄到多久？你的肆无忌惮的作风将要嚣张到什么程度？帕拉提乌姆夜间的守卫根本不在你眼里；到处都有的巡逻根本不在你眼里；人民的惊恐根本不在你眼里；所有正直的人的结合根本不在你眼里；元老院在这一防守坚强的地点开会根本不在你眼里；难道所有在场的人脸上的表情也根本不在你眼里？你不知道你的计划已经暴露？你没有看到，由于在场各位元老都已知道了这件事，而你的阴谋已紧紧地被制服住？你以为在我们当中还有谁不知道昨天夜里你干了什么，前天夜里你干了什么，你在什么地方，你集合了哪些人，你制订了什么计划？这是什么时代！什么风尚！这些事元老院都知道，执政官也看到了。可是这个人还活着。我不是说过吗，还活着！而且，更有甚者，他还来到元老院参加国家大事的讨论，用目光挑选和标定我们当中每一个将来要遭到杀害的对象。但是，我们这些勇敢的人如果能够避免遭受这个人的愤怒屠杀，那看来我们确实就完成了对共和国应尽的义务。喀提林，你早就应该根据执政官的命令被处死了。很久以来你一直阴谋加到我们所有人身上的灭身之祸，正应该落到你本人的头上。那位杰出的人物、最高司祭普布利乌斯·斯奇比奥，尽管他只是一介公民却杀死了只是稍稍动摇了共和国基础的提贝里乌斯·格拉古，而我们身为执政官的人能容忍喀提林一心想用杀人放火的行径把整个世界毁掉吗？盖乌斯·赛尔维利乌斯·阿哈拉曾亲手杀死那想搞变革的司普里乌斯·梅利乌斯，但这些前例年代过于久远，我不想再提它们了。过去在我们国家有过，确实有过这样的勇敢行为，这就是勇敢的人们惩办背叛祖国的公民较之对于不共戴天的敌人更加严厉。喀提林，我们手里有元老院的一项强有力的和严厉的命令来对付你。共和国并不缺少这些元老的同意和支持。但是，让我老实告诉你，缺少的是我们这些执政官！

…………

(11) 现在，元老们，我可以恳请我的祖国不再提出几乎是正当的抱怨了，请你们注意听我将要讲的话并且把它深深地记在心上。要知道，如果对我来说比我的生命还要珍贵的我的祖国，如果整个意大利，如果整个共和国对我这样说："玛尔库斯·图利乌斯，你在干什么？正如你已经发现的，这个人是国家的一个敌人；正如你看到的，他将要带头发动一场战争；正如你知道的，在敌人的营地里人们正在等待他把统帅的职务担当起来；他是罪魁祸首，是阴谋的头目，是他把奴隶和罪犯集合到一起——这样一个人你却把他放走，而且放走的方式使人觉得他好像不是被你逐出罗马，而是有意放纵他来攻打罗马的！为什

图 5.3 西塞罗在元老院发表反喀提林演说，19 世纪壁画，Cesare Maccari 创作

么你不下命令给他戴上镣铐，把他拖去处死，给他以最严厉的惩处？请问是什么使你不这样做？是我们祖先的惯例么？但是在罗马这里，往往甚至普通公民都曾经处死过危害国家的人啊。是人们制定的有关处罚罗马公民的法律么？但是在罗马这里，背叛了国家的人是决不会享有公民权的。或者是你害怕后世的人们对你的憎恨？如果由于你害怕人们对你的厌恶或其他不管是什么危险而你却忽视了你的公民同胞的安全，这倒是你对罗马人民的一个很好的回报！要知道，正是罗马人民把你这样一个只凭借本身的事业，而不是你的祖先的功勋的人，这样早地通过一级一级的官职而提升到最高的地位！但是，如果对于人们的厌恶有任何恐惧的话，那么刚正与严厉引起的厌恶决不比懒散与怯懦引起的厌恶更加可怕。也许当意大利将要受到战争的蹂躏，当各个城市将要受到掠夺，当房屋将要被烧掉的时候，你才不认为自己将会被厌恶的大火烧掉？"

(12) 对于共和国以及对于抱有同样想法的人们的极为郑重的意见，我要简单地作如下的答复：元老们，如果我认为把喀提林处死是最上策的话，那么我本人是不会叫这个剑奴多活一个钟头的！因为如果我们最崇高的人和最著名的公民并没有因为使撒图尔尼努斯、格拉古兄弟和弗拉库斯以及古时许多人流血而受到玷污却反而受到尊敬的话，那我肯定是不会担心由于处死这个谋害公民的人而后来会有任何厌恶的情绪加到我的身上的。而且，如果我的确受到厌恶情绪的严重威胁，则我仍然始终不渝地相信，通过正义行动而招致的厌恶是一种光荣，而不是厌恶。可是，在元老院这里却有一些人，或者是看不到正在威胁着我们的灾难，或者是装作看不到这些灾难。他们提出的温和措施助长了喀提林的希望，他们由于不相信阴谋的存在，从而加强了势力日益扩大的阴谋。在他们的影响下，许多无知的人和坏人都会说，如果我惩办了喀提林，我的行为就是残酷和专横的。现在我知道，如果他到现在他正打算去的曼利乌斯的营地去，任何人也不会愚蠢到看不出这是一项已经安排好的阴谋，任何人也不会堕落到否认这一阴谋。但是，如果只处决了这一个人，我知道国家的这场病可以暂时地得到抑制，但是并不能完全消除。但是如果他自己离开，如果他把他的一群朋友带走并且把现在从四面八方收罗来的其他败类都集合在同一个地方，则不仅是在国内蔓延的这一疾病，甚至一切邪恶事物的根源和种子也将会被根除和摧毁了。

(13) 元老们，很久以来我们便在阴谋的这些危险和陷阱中间生活和活动。但是所有这些罪行和这种由来已久的愤怒和无法无天、胆大妄为的状况却在我担任执政官的时期里以一种有点不寻常的方式爆发出来。如果在这一大群强盗当中，只除掉这一个人，看来也许我们只在一个短时期里能以摆脱忧虑和恐惧。但是危险依然存在着并且它将深藏在国家的血脉和脏腑之中。正有如得了重病并且给高烧搞得坐卧不宁的人往往在喝了冷水之后，开始似乎减轻一些，但随后这病却反而比先前要沉重、厉害得多，共和国的病也是这样。通过惩办这个人，它的病虽然可以缓解，但是只要其余的人还活着，这病是会变得更加沉重的。因此让这个邪恶的人走开吧。让他们自己和好人分开，让他们集合在一个地方吧。而最后，就像我常说的那样，让一道城墙把他们和我们隔开吧。让他们不要再在执政官自己的家里

图 5.4 罗马元老院遗址

伺伏执政官，不要再站在市行政长官的法庭的四周，不要再手持刀剑围攻元老院，不要再准备火箭和火把来烧掉城市吧。最后，让每个公民把自己对共和国的看法都明明白白地写在前额上吧。元老们，我向你们保证，我们身为执政官的将会如此尽心竭力，你们有如此高的威信，罗马骑士有如此大的勇气。而所有爱国的人们又如此和谐地团结起来，这一切均足以使得喀提林在离开之后，你们将会看到一切真相大白，揭露于光天化日之下，它们将会受到镇压和惩处。

既然有了这些朕兆，那么，喀提林，去发动你的一场邪恶不义的战争吧，这样做你就会给共和国带来最大的利益，给你自己带来杀身灭顶之祸，并且给依附于你而无恶不作的那些人带来彻底的毁灭。朱庇特啊，你这座神殿是罗慕路斯在取得和罗马建城时相同的朕兆时建立起来的，我们完全正当地把你称为城市和国家的保卫者，你将会把这个人和他的同谋者驱离你的神殿和其他神殿，驱离这个城市的住宅和城壁，使他们不能危害全体公民的生命财产，而对于这些同正直的人为敌的人，国家的这些敌人，打劫意大利的人，这些由于共同为非作歹而可恶地勾结在一起的人，你将要用永恒的惩罚来惩处这些活着和已经死去的人。

（【古罗马】撒路斯提乌斯著，王以铸、崔妙因译：《喀提林阴谋·朱古达战争（附西塞罗：反喀提林演说四篇）》，商务印书馆，1996年，第156—158,169—172页。）

虽然读过《战国策》之后，再看西塞罗的这种演说，我们也不会觉得他有多少过人之处。然而，修辞是为了说服，所以亦不可抛弃演说所处的背景。结合罗马共和国的政治背景来看西塞罗的演说稿，当可想象西塞罗直面政敌、先声夺人的气势。

"喀提林，你到底还要把我们的耐性滥用到什么时候？"

喀提林是谁？我们又是谁？

喀提林是破落贵族，但是交友广泛，背后或许还有罗马首富克拉苏的支持，因此想要竞选执政官，并提出免除破产者债务的主张赢得大量平民的支持。与此同时，家世不如喀提林的西塞罗（西塞罗出身骑士阶层）则是喀提林的竞争对手。罗马元老院中的保守派虽然对两人都不甚满意，但还是觉得西塞罗政治主张比较保守，比动辄易引起内战的喀提林要可靠。喀提林竞选失败之后想要聚拢支持者搞暴动夺权，于是西塞罗前后发表4篇演说。其中第一篇是当着元老院的面与喀提林对峙，之后有对民众的也有对元老院的，但是喀提林逃出罗马不在场了。

喀提林是不是要发动一场阴谋？西塞罗是否出于对共和之爱而反对喀提林？这些问题我们都不宜人云亦云地下结论

课外活动

"喀提林阴谋"几乎关涉到当时罗马的所有政治人物，大家能否假想为罗马人，分组进行辩论。要求要包含不同的立场，支持西塞罗或支持喀提林，甚至选择一个其他的立场都可。要试写一篇简短的讲稿，作为辩护词的一部分。试试看，与对手互换身份再来一轮演说。

进阶阅读

1.【古罗马】撒路斯提乌斯著，王以铸、崔妙因译：《喀提林阴谋·朱古达战争（附西塞罗：反喀提林演说四篇）》，商务印书馆，1996年。

撒路斯提乌斯是西塞罗同时代人，在政治上属恺撒一派，晚年潜心撰史。据他自己说，"（喀提林阴谋）是特别值得追忆的一个事件，因为那罪行和由此而产生的危险都具有非同寻常的性质"。撒路斯提乌斯既是同时代人，又得以接触大量档案资料，较为客观地反映了整个事件的前因后果以及当时的罗马政治背景。商务印书馆的《喀提林阴谋》后附西塞罗的完整的四篇演说稿，按照译者的说法"只有和《喀提林阴谋》对读才能收到相得益彰之效"。

2.【奥】斯蒂芬·茨威格著，舒昌善译：《人类群星闪耀时》，生活·读书·新知三联书店，2009年。

关于西塞罗的传记，有普鲁塔克的《希腊罗马名人传》，可惜目前的译文不精，而商务印书馆之《希腊罗马名人传（上）》中又没有这篇。此刻，推荐斯蒂芬·茨威格的《人类群星闪耀时》，并非因为其写西塞罗有多么客观，而恰恰在于茨威格灌输了其本人的有关文人对抗强权的主旨。茨威格的《西塞罗传》，写的是西塞罗的最后4年，行文中饱含了对"共和国的捍卫者"的敬仰。

值得注意的是，此篇仅见于最新出版共14篇传记的汉译本《人类群星闪耀时》中，更早出版的12篇传记的版本中并不见《西塞罗传》。无论如何，斯蒂芬·茨威格本人即是一位爱好文学、擅长修辞的作家，《人类群星闪耀时》中的每一篇故事，都未尽符合史实，但无一不趣味高雅，读之将有益于高中阶段的写作训练。

三、修辞学家的修养

西塞罗是伟大还是自私？是骄傲还是重视荣誉？是更热爱真理还是仅仅好斗？这些争议在他的功绩面前都不重要了。西塞罗的功绩不在于击败喀提林捍卫共和，当然更不在于在恺撒死后为共和殉难（事实上，也有传记作家如普鲁塔克认为西塞罗之死缘于他嘴太毒、与马克·安东尼结下了私怨），而在于其关于修辞学的著述。

西塞罗关于修辞学的著述中奠定了堪称影响至西方近代的修辞学理论。随之，"怎样才能有效说服别人"这一古老的问题，不再成为问题了。于是，一系列新的基本问题出现了，包括修辞的社会功用、修辞的论理规范、不同修辞传统之间以及修辞与其他学问的关系、修辞家应有的素养以及理想的修辞家应具有的特征、修辞教育和修辞家的培养等。

新的问题与修辞的技巧与说服的策略之间的关系越来越不直接了，但是却将修辞真正发展成了一门学问。

修辞学的新范式的确立以西塞罗的《论演说家》和昆体良《雄辩术原理》两大修辞理论作品为代表。

3.1 演说家能说任何事

西塞罗在《论演说家》中，不仅表达了其"演说家能说任何事"的观点，亦详细解释了修辞学家必备的修养。

演说家的必备条件

五

确实的，当人们看到有如此众多的人进行研究，有如此众多的导师，如此非凡的秉赋，有如此繁多的案例和为演说术提供的如此巨大的奖赏，谁还会认为缺乏出色的演说家不是这一科目本身令人难以置信的广度和难度造成的，而是由于其他什么原因呢？要知道，这里需要拥有对众多科学的广博知识，若没有那些知识，文词便会成为无聊而可笑的空谈；演说辞本身的形成不仅需要选择词语，而且还要对它们进行结构，需要深入研究事物本性赋予人类的各种心灵活动，因为演说的全部威

图 5.5 西塞罗 60 岁时的胸像

图 5.6 西塞罗之死,法国 15 世纪抄本

　　力和作用就在于或者平和,或者激动听众的心灵。为此还应该补充幽默、诙谐、与自由人身份相称的教养、回答和攻击时应具有的优美而高雅的敏捷和简洁。此外,还应该知道整个古代的历史和各个实例的意义,也不可轻视对法律和市民法的理解。难道我还需要详细说明演讲本身,它要求对于身体的动作、双手的姿势、面部的表情、发声及其变化给予注意?这些方面本身各自多么重要,演员们的平庸演技和舞台表演清楚地说明了这一点;尽管所有的演员在舞台上也极力控制面部表情、声音和动作,但是有谁不知道,能使我们满意地观赏表演的演员现在和过去是多么少?我还需要谈一切事物的宝库——记忆吗?我们知道,如果没有它守卫我们觅得和构想的事物和词语,那么甚至所有那些对于演说家来说是最美好的东西也会荡然消失。因此,让我们不要再对为什么善于演说的人如此之少感到困惑吧,既然演说术是由那许多科目综合组成的,从事其中的任何一种便已经非常困难;我们最好还是努力让我们的孩子们和其他的其荣誉和尊严令我们敬佩的人们心中理解这一科目的巨大困难,并且明白不是靠现在人们使用的这些规则、教诲或训练,而要靠一些其他的方法才能使他们达到所追求的目标。

在我看来，任何人都不可能成为在各个方面都备受称赞的演说家，如若他不对所有重要的科学和技艺进行研究。演说辞的华美和丰富应该以对事物的认识为基础；如果演说辞不含有演说家深刻领悟和掌握的知识，那么词语必定是空泛的，甚至是孩童式的。特别是对我们的演说家，因为他们承担着如此繁重的城邦生活义务，我并不想对他们提出如此沉重的要求，认为他们应该掌握所有的知识，尽管"演说家"这一概念和从事演说这一职业本身显然已经承认和允诺，演说者要做到对任何事情都要能富有文采、富有内容地讲演。

由于我认为，这样的要求对于大部分人来说显然是过分的，无穷尽的，并且看到，甚至不仅富有才能和学识，而且多闲暇、好研究学问的希腊人都把技艺分成若干方面，不要求人们单独地从事整个科学，而是从各种演说形式中把用于审判和议商时进行公众辩论的那一部分划分出来，只把这一种类型交给演说家，因此我在这几卷书里的论述将只限于经过深入研究和讨论，学者们差不多意见一致地划归于演说术的那一部分的问题，并且我也不想从我们古往的、儿童时代的学说开始，一一列举规则，而是叙述我从前在聆听我们的那些非常富有演说才能和享有巨大威望的人们讨论时理解的东西。我并非想以此来贬低希腊演说术教师和学者们遗下来的教诲，而是因为那些教诲现在已是众所周知，随手可得的，并且它们也不可能由于我的叙述而被阐释得更完美，更明晰，因此请允许我，亲爱的兄弟，正像我认为的那样，把被国人们赋予最高演说荣誉的人们的威望置于希腊人之上。

修辞学基础

三十一

克拉苏斯说道："其实我想，苏尔皮基乌斯，当你听讲的时候，我说的东西不会像你期望我讲述的那样令你惊异，你那样热切地期望我讲说是没有根据的。要知道，我不会讲出任何思想深邃的东西，任何值得你们期望的东西，任何你们或其他人闻所未闻的新东西。首先，我完全承认，作为与自由人出生和受过自由人教育的人相称的科目，我学习过所有的人都应该学习的共同的陈腐规则：第一，演说家的职责在于使演讲能说服人；第二，所有的演说家演讲的问题或是关于不确定的事件，无确指的人物和时间，或是关于确定的事件，包括确指的人物和时间。在这两种情况下不管是由于什么原因发生了争论，通常都会探询：事情发生过没有？或者如果发生过，那么事情是怎样的，或者甚至适用于什么名称，或者有些人还要探询：发生的事情看来是否合法。争论也产生于对书面文件的解释，这里可能或是文字含糊不清，或是存在矛盾，或是文字与思想不合；针对上述每一种情况都确定了专门的证明方式。至于说到那些与一般问题无关的事由，它们有的属于法庭裁判，有的属于政治议商，甚至还有第三种类型，用来赞颂或抨击个人。存在一定的论证方法，我们可以把它们用于法庭裁判，法庭裁判追求的是公平。另有一些方法用于政治议商，这里一切归结于我们为之提供规劝的人们的利益。同样，还有一些方法用于赞颂，这里一切都归结于对人物的称赞。演说家应该把自己的全部能力和才干用来完成下述五项任务：首先他应该为演说收集材料；其次他不仅需要对收集到的材料进行安排，而且还需要对它们进行衡量和判断；第三是得用词语对它们进行修饰和美化；第四是记忆；最后是庄重而悦人地演讲。此外，我还明白和理解了，在阐述事情本身之前，首先应该使听众心里对你产生好感，然后陈述事件，在这之后设立争论点，接着论证我们倾向的观点，继而批驳反对意见，最后发挥和称赞有利于我们的观点，动摇和削弱有利于对手的观点。

三十二

"我还听说过与润色演说辞有关的一些规则。其中谈到：首先我们说话要用纯洁而正规的拉丁语；第二要明晰、清楚；第三要优美；第四要做到与事件的重要性相称，亦即合适，我并且知道了上述每一点的规则。我也看到甚至在那些与自然关系最密切的方面对技艺的利用。要知道，我也曾听过关于发音和记忆规则的讲演，尽管那些规则很浅显，但是对于实践很重要。那些修辞学家们的学说差不多就体现在这些方面，我若是说那些学说毫无帮助，那是在说谎。事实上，其中包含一些对演说家可称之为劝导的东西，值得演说家记住，引为注意，尽可能避免偏离自己的任务。我认为这些规则的意义在于：不是演说家因遵循这些规则而获得演说荣誉，而是这些规则是演说家们对自己在演说过程中按自己的想法运用的手法进行观察、整理的结果。因此，不是演说能力来源于演说术，而是演说术产生于演说能力；不过正如我在前面说过的，我并不完全否认演说术。要知道，即使它对于完美地演说并非是必不可少的，然而对于普遍了解却并非是不合适的，甚至你们也应该进行一定的练习——尽管你们早就开始从事这项事业，——但是对于那些开始从事这项事业的人，对于他们现在就如同进行娱乐那样，通过练习预先学习和准备他们需要在广场上进行的那些如同真正的战斗的诉讼活动。"

苏尔皮基乌斯说道："我们很想知道这些练习。当然我们也想听你谈科学本身，因为你刚才有关它的谈话很简单，尽管我们自己也并非没有听讲过。不过关于它可以以后再谈，现在我们希望知道你有关练习的看法。"

（【古罗马】西塞罗著，王焕生译：《论演说家》，中国政法大学出版社，2003年，第13—17页，93页，99页。）

西塞罗在《论演说家》里强调修辞是一门自成一类、极其独特的领域，"言说艺术整个地开放敞亮、一目了然，关注普通的日常事务、习俗和人类语言"，修辞将深刻蕴藏在浅显之下，透过平淡展露神奇。他认为修辞应该是雄辩与智慧的统一，是至高无上的美德。在修辞学家的教育上，西塞罗主张只有认识到修辞无所不在，并以这一认识作为教学的基本出发点，努力从人类社会活动所用方面汲取力量才是修辞教育的正道。

3.2 雄辩是一种美德

继西塞罗之后，昆体良甚至强调"雄辩是一种美德"。昆体良博采众长，将其同时代及之前时代的理论家对一些相同问题的不同立场并列比较，在此基础上揭示了西方古典修辞的多元性和争议性，是一部独一无二的修辞学理论集大成的著作。全书 12 卷，规模体例和论述的系统全面前无古人后无来者，使作者昆体良在西方修辞传统中的影响力至 19 世纪都一直仅次于西塞罗。

1. 至于说到雄辩的题材，有人曾说是演说词 (speech)，这是以柏拉图著作中的戈尔吉亚斯 (Gorgias in Plato) 为代表的人所持的见解。如果演说词这个名称所指的是就任何一个主题构成的谈话，那末它不是题材，而是作品；如同塑像是雕塑师的作品一样，因为演说词也和塑像一样是人工的产物。如果我们把演说词这个名称仅仅理解为字句，那末，没有事实字句是没有作用的。

2. 有的人说雄辩的题材是说理性的争辩，它的确是雄辩的一部分任务，是人工的产物，但也需要有题材它们才能构成。另一些人说雄辩的题材是有关民政的问题 (questions of civil administration)，这种见解是错误的，这不是就它本身的性质而言，而是就它所具有的局限性而言，因为此种问题是雄辩的论题，但不是唯一的论题。

3. 因为雄辩是一种美德，有人就说它的论题是整个人类生活 (the whole of human life)。因为没有哪一部分人类生活是受各种美德影响的，多数美德只关系到生活的某些特定方面 (如正义、刚毅，中庸都被认为是范围在各自的任务和限度之内)，另一些人说雄辩要限制在一个特定部分

图 5.7 昆体良出生地今西班牙的 Calahorra 的昆体良像

古罗马通识六讲 | 156

之内，把伦理学的实用部分，或伦理学的与
处理公民生活有关的部分分派给它。

4．至于我自己，我认为雄辩的题材乃是
一个雄辩家所遇到的需要讨论的一切事情，
有些权威人士是支持我这种见解的。因为在
柏拉图的著作中苏格拉底似乎对戈尔吉亚斯
说雄辩的题材不在于言词，而在于事物。在
斐多篇 (Phaedrus) 中他率直地明言，不仅在诉
讼程序和政治性议事中，而且在私事和家事
中，雄辩都有其用武之地。所以，它说明了
这是柏拉图本人的见解。

5．西塞罗也在他的著作的一个地方把凡
属雄辩所讨论的事件都称之为雄辩的题材，
但他认为只有特定的事件是属于雄辩所讨论
的范围。而在另一处他的意见是一个雄辩家
应能就一切主题发表演说，他用下面的话阐

图 5.8 昆体良在传授修辞术，1720 年版《雄辩术原理》封面

明自己的见地："然而雄辩家的艺能，他的长于演说的专业本身似乎就要求承诺并保证，
不论向他提出什么问题，他都能作风雅而华丽的演说。"

6．在第三处，他说："不管人类生活中出现了什么事情（因为，一个雄辩家所应密
切关注的正是他不得不加以考虑的人类生活），一个雄辩家都应该加以考察、倾听、研究、
讨论、把握并加以处置。"

…………

12．有些人认为谈论什么是善良、有用和公正，这是哲学的任务，这种反对意见与我
的主张并不冲突；因为他们所说的哲学家，意思是指善良的人，那末，我认为同样是善良
的人的雄辩家如果也谈论上述论题，我为什么要感到惊异呢？

13．特别是我在前一卷中已经指出，因为雄辩家放弃了过去长期属于雄辩术的这块地盘，
它被哲学家占去了，以致哲学家们有点越俎代庖。因为讨论所面临的问题也是逻辑学的任务，
而逻辑学是不相连续的雄辩术，为什么有连续性的雄辩术不可以讨论同样的问题呢？

14．常常有人说，如果一个雄辩家能就一切题目发表演说，他就必须在一切艺术上都
是高明的。我可以用西塞罗的话来回答这种观点，我们在他的作品中可以读到："在我看
来，任何人也不可能成为完美无缺的雄辩家，除非他洞悉每一门重要的学科和一切高等文
艺。"但是我却认为，一个雄辩家只能谙悉他所要演说的主题就已足够了。

15．他没有一切案情的知识，却必须能够就一切案情发展演说。那末，他就什么案件
演说呢？就那些他曾学习过的。对于艺术与科学也同样如此；他不得不发表演说的那些东

西他就抓紧机会学习，他学过的东西，他就能演说的。

⋯⋯⋯⋯⋯⋯

18. 在致颂词或议事性的演说或诉论辩论中，难道这一类问题永远不会提到吗？当是否应在奥西亚城（Ostia）建筑港口这个问题必须加以议论时，难道不要雄辩家就这一问题发表意见吗？而这里所需要的乃是建筑师的专业知识。

19. 雄辩家难道不会碰到像人体上出现斑点和肿瘤是有病的征兆还是中毒的征兆这种问题吗？而这些问题不是属于医学专业吗？雄辩家是否永远也不说到长宽高和数字？而我们可以说这一类事情是属于数学家的；至于我自己，我相信不论什么问题只要有机会进入雄辩家的职责范围。如果事情没有落到他的职责范围之内，他就不必去关心它。

20. 这样说来，我所说的雄辩的题材乃是雄辩术应予注意加以讨论的一切事情。这种说法不是不恰当的，这种见解甚至从日常谈话中也可以得到证明，因为我只要我们有任何问题需要谈论，我们往往在序言中说明这件事是不得不谈论的。

21. 戈尔吉亚斯的意见竟至认为雄辩家应该谈论一切事情，他甚至允许他的讲堂中的人们就任何人想问他的任何问题向他发问。赫马戈拉斯（Hermagoras）也说，"雄辩家的任务以案件和与案件有关的问题为转移。"他把它理解为可能提出讨论的每一个题目。

22. 如果他确实认定这些问题不属于雄辩的范围，他的意见与我是不同的；但如果它们真的属于雄辩的范围，我就得到了他的权威的支持，因为不能构成案件的一部分或与案件有关的问题的一部分的那种题目是不存在的。

23. 亚里斯多德也把雄辩分为三类：司法上的（judicial）、议事性的（deliberative）和论证性的（demonstrative），他几乎把每种事情都看作雄辩家的事，因为没有什么题目不可以归入这三类中的一类。

24. 也有人提出过关于雄辩术的工具问题，虽然提这个问题的人很少，我把工具叫做没有它材料就不能做成器并使我们想要达到的目的易于达到的东西。但是我认为，需要工具的不是艺术，而是手艺匠。专业知识不需有任何器具，因为虽然它不制作任何东西，它仍能达到完善之境，而手艺匠则必须有器具，如雕刻匠必须有刻具，绘画师必须有画笔。所以，我将把这个问题的讨论留待到本书讨论雄辩家的那一部分去进行。

（【古罗马】昆体良著，任钟印译：《〈雄辩术原理〉选》，华中师范学院教育系，1982年。）

昆体良认为"一切表达某一目的的言说都还应该包括主题和言辞这两个部分"，"重要的不仅是说什么和怎么说，还有在什么情况下说"。对此，西塞罗曾简略提到过一条原则"没有一种固定的风格适用于所有事例、所有听众、所有场合和所有演说者"，而昆体良则把这一原则极大地发挥了。

另一方面，如果说西塞罗强调了修辞与智慧的统一，那么昆体良强调的则是修辞与道德的统一。

思考与讨论

雄辩是不是一种美德？你如何理解？比较一下战国的纵横家与西方古典时代的修辞家（雄辩家）。

进阶阅读

1. 【古罗马】西塞罗著，王焕生译：《论演说家》，中国政法大学出版社，2003年。

在西塞罗的时代，针对修辞学的教材大多枯燥无味且过于抽象，西塞罗自己的《论发明》也属此列，因此，他晚年写了《论演说家》，以修辞学为基础，强调实践经验，西塞罗在书中认为演说家基本素质的培养应优先于对枯燥的修辞术的掌握，其中名言即"演说能力不来源于演说术，而是演说术产生于演说能力"。文体上，西塞罗采用对话体，对话者都实有其人，其内容则是西塞罗创作的，拟柏拉图的对话体著作。西塞罗的《论演说家》有王焕生的译本。

2. 【古罗马】昆体良著，任钟印译：《〈雄辩术原理〉选》，华中师范学院教育系，1982年。

昆体良是古罗马帝国时期的雄辩家、教育家。其《雄辩术原理》全书共12卷，主要探讨有关雄辩术的各种理论问题。

《雄辩术原理》把培养善良而精于雄辩术的人（即雄辩家）作为教育所要达到的基本目的。认为一个雄辩家既要擅长雄辩，通晓各种有价值的知识，具有较高的才能，同时也应具有崇高的思想、高尚的情操，成为一个善良的人。对于雄辩家来说，才能与德行是相互联系，缺一不可的。在一定意义上，德行比才能更为重要。

汉译有1982年出版的任钟印翻译的《〈雄辩术原理〉选》，包括第一卷、第二卷和第十二卷中有关教育思想的部分。上述各卷系统总结了作者一生丰富的教育实践经验，针对罗马教育当时存在的各种弊端，较为全面地提出了雄辩家教育的基本原则和设想，尤为详尽地阐明了有关教学的理论。

此书于西罗马帝国灭亡后失传，1418年被意大利学者重新发现。汉译本有附录关于《雄辩术原理》在圣高卢被发现的经过。

另有任钟印的《昆体良教育论著选》，其中除了收录雄辩术原理的第一卷、第二卷、第三卷和第十二卷外，还收录了《昆体良致友人书》、西塞罗《论雄辩家》（选译）、塔西佗《关于雄辩术的对话》，以及普鲁塔克的《论儿童教育》（节译）等，比1982年的老书更容易获得。

第六讲 雕塑艺术：从古罗马说起

导言

今天倘使你去罗马旅游，你会看到应接不暇的雕塑艺术，它们有的如建筑般硕大，有的又如昆虫般细小，有的有着石材的粗粝感，有的闪耀着金属的光泽，它们散落在博物馆里，在遗址前，在广场上，在城市的各个角落。

关于罗马城中雕塑之多，19 世纪的法国文艺理论家丹纳曾这样写道："后来罗马清理希腊遗物，广大的罗马城中雕像的数目竟和居民的数目差不多。即便是今日，经过多少世纪的毁坏，罗马城内城外出土的雕像，估计总数还在六万以上。雕塑如此发达，花开得如此茂盛，如此完美，长发如此自然，时间如此长久，种类如此繁多，历史上从来不曾有第二回。"事实上，今天当我们谈论雕塑时，一切的一切都来源于古罗马人，即便是我们所见的古希腊雕塑，百分之九十九的情形下，也是古罗马作品的复刻，是经过古罗马人之眼、之手的古希腊雕塑；更不消说，文艺复兴时期和后来的新古典主义时期的雕塑，因以古罗马为准则，再次成就了人类艺术史上的高峰。

雕塑是什么，人们为什么要做雕塑？从古希腊古罗马时期，到中世纪和文艺复兴，再到新古典主义直至现当代，西方雕塑艺术有哪些代表作，它们如何反映着艺术理念和形式的历史变化？从雕刻、塑造，到翻模、放大，再到 3D 打印，技术的变化为艺术本身和人的思维带来了怎样的推动和挑战？未来的雕塑会以怎样的形式存在？这是本课程所要探讨的四个问题。

一、为什么要雕塑，以及图像的力量

雕塑是什么？请环顾四周，想一想在你的生活环境中，有哪些东西属于雕塑？人民英雄纪念碑、大院门口的石狮子、书桌上水仙花形状的镇纸、麦当劳里的麦当劳叔叔雕像……你或许会有很多联想。

这里我们引用一段美术学院教科书的定义：

> 雕塑是三维空间的立体造型艺术，空间点的位置由三个坐标决定，具有长、宽、高三种度量。雕塑重在记录和表现对象的瞬间情态，其艺术语言具有集中、概括、洗练的特点，形式上强调空间感、体量感和块面结构，给人以形象鲜明、主题突出的深刻印象。传统雕塑主要以石、玉、泥、铜、金、银、木、骨牙等物质材料为媒介，运用雕、刻、塑、铸等手法制作。

这段定义很长也有些专业，你只需要记得其中的关键词句即可。简单来说，雕塑是在三维空间中的一种立体艺术，这种艺术表现和记录的是对象瞬间的情态。记住这两个要点，你就能对什么是雕塑做出基本的判断了。

雕塑是人类最早的艺术实践之一，那么人为什么要制作雕塑呢？在探讨这个问题之前，不妨让我们先来看一则和雕塑相关的故事。

220-297：皮格马利翁的故事

假如你问起矿产丰富的阿玛托斯，假如你问她是否还以她的普洛普洛提得斯为骄傲，她一定会咒骂她们，同时也咒骂那些头生双角，因而名叫克拉斯泰的人们。在他们的门前，在过去，常设有祭朱庇特的神坛。朱庇特是好客的神，凡有外路人看见神坛上挂满了血，还以为是阿玛托斯的居民宰了乳牛或两岁的绵羊放在那上面祭神呢，哪晓得其中的罪恶勾当。神坛上的血乃是被屠杀的客人的血。好生恶死的维纳斯见了这种渎犯神明的祭法，心中大怒，准备放弃她在塞浦路斯的城池和原野，但是她说道："这些美好的山河和城市犯了什么过错呢？它们有什么不是呢？我不如把这些不敬神明人处死或流放，或者给他们一种介乎死亡和流放之间的刑罚。这岂不就等于说把他们的形状改变么？"她正在犹豫把他们变成什么样的形状，忽然看见他们头上的双角，她心想这一对犄角倒可以保留，因此她就只把他们的身体变成凶恶的雄牛。

但是那些不敬神明的普洛普洛提得斯竟敢否认爱神维纳斯为神。因此女神大怒，据说从此她们就成为出卖肉体和名誉的始创者了。她们既然丧失了羞耻之心，脸上的血也硬化了，因此只须稍变，就成顽石了。

塞浦路斯人皮格马利翁看到这些女子过着无耻的生活，看到女子的生性中竟有这许多缺陷，因而感到厌恶，不要妻室，长期独身而居。但同时他运用绝技，用一块雪白的象牙，刻成了一座雕像，姿容绝世，绝非肉体凡胎的女子可以媲美。他一下就爱上了自己的创造物。雕像的面部就像是真正的少女的脸面，你一见就会当作是有生命的，你会觉得如果不是怕羞，她还很想人去抚弄她呢。艺术之高，使人看不出是人工的创造。皮格马利翁赞赏不已，心里充满了对这假人的热爱。他时常举手去抚摸它，看它究竟是血肉做的还是象牙雕的。他简直不承认这是象牙雕的。他吻它，而且觉得对方有反应。他对它说话，握住它的手臂，只觉自己的手指陷进它的手臂，于是他又怕捏得太重，不要捏出伤痕来吧。他向它说了许多温存话，有时送给它许多姑娘们喜爱的礼物，例如贝壳、光滑的卵石、小鸟、五颜六色的花朵、百合花、彩色球，以及树上滴下的、眼泪似的琥珀。他替它穿起衣服，给它戴上宝石指环，项上挂了一长串项圈，耳朵上戴上珍珠耳环，胸前佩上项链。这些都很美，但是不假装束的雕像本身的美也不亚于这些。他在床上铺好紫红色的褥子，把它睡在上面，称它为同床共枕之人，把一个软绵绵的鸟绒枕放在它头下，好像它有感觉似的。

这一天正是爱神维纳斯的节日，全塞浦路斯岛都集会庆祝。一只只的小母牛，角上挂着金彩，牵到神坛前，雪白的颈上吃了一刀，神坛上是香烟缭绕。皮格马利翁也在神坛上供过祭品，站在地上，结结巴巴地祷告道："天神啊，如果你们什么都能赏赐，请你们赏给我一房妻室……"他没有敢说"把我的象牙姑娘许配给我"，只说道："把一个像我那象牙姑娘的女子许配给我吧。"金发的维纳斯正好在场，知道祷告人的心意，于是显示了吉兆，祭坛上的火焰连跳三跳，发出三次光芒。他回到家中，就去看雕像，俯在榻边，吻她，她经他一触，好像有了热气。他又吻她一次，并用手抚摩她的胸口。手触到的地方，象牙化软，硬度消失，手指馅了下去，就像黄蜡在太阳光下变软一样，再用手指去捏，很容易变成各种形状，如此经过处理变成有用之物。这位多情人十分惊讶，又高兴又怀疑，生怕自己弄错了，再三地用手去试。不错，果然是真人的躯体！他的手指感到脉搏在跳动。这位帕福斯英雄连连感谢维纳斯，又去吻那嘴唇，这回是真嘴唇了。姑娘觉得有人吻她，脸儿通红，羞怯地抬起眼皮向光亮处张望，一眼看见了天光和自己的情郎。在结婚的时候，维纳斯也光临了，因为这段婚姻原是她促成的。当月亮九度圆缺之后，他们生了一个女儿，名叫帕福斯，这座岛就是从这位女儿而得名的。

（【古罗马】奥维德著，杨周翰译：《变形记》，人民文学出版社，2008年，第131—134页。）

据希腊神话说，皮格马利翁是塞浦路斯国王，曾钟情于阿芙洛蒂特女神的一座雕像。这一传说后被罗马诗人奥维德的名著《变形记》加以改作与发挥，创造了一个更脍炙人口的故事：雕刻家皮格马利翁创造了一尊表现他心中理想的女性的象牙雕像。他把这尊女像比誉为神话里的海中女神伽拉忒亚，并渐渐对自己的作品产生了爱情。维纳斯女神感于这位雕刻家的真诚的爱，答应赐给这尊雕像以生命。

进阶阅读

【古罗马】奥维德：《变形记》，杨周翰译，人民文学出版社，2008年。

《变形记》是罗马诗人奥维德的作品，成书于公元8年，全诗共15卷，取材于古希腊罗马神话，根据古希腊哲学家毕达哥拉斯的"灵魂转回"理论，变形，即人由于某种原因被变成动物、植物、星星、石头等这一线索贯穿全书，共包括大小故事250多个，是古希腊罗马神话的大汇集。故事按照时间顺序叙述，由宇宙的创立、大地的形成、人类的出现开始，直至罗马的建立，恺撒遇刺变为星辰和奥古斯都顺应天意建立统治为止。阅读《变形记》，注意其叙事结构。

图 6.1 皮格马利翁和伽拉忒亚，【法】让－里奥·杰洛姆绘，
1890 年，纽约大都会博物馆藏

　　后世艺术家常常以皮格马利翁的故事为题材进行创作。《皮格马利翁和伽拉忒亚》是法国学院派画家杰洛姆（Jean-Léon Gérôme）的代表画作之一。画家所描绘的正是按照奥维德的《变形记》构思的场面，在这里的皮格马利翁已不是国王，而是民间雕刻家。一些细节，如雕刻家身着的古罗马服饰，工作室里的搁置于地面的盾牌，以及台子上的戏剧面具，为这一事件所发生的时代写下注脚。画家描绘了伽拉忒亚获得生命的瞬间，那苏醒的气息仿佛是从头至脚渐渐变化的，远处射箭的丘比特更是烘托了这一戏剧性的场面。

课外活动

　　英国画家伯恩·琼斯（Edward Burne-Jones）曾创作过四幅与皮格马利翁相关的画作。通过书籍或网络，找到这四幅作品，试将其与杰洛姆的作品进行比较。

尽管我们可以从很多角度来解读皮格马利翁这则神话，比如皮格马利翁效应（指人们基于对某种情境的知觉而形成的期望或预言，会使该情境产生适应这一期望或预言的效应），但我们更愿意从雕塑的本质或者说艺术的本质这一角度来剖析这则故事。这将有助于我们理解在人类漫长的历史中，为什么会创造出如此众多的雕塑、绘画、以及其他艺术。

美国加利弗尼亚大学的艺术史教授罗伯特·威廉姆斯（Robert Williams）在《艺术理论——从荷马到鲍德里亚》第一章节中，从皮格马利翁的神话故事切入，探讨了艺术的本质，以及图像的力量。

在古希腊神话中，普罗米修斯（Prometheus）用黏土创造了最初的男人和女人。这些故事反映了人类对于制造物品、操纵材料、控制自然力所需要的技艺的尊重。类似的尊重也体现在通常被视作工艺制品的巫具中：哈得斯（Hades）拥有一顶能让穿戴者隐形的头盔；阿芙洛蒂忒（Aphrodite）的腰带能让任何看到她的人都爱上她。而在所有这些和视觉艺术相关的故事中最让人难忘的要属雕塑家皮格马利翁（Pygmalion）的故事，他把理想的美丽女性形象雕刻出来，并爱上了它，后来通过向阿芙洛蒂忒祷告实现了自己的愿望，让雕像有了生命。这个神话反映了图像所具有的能力，图像能表示真实的人，还能激发幻想，表现理想，代替生活中所缺之物从而唤醒人的欲望。它表明一个非常清晰的意识：图像能够调动我们最深处的心理资源。

这些神话体现出，艺术被看成是一种超越自然的力量形式，这种力量即便是有限的，有时也能超越诸神特权，从而招致悲剧性的后果。普罗米修斯相信火能为人类在这不友好的世界里提供保护而把火作为礼物送给了他的创造物，从而付出了高昂代价。手工艺人代达罗斯（Daedalus）不仅是驾驭材料的大师，而且几乎能在任何状况下找到对策：他建造了一座迷宫，设计能飞翔的翅膀，还制造了会动的雕塑，这是单凭人力所制造的最接近生命的东西——但他必须亲眼目睹自己的儿子伊卡洛斯（Icarus）戴着自己为儿子特制的翅膀死掉。音乐家俄耳甫斯（Orpheus）能用他的歌曲迷住动物甚至石头，这无疑是关于音乐力量最令人难忘的故事，俄耳普斯差一点将自己的爱人欧律狄刻（Eurydice）从冥界成功带回。在这些神话中，艺术家被塑造成某种英雄，与根本上具有限制性的人类生存条件相抗争。

（【美】罗伯特·威廉姆斯：《艺术理论——从荷马到鲍德里亚》，许春阳等译，北京大学出版社，2009 年，第 2 页。）

艺术作为一种超越自然的力量形式，调动着我们最深处的心理资源，突破了人类自身生存的局限。神话时代如此，今天仍然如此。这大概正是我们需要雕塑，以及其他艺术的理由。

二、从米龙到波乔尼，雕塑以及艺术史的一些方法

在这个部分中，我们精选了自古希腊、古罗马时代至今，西方美术史上极为重要的8件雕塑作品，它们或是人类某一时期文明巅峰的表达，或位于历史发展的节点。在浩如烟海的艺术品中选择8件来串联2000年的历史，未免挂一漏万，但这不乏是一种快速认识艺术的历史发展及其规律的门径。事实上，精挑细选"代表之作"作为实物证据，来讲述艺术的故事，正是艺术史这门学科的基本方法。

既然是人为挑选，那必然要允许主观性的存在。艺术史家在综合、概括历史时，一方面基于对艺术品本身的敏锐感受力，另一方面，有赖于自由的想象力，因此，每一位作者笔下的艺术史都是属于他自己的叙述，是他所要讲给我们听的艺术的故事。而这恰恰正是艺术史这门学科的魅力所在。

有鉴于此，我们在呈现雕塑作品的同时，相应地附上一段文字素材，这些文字中既有艺术家本人的自述，也有艺术家同时代人对他的记述，还有后世艺术史家基于此作而阐发的专业评述。这些不同时代、不同作者、不同角度的文字，既是艺术史的一个部分，更是有关艺术史的历史。

2.1 贡布里希谈《掷铁饼者》和《驭者》

希腊艺术家频频受聘制作的那类作品，可能已经帮助他们充分掌握了人体动态的知识。像奥林匹亚的那样一座神庙，四面都放着奉献给神祇的夺标运动员的雕像。在我们看来，这种习俗可能相当奇怪，因为无论我们的夺标者如何大受欢迎，我们都不会期望他们由于最近比赛获得成功而画下肖像献给教堂以示感谢。但是希腊人的盛大运动会（奥林匹亚竞技自然是其中最著名的一个），有些地方跟我们现代的竞赛大不相同，它们跟民族的宗教信仰和仪式的联系大为紧密。参加运动会的人员并不是运动员——不论指业余的还是指职业的——而是希腊名门贵族的成员，竞赛中的胜利者则被敬畏地看作是获得了神祇的不可战胜的法力庇护。举行竞赛本来正是要了解上苍把胜利之福恩赐给谁，正是为了纪念，大概也是为了永保那些上天加恩的灵迹，胜利者才委托当时最负盛名的艺术家制作自己的雕像。

在奥林匹亚已发掘出许许多多安放那些著名雕像的底座，但是雕像本身却无影无踪。那些雕像大都是青铜制品，大概在中世纪金属稀罕时被销熔了。只是在德尔菲（Delphi）发现了其中的一个，是个马车驭者像……这个头像很令人惊讶，它跟仅仅看过复制品的人对希腊艺术常常形成的那种一般印象完全不同。大理石雕像的眼睛往往显得空虚无神，青铜头像的眼睛则是空的，而这个头像的眼睛却使用彩色的宝石制作，跟当时的通例一样。

头发、眼睛和嘴唇都略微涂金，使整个面孔具有富丽、热情的效果。然而这样一个头像看起来却既不浮华，也不俗气。我们可以看出，艺术家不是力图仿制一张缺陷俱在的真实面孔，而是根据他对人体形状的知识去造型。我们不知道这个驭者像是不是个很好的肖像（likeness）——按照我们通常对于"肖像"一词的理解，大概它根本不是"肖像"。但它是个令人信服的人像，又朴素又美丽，令人赞叹。

像这种作品古希腊作家根本就没有提起，这就提醒我们，那些运动员雕像中最负盛名之作的失传是何等的损失，例如可能跟菲狄亚斯同代的雅典雕刻家米龙（Myron）的《掷铁饼者》。《掷铁饼者》已发现了多种复制品，我们至少也可以有个一般的印象，知道它是什么样子。雕像表现的那个青年运动员表现为恰好处于要掷出沉重铁饼的一刹那。他向下屈身，向后摆动手臂，准备使用最大的力气。紧接着，他就要旋转一周，以转体动作来加强投掷的力量，将铁饼飞掷出手。雕像的姿势看起来是那么真实，以致现代运动员拿它当样板，试图跟它学习地道的希腊式铁饼投掷法。然而事实表明这件事不像他们所想的那么容易。他们忘记了米龙的雕像不是从体育影片中选出的一张"剧照"，而是一件希腊艺术作品。实际上，如果我们仔细地看一下，就会发现米龙达到这一惊人的运动效果主要还是得力于改造古老的艺术手法。站在雕像面前，仅仅考虑它的轮廓线，我们马上就发觉它跟埃及艺术传统的关系。正像埃及画家那样，米龙让我们看到躯干的正面图，双腿和双臂的侧面图；跟埃及画家一样，他也是从最能显示各部位特征的角度来组成一个男子人体像。但在他的手中，那个古老陈旧的公式变成了一种完全不同的东西。他不是把那些视像拼在一起构成一个姿势僵硬、不能令人信服的人像，而是请模特儿实际做一个相近的姿势，然后加以修改，使它看

图 6.2 《掷铁饼者》，约公元前 450 年，罗马时代的大理石复制品，原作为米龙制作的青铜像，高 155 厘米，罗马国立博物馆藏

起来像一个可信的动态人体。至于它跟最恰当的掷铁饼动作是否完全一致，那是无关紧要的，重要的是就像那时的画家征服了空间一样，米龙征服了运动。

（【英】贡布里希著，范景中译：《艺术的故事》，广西美术出版社，2008年，第87—90页。）

米龙的《掷铁饼者》大约是最为家喻户晓的雕塑之一。他描绘了一名古希腊运动员正在弯腰屈臂投掷铁饼的瞬间，整件雕塑洋溢着生命力爆发的震撼。《掷铁饼者》不仅具有杰出的艺术造诣，更是被视为体育运动和健美体魄的象征，广为流传，向全球传达奥运精神。《驭者》则是为纪念一次德尔菲战车大赛中的胜利而制作的。这本是一组雕像，包括车夫、战车和一个年轻的车夫，今天仅剩下这尊《驭者》。

这两座雕塑制作于公元前5世纪，是古希腊从"古风时期"向"古典时期"过渡的代表作品。"古风时期"的雕塑以埃及雕像为基本样式，人物姿态相对僵硬，而之后的古典时期则摆脱了埃及人的影响，抛弃了那种僵硬而不自然的姿态。正如引文中所分析的那样，米龙和更早的埃及人一样，从最能体现男子人体特征的角度来组织人像，但他又突破了古老的公式，使之变得真实而可信。

引文的作者英国人贡布里希（E. H. Gombrich, 1909-2001）是艺术史、艺术心理学和艺术哲学领域的大师级人物。他有许多世界闻名的著作，其中《艺术的故事》从1950年出版以来，英文版已售出700万册，更被翻译成30余种语言。在这本书中贡布里希概括地叙述了从最早的洞窟绘画到当今的实验艺术的发展历程，以阐明艺术史是"各种传统不断迂回、不断改变的历史，每一件作品在这历史中都既回顾过去又导向未来"。

在出版前言中，贡布里希写到"本书打算奉献给那些需要对一个陌生而迷人的领域

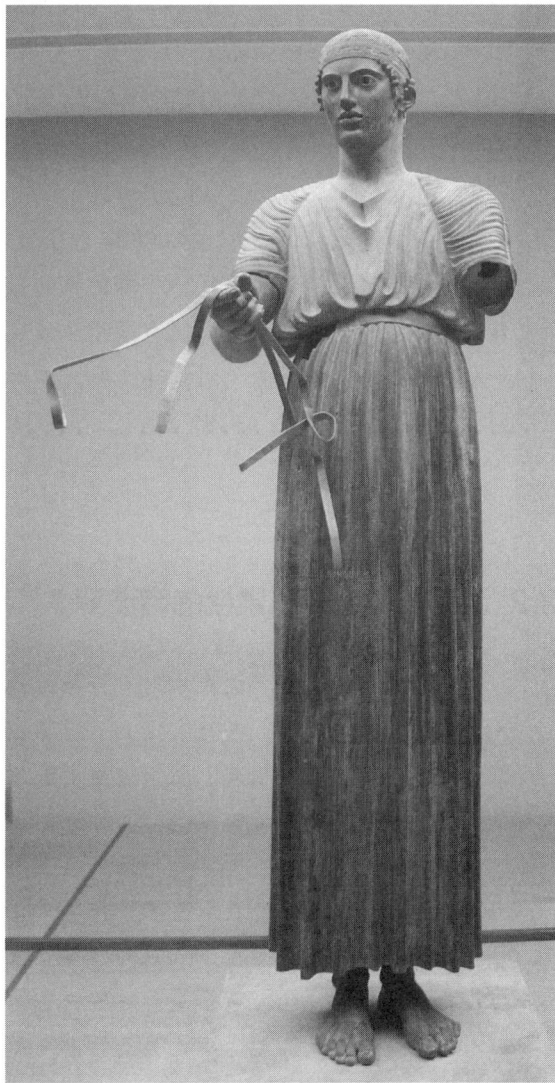

图6.3《驭者》，约公元前475年，发现于德尔菲，青铜，高180厘米，德尔菲考古博物馆藏

略知门径的读者"。为此，他避免使用术语，坚持使用浅显易懂的语言，"即使书中的讲法听起来像是随便一谈的外行话也在所不惜"。贡布里希开创了一种类似于"纪录片"式的艺术史写作手法，运用朴素的语言重新讲述艺术发展史，让读者能够看出它是怎样前后连贯，帮助读者鉴赏艺术作品。他经常让你在阅读后面的时候回翻前面，比如引文中提到《掷铁饼者》与埃及雕塑的关系，让读者用比较的方法来理解：艺术关心的是什么？取得了什么成就？在取得成就的时候留下什么问题。也就是说，贡布里希谈一件艺术作品的时候尽量不让它变成一个孤立的东西，而是把它变成艺术史脉络中的一环。在阅读《艺术的故事》时，是如此的行云流水，仿佛一幅幅图像接连着飞过眼前，耳畔则是贡布里希讲述着他的艺术的故事。

进阶阅读

E.H. Gombrich: *The Story of Art*, Phaidon Press, 1995。

尽管《艺术的故事》在 2008 年已出版了中文版，但我们还是强烈推荐学有余力的同学阅读贡布里希的英文原文。作者的原文语言活泼生动、逻辑清晰明了，用来练习英语也不失为良好的教材。如果时间有限无法读完全书，可以选读导论《论艺术和艺术家》，你会发现一些基本的概念，阅读英文原文要比中文翻译，更容易理解。

2.2 温克尔曼谈《观景楼的阿波罗》

在艺术中，表情一词表示对心灵与身体、情感与动作的积极与消极状态的模仿。在广义上，它包含了动作；在狭义上，它特指由眼神与面部所表现出来的情绪。动作与四肢及整个身体的运动颇为相关，动作维持着表情。

最大限度的恬静与镇定是和动作相对立的。因此，至高无上的美的理念，既不能作为一个目标来追求，也不能保存下来，甚至不能保存于神的形象中。而神的形象必须按一个人的外形来再现。但是表情要表现得与美相称，并受着美的制约。

恬静与镇定被视为希腊人在外貌举止上尽力循规蹈矩的结果，所以连快步疾走都被视为违背了得体的观念，似乎是一种冒失行为。

这些原理的最高概念，尤其是恬静与镇定，被具体表现在神的形象中。从众神之父到最低级的神祇，都不露声色。荷马向我们描述朱庇特在摇撼奥林波斯山时，只是皱了皱眉毛，头发波动了一下。大部分神祇的形象都是同样静止而平静的。

《观景楼的阿波罗》试图表现阿波罗对大毒蛇（Python）的一种神性的愤怒，他用弓箭射杀了它，同时对自己的胜利不以为然，这对神来说是轻而易举的事情。这位技巧精湛的艺术家要将这众神之中最美的神拟人化，他只是用鼻子表现愤怒，用嘴唇表现轻蔑。这后一种情绪以抬高下唇同时提升下巴来表示，而前一种情绪则以张大的鼻孔表示。

在表现英雄时，艺术家比诗人受到更多的限制。当情感未被社会法律或人为生活规矩所制约时，诗人能够依照英雄的时代描述他们，因为一个人的品质与他的年龄与身份有着必然的联系，但与他的形象没什么必然联系。然而，艺术家必须从最美的形态中挑选出最美的部分，他在表现情感时，要将其限定在与人物形体美不相冲突的程度。

（【德】温克尔曼著，邵大箴译：《论古代艺术》，中国人民大学出版社，1989 年，第 139 页。）

《观景楼的阿波罗》是古希腊雕塑的代表之作，现存雕塑为古罗马人的复制品。这尊雕塑体现出古希腊艺术的新方向——把神变得更人性化，"神的形象必须按照人的外形来再现"。

以上对该作品分析出自德国人温克尔曼的《论古代艺术》一书。温克尔曼（Johann Joachim Winckelmann）是美术史中极其重要的人物，被称作美术史之父。他是最先撰写美术史而非论述个别艺术家的历史的学者，他关于古代希腊和罗马雕刻的著作重新定义了美术史。他于 1764 年撰写的《论古代艺术》（*Geschichte der Kunst des Alterthums*）直至 19 世纪，仍然是一本关于古代世界艺术的标准参考书。

在书中，温克尔曼对希腊艺术的美学分析和对促进希腊艺术繁荣的条件所作的阐述，突出了气候和古希腊城邦国家政治自由的重要性。他认为希腊风格就是希腊人生活方式的表现，这种论述为建立各个时期的风格，并以此作为艺术史分期的方法铺平了道路。他对古希腊雕塑的那句赞美"高贵的单纯和静穆的伟大"广为流传，并且在旅行手册和艺术论文中被广为引用。（在古希腊课程中，我们也曾引用过温克尔曼对雕像《拉奥孔》的论述。）

《观景楼的阿波罗》是温克尔曼进行希腊艺术研究所依据的作品之一。不过由于他所应用的

图 6.4 《观景楼的阿波罗》，约公元前 350 年的希腊原作，罗马复制品，大理石，高 2.23 米，梵蒂冈博物馆

鉴定技巧的限制，他没有认识到，这件雕像是一件古罗马复制品，因此，事实上，这件雕像不仅能够说明希腊艺术本身，同时也能够说明罗马人对于希腊艺术的态度。

进阶阅读

【德】温克尔曼著，邵大箴译：《论古代艺术》，中国人民大学出版社，1989 年。

《论古代艺术》的文选收集了温克尔曼最著名的六篇论文，译者邵大箴是我国最重要的西方艺术史学者之一。1989 年本书初版，2001 年由广西师范大学出版社再版，更名为《希腊人的艺术》。想进一步了解温克尔曼的美学思想和研究方法，可阅读书中《关于在绘画和雕刻中摹仿希腊作品的一些意见》和《论希腊人的艺术》两篇文章。

2.3 《加德纳艺术通史》中的《君士坦丁像》

君士坦丁巨像 君士坦丁在战胜马克赛纽斯之后，派人制作了许多他的官方肖像。这些肖像既没有遵循四帝共治像的传统，也没有采用军人皇帝时期的风格——在这里，奥古斯都时代青春永驻的肖像风格又再次复兴了。在现存的君士坦丁像中，最令人印象深刻的就是这尊君士坦丁头像，高约 260 厘米，原本是君士坦丁坐像的一部分。这座巨大的坐像现在只剩下一块砖核，一块镀青铜木质残躯，还有一尊大理石头像和几段大理石残肢。在这尊赤身坐像中，艺术家将君士坦丁塑造成罗马神话中的朱庇特神——他伸出的左手中握着一个圆球（可能原本上面还立着象征基督教的十字架），象征着统治世界的权力。还记得上文中那些公元 3 世纪的肖像作品吗？那种紧张的神情在君士坦丁巨像中完全不见了踪影，取而代之的是一张宽阔而朴素的面孔，还有一双巨大的眼睛。这双眼睛漠视着世间的一切人和物。艺术家企图用巨大的体量将君士坦丁比作朱庇特，

图 6.5《君士坦丁大帝像》，君士坦丁公堂出土，意大利罗马，公元 315 年～330 年，大理石，高约 259 厘米，卡比托利欧博物馆藏

在这里——权威取代了个性。这些因素聚在一起汇成了一股令人无法抗拒的力量，正符合君士坦丁作为绝对统治者的尊贵地位。

罗马的新巴西利卡　君士坦丁的巨像坐落在罗马新巴西利卡（Basilica Nova）的西侧后殿中。这座新巴西利卡修建于距离提图斯凯旋门不远的地方，于马克赛纽斯统治期间开始动工，在他死后，由君士坦丁接手完成了这项工程。位于半圆形后殿（apse）正中央的君士坦丁巨像支配着整座建筑的内部空间，它高高在上的气势让每个走进内殿的人都无不感到敬畏。

尽管现在新巴西利卡已经变成了一座废墟，但它的遗迹依然给人留下了深刻的印象。建筑原长90米，宽66米，厚达6米的砖面混凝土墙支撑着中殿（nave）的筒状拱顶。同时，侧廊上方的交叉拱顶也起到了一定的支撑作用，分担了筒状拱顶的重量。整座筒状拱顶高达35米。墙面及地板用灰泥粉刷并装饰着奢侈的大理石板。交叉拱顶使得中殿内部可以得到充足的阳光，以方便那些来这里进行交易的人们。复原图很好地向我们展示了建筑内部的巨大空间，那些拱顶令所有人，乃至高大的皇帝像都显得十分渺小。这幅图清晰地再现了交叉拱顶下方的高侧窗，这种采光方式与传统木石结构的巴西利卡十分类似。人们在建造图拉真市场和卡拉卡拉浴场的过程中所积累宝贵的设计和施工经验，全都被应用到这座伟大的新巴西利卡中。

这座建筑在它的空间、照明以及经济、防火等这些方面，都可以说是解决巴西利卡建筑设计问题的最理想方案，但是它在当时只是一个例外，并没有成为主流。以图拉真的乌尔比亚巴西利卡会堂为代表的传统巴西利卡建筑形制，在以后的几个世纪仍旧是此类建筑设计的规范与准则。

（弗雷德·S·克莱纳、克里斯汀·J·马米亚编著，李建群等译：《加德纳艺术通史》，湖南美术出版社，2013年，第236页。略有改动。）

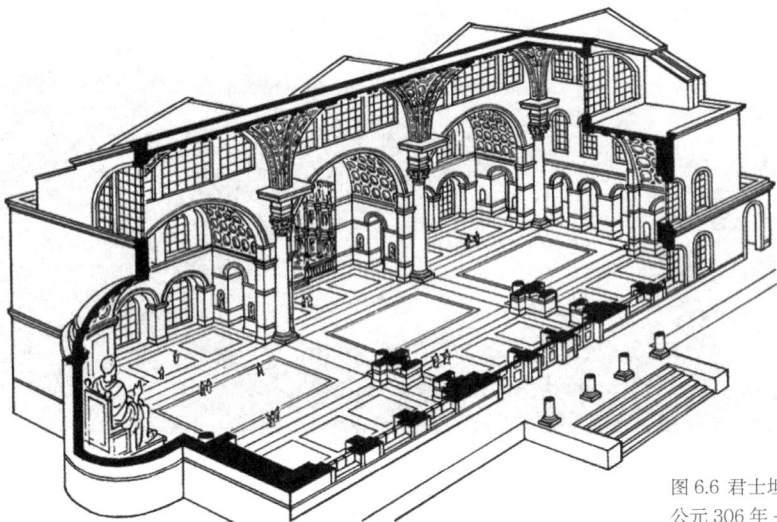

图6.6 君士坦丁公堂复原图，意大利罗马，公元306年–312年

在这段摘自《加德纳艺术通史》的素材中，作者在分析君士坦丁雕像之后，紧接着对雕塑所处的建筑——君士坦丁公堂进行了说明。在建筑复原图中，作者还特意画出君士坦丁像，直观地反映出雕塑和建筑的整体关系。今天，君士坦丁巨像仅残存头、手、足和胳膊的一部分，光头像高达 2 米 60 厘米，整座君士坦丁雕塑竟有 12 米之高，雕像位于 35 米高的公堂中。雕塑本身已大得令人感到敬畏，将君主雕像置于更为庞大的公堂中，更是衬托出罗马帝国的伟大。

在欣赏一件雕塑作品时，我们当然可以从雕塑自身的审美、技法出发，也可以从雕塑所处的环境出发。因为要知道，一件斥资巨大的大型雕塑并非为了个人赏玩，而是供世人瞻仰的，往往属于公共建筑的一部分，其背后的建造动因往往比本身的艺术价值更值得探讨。

在君士坦丁雕像之前，只有神才配得上如此巨像，帕特农神庙中的雅典娜神像也不过 13 米。可以说，君士坦丁巨像开创了西方世界制作君王等人间领袖巨型雕塑的先河。

思考与讨论

自君士坦丁像之后，在古往今来众多领袖巨像中，位于美国南达科他州的拉什莫尔国父山无疑是其中最为著名的一座。请具体描述这四座巨像位于怎样的环境中，并讨论这样的环境对雕塑本身起到怎样的作用？

图 6.7 拉什莫尔国父山

君士坦丁雕像的残存部分现藏于罗马的卡比托利欧博物馆（Musei Capitolini）。这是一座艺术和考古博物馆，包括环绕中央梯形广场的三座建筑，由米开朗琪罗在1536年规划，经过400多年才全部完工。登录博物馆官方网站，除了君士坦丁雕像之外，你还能找到许多其他大名鼎鼎的古罗马藏品。

2.4 傅雷谈《圣乔治》

三十岁左右时，金圣米迦勒教堂托他塑造《圣乔治》。

这是一个通俗的圣者。今日法文中还有一句俗语："美如圣乔治。"

圣乔治，据传说所云，是罗马的一个法官。他旅行到小亚细亚的迦巴杜斯。那里正有一条从邻近地方来的恶龙为患：当地人士为满足恶龙的淫欲起见，每逢一定的日期，要送一个生人给它享用。那次抽签的结果，正轮着国王的女儿去做牺牲品。圣乔治激于义愤，就去和恶龙斗了一场，把它重重地创伤了，还叫国王的女儿用带子拖拽回来。因为圣乔治是基督徒，所以全城都改信了基督教，以示感激。

这个传说中的圣乔治，在艺术家幻想中，成为一个勇武的骑士的典型。因为他对于少女表显忠勇，故他的相貌特别显得年青而美丽。

多纳泰罗的白石雕像，表现圣乔治威武地站着，左手执着盾，右手垂在身旁，那种无可安放的情景，在上面已特别申说过了。紧握的拳头，更加增了强有力的感觉。

肩上挂着一件小小的外衣，使整个雕像不致有单调之感。这件外衣更形成了左臂上的不少衣褶，使手腕形成了许多阴暗的部分。

图6.8 多纳泰罗，《圣乔治》，约1415年。大理石，高214厘米，佛罗伦萨巴杰罗美术馆

这样穿插之下，作品全部便显得丰富而充实了。

　　然而它的美还不在此。圣乔治固然是一个美少年，但他也是一个勇武的兵士。故多纳泰罗更要表现他的勇。表现勇并不在于一个确切的动作，而尤在乎雕像的各小部分。肉体应得传达灵魂。罗丹（H.Rodin）有言："一个躯干与四肢真是多么无穷！我们可以借此叙述多少事情！"这里，圣乔治满身都是勇气，他全体的紧张，僵直的两腿，坚执盾柄的手，以至他的目光，他的脸部的线条，无一不表现他严重沉着的力。但整个雕像的精神，多纳泰罗还没有排脱古雕塑的宁静的风格。

　　多纳泰罗不独要表现圣乔治的像希腊神道那样的美，而且要在强健优美的体格中，传达出圣乔治坚定的心神的美，与紧张的肉体的美。这当然是比外表的美蕴藏着更强烈的生命。

（傅雷著：《世界美术名作二十讲》，三联书店，1998 年，第 41–43 页。）

　　从公元 5 世纪西罗马帝国灭亡到 15 世纪之间的大约 1000 年时间被称为"中世纪"（the Middle Age），其原意是指两个辉煌的黄金时代"中间的"黑暗时期。中世纪的雕刻艺术往往是教堂建筑上的一个部件，并不重视对客观世界的忠实再现，从题材和形式上都受到诸多限制。因而我们的这次叙述，有意识地略过了中世纪雕塑。

　　中世纪一头连接着古罗马时期，一头连接着复兴时期。文艺复兴时期是西方历史上第一个注重自我存在的时代，也是第一个自我标榜的时代。在当时的人看来，古希腊古罗马时期属于人类创造力登峰造极的时期，但却是被蛮族的入侵所打断。因此，他们极力复苏古典文明，他们所处的时代是再生的时代。

　　早期文艺复兴时期的雕塑家一直在寻求类似古希腊、古罗马时期雕塑的人体表达方法。多纳泰罗（Donetello，约 1386 年 –1466 年）是这个时期最伟大的雕塑家。大约 1415 年，他为佛罗伦萨的一家教堂创作了著名的《圣乔治》。

　　这里所引用的对于多纳泰罗雕塑的分析，选自我国著名翻译家、文艺评论家傅雷先生的《世界美术名作二十讲》中的第二讲。傅雷先生的分析首先对作品所要表现的主题"圣乔治"进行介绍，而后对雕塑本身进行了细致的描述，最后将主题和艺术形式相结合，以此评判作品的优劣。从主题到形式，以主题入手，考察艺术表现水准，也是品评一件艺术品的一般方法。

2.5 瓦萨里笔下的《摩西像》

在尤利乌斯生前与死后，米开朗琪罗为此工程制作了四尊完成的人像和八尊仅仅凿出轮廓的人像，雕像各得其所。此工程的设计具有非凡的创造性，我们将在此对他采用的计划做如下描述。为了制造无上壮观的效果，他决定墓完全独立，可以从四面观看，一个方向的每一边是二十四英尺，其他的每一边是三十六英尺，因此其比例是一个半方形。外边四周有一排壁龛，由上半身着衣的人像柱分隔，像的头部支撑着最外面的檐，每一人像柱与檐固定，一个样子奇特怪异的裸体俘虏的双足立于底部一个凸出的部位。被那位教皇征服的各行省的俘虏表示臣服于罗马教廷；还有同样固定的全部高尚的艺术和科学的各式雕像，都像教皇一样难逃一死，教皇给予雕像莫大的礼遇。外檐的四角是四尊巨大的人像：活动的和沉思的"生命"、圣保罗，以及摩西。雕塑立在渐渐缩小的台阶上，高出于檐，另有一条青铜景色饰带——其他人物、儿童和装饰环绕四周。顶部冠状，有两个人物：一是上帝，莞尔而笑，一肩撑着一口棺木，一是大地女神库柏勒，她忧伤不已，因为她被留在了由于这样一个人的死亡而一切美德随之消亡的世界上；上帝欣然而笑，因为教皇的灵魂升入了天国的荣耀。工程的安排可使人们从四边形结构的壁龛之间的尽头出入，其内部依据寺庙的样子呈椭圆形，中央是一口安放那位教皇尸体的石棺。陵墓共有四十尊大理石像，以及其他场景、儿童和饰物，檐和其他建筑部位上布满雕刻。为了加快进程，米开朗琪罗命人把一部分大理石运往佛罗伦萨，以便不时地在那儿度过夏季的月份，逃避罗马的恶浊空气；他在那儿制作了墓一边的许多构件，完成了所有细节。在罗马，他从头到尾亲手完成两个十分美丽的俘虏像和其他雕像，人物之美见所未见。不过最终那些俘虏像一直没有安放就位，他便把他们送给了鲁贝托·斯特罗齐，米开朗琪罗碰巧在他家里养病；后来俘虏像送呈法兰西斯国王，现存于法国埃库纳。在罗马，他粗略地凿出八尊人像，在佛罗伦萨粗略地凿出五尊，宛成一尊胜利女神像，下方有一名俘虏，现为科西莫公爵所有，是米开朗琪罗的侄子莱奥纳尔多赠送公爵的，公爵将胜利女神安放在他的官殿内由瓦萨里饰画的大厅里。

　　他完成摩西大理石像，高十英尺，其优美令现代作品望尘莫及。至于古代作品也可以说难以与其比美。他端坐着，庄严肃穆，一臂靠在十诫板上，一手握古板，一手捋胡须，长须拳曲，头发——雕塑家发现甚难处理——在大理石上雕刻得如此精致，柔美，轻飘，一丝不乱，真叫人相信他的凿子变成了一枝铅笔。更不必提脸部多么美，那具有一个真正的圣徒和令人敬畏的君主所有的气质。当你凝视他的时候，你似乎希望他把罩在那张脸上的面纱扯下来，那面纱光辉灿烂，令你目眩，米开朗琪罗将上帝赋予那无上神圣面容的神威表现得淋漓尽致。再者，衣饰及其边缘雕凿得精致优美，臂及其肌肉、手及其骨和筋，表现得尽善尽美，腿、膝和足被造型优美的长统靴遮住，雕像的每个部分都是精美无比，可以说摩西真是上帝的朋友，上帝借用米开朗琪罗的双手，率先为人类在最后审判时的复活准备了他的身体。希伯来人可以继续上那儿，就像他们在安息日那样，男女老少，如一群群欧掠鸟，去朝觐和崇拜那雕像；因为他们崇拜的不是俗世之物，而是神性之像。

　　最后此作的一切协议商定，作品完工，四边中较小的一边后来置于温科拉圣彼得教堂。据说米开朗琪罗在制作的时候，为陵墓订购的尚留在卡拉拉的大理石运到了里帕，后运到圣彼得广场，与其他的堆放在一起。因为必须支付运输费用，米开朗琪罗便按老习惯去见教皇。但是当时教皇忙于处理有关波洛尼亚的一些重要事务，米开朗琪罗便回到住所，掏出自己的钱支付那些大理石，心想直接让教皇定购这些石头。一天他又去见教皇诉说此事，但被挡在门外，一个男仆告诉他说

图 6.9 米开朗基罗，《摩西像》，大理石雕塑，高235厘米，1513年–1515年，罗马教皇尤利乌斯二世陵寝

奉命不让他入官，他得耐心等待。一位主教对男仆说："也许你不认识这位先生吧？""我对他太熟不过了，"男仆答道，"不过我这样做是奉上司和教皇之命。"这令米开朗琪罗快快不乐，想到彼一时、此一时，便对男仆说请禀告教皇，从现在起若教皇想见他，将发现他已远走高飞。他回到家里，半夜里搭上驿马启程，留下两个仆人把房子里的家具统统卖给犹太人，后亦赴佛罗伦萨。到佛罗伦萨边界的波吉邦齐，一切顺利，他便停下来，可是五名信使接踵而至，携来叫他回去的书信。对他们的恳求以及令他返回罗马、附以惩罚的威胁的书信，他充耳不闻，置之不理。信使们劝说他给教皇写封回信，请求宽恕，不过讲明他再也不能回到教皇的跟前，因为他像犯人一样被驱逐，他的这种服务不配受到礼遇，教皇将找他人做事。

（【意】乔治·瓦萨里著，刘明毅译：《著名画家、雕塑家、建筑家传》，中国人民大学出版社，2004年，第338—341页。）

米开朗基罗和达·芬奇、拉斐尔一起并称"文艺复兴三杰"，而且他是三杰中唯一一位涉足雕塑的。米开朗基罗实在是太有名了，他的代表作不胜枚举，就绘画而言，有《圣家族》、西斯廷礼拜堂壁画等；就建筑而言，有举世无双的罗马圣彼得大教堂；就雕塑而言，有《大卫》、《晨昏昼夜》、《被缚的奴隶》，以及上述《摩西像》。《摩西像》从头发到衣饰，从脸部到筋骨，每个部分都表现得尽善尽美，堪称文艺复兴时期的巅峰之作，古往今来也很难有作品能与其相媲美。

在我们引用的这段文字中，作者毫不掩饰自己对《摩西像》的推崇，他激情澎湃地写道"上帝借米开朗基罗的双手，率先为人类在最后审判时的复活准备了他的身体"。这样的评价，代入感如此之强，似乎不符合艺术史论家评述时的距离感。此外，作者还提到了许多细节，如米开朗基罗的创作工序，他的设想与最终成品之间的差距，甚至于他的心理活动等，其中一些说是八卦也不为过，作者似乎认识米开朗基罗本人呢。

事实上，作者乔治·瓦萨里本正是米开朗基罗的学生。这位佛罗伦萨的画家和建筑师，勤奋但成绩平平，如果不是撰写《著名画家、雕塑家、建筑家传》这本书，恐怕绝不会在艺术史上留名。1546年，瓦萨里受红衣主教命着手撰写一部自乔托时代的意大利艺术史，以此促进艺术的发展。三年后，这本书问世，记录了艺术史上一个伟大的时刻——文艺复兴盛期。

此前，我们提及的艺术史著作皆是后人的评述，而瓦萨里却认识他所撰写的人们中的许多人，亲眼目睹他所描述的大多数图画，或许正因为所记录的年代切近，瓦萨里的叙述显得更直接、也更生动。正如作者自己所称，从长辈的叙述中，从大师们的子孙后代遗下的尘封虫啮的各种记录和著述中，不辞辛劳地查考大师们的出生地和生平事迹，同时大海捞针般地收集、查证，写下了那个时期重要艺术事件的前因后果和来龙去脉，从而使我们今天的艺术有史可言。

进阶阅读

【意】乔治·瓦萨里著，刘明毅译：《著名画家、雕塑家、建筑家传》，中国人民大学出版社，2004年。

尽管有各种各样的缺点，如没有说明材料的来源，任意和轻率地处理史实，照单全收各种传闻，文笔拖泥带水等，《著名画家、雕塑家、建筑家传》仍然是一部不朽的艺术史著作。作为米开朗基罗的学生，瓦萨里显然更有发言权，《米开朗基罗》（书中译作《米开朗琪罗》）一章近100页，是全书着墨最多的，阅读此章，体会评述同代人时可能会产生的问题。此外，我们还建议阅读前言，前言对于瓦萨里的功过做了精彩的点评。

2.6 范景中笺注《圣特雷莎的狂喜》

1. 《圣特雷莎的狂喜》是贝尔尼尼给一所罗马小教堂的附属礼拜堂制作的祭坛。这是奉献给西班牙圣徒特雷莎（Theresa）的；特雷莎是16世纪的一个修女，她在一本著名的书中描述过她所见到的神秘幻象。在书中讲到了天堂的夺魄销魂的一瞬间，上帝的一个天使用一枚火红的金箭刺入她的内心，她充满了痛苦，然而也获得了极乐。贝尔尼尼敢于表现的正是这一幻象。我们看到那位圣徒在一片云彩上被带向天堂，迎着从上面以金光的形式倾泻下来的束束光线而去。我们看到那位天使温柔地走近身边，圣徒昏倒于极乐忘我之中。这组群像安置得有如毫无依傍地翱翔在祭坛的雄伟边框之中，接受着从上面一个看不见的窗户射来的光线。一个北方参观者乍一看，可能又会感到整个布局太容易使人联想到舞台效果了，这组群像的感情也太过分。这当然是关系到趣味和所受的教育的问题，进行争论没有用处。但是，如果我们姑且承认完全有理由使用贝尔尼尼的祭坛那样的宗教艺术作品，去激起巴洛克风格的艺术家追求的那种强烈的喜悦和神秘的销魂之情，那么我们就不得不承认贝尔尼尼已经用巧妙的方式达到了这个目的。他有意识地抛开所有的约束，把我们的感情提高到艺术家们一直回避的高度。如果把他的昏倒的圣徒面部，跟以前各世纪的作品相比较，我们就看出他表现出了一种强烈的面部表情，一直还没有人在艺术中进行尝试。回顾拉奥孔的头部，或者回顾米开朗琪罗的《垂死的奴隶》，我们就认识到这一差异。连贝尔尼尼对衣饰的处理在当时也是完全新颖的，他不让衣饰用公认的古典手法下垂形成庄严的衣褶，而是让他们缠绕、回旋增加激情和运动的效果。他这些效果不久就得到欧洲各地的模仿。

（【英】贡布里希（Sir E.H.Gombrich）：《艺术的故事》，范景中译，广西美术出版社，2008年，第438—440页。）

2. 特雷莎 (1515 年 −1582 年) 或译德肋撒，西班牙修女，曾重整复兴加尔默罗会 (Carmelites Order)，著有论祈祷和默思的著作，还写有自传 *Libro de la vida* (1561 年)。1622 年奉其为圣徒，纪念日为 10 月 15 日。*Barron's AP Art History* by John B. Nici (2008 年) 总括圣特蕾莎的特征如下：1. 对圣特雷莎日记的雕塑化释义，日记里讲述她看到上帝的灵视，有位天使降落把箭射入她身体。2. 舞台化的布置，赞助人科尔纳罗 (Cornaro) 家庭成员坐在包厢里赏评。3. 隐于作品上方的窗户把自然光投向雕塑。4. 以触觉的方式处理大理石，表现出对象的质感；皮肤光洁，天使的羽翼相对粗糙，衣饰生动而流畅，云朵则

图 6.10 贝尔尼尼，《圣特雷莎的狂喜》（Ecstasy of Saint Teresa），卡纳罗礼拜堂，胜利圣母教堂，意大利罗马，1645 年—1652 年，大理石，群像高约 3.5 米

切面毛糙。5. 角色像在空间浮动，上帝之光象征性从后方照亮场景。6. 圣特蕾莎的姿态表现出她日记中描写的极乐忘我的感觉。

（范景中著：《〈艺术的故事〉笺注》，广西美术出版社，2011 年，第 138 页。）

贝尔尼尼（Giovanni Lorenzo Bernini，1598 年 –1680 年）是杰出的巴洛克艺术家，17 世纪最伟大的艺术大师。贝尔尼尼主要的成就在雕塑和建筑设计，另外，他也是画家、绘图师、舞台设计师、烟花制造者和葬礼设计师。所谓巴洛克艺术是指，文艺复兴时期之后，以浪漫主义的精神作为出发点，打破古典艺术的均衡感，追求不规则的形式、起伏的线条以及热烈的情感。巴洛克艺术的这些特质在贝尔尼尼为罗马一所教堂所作的"圣特雷莎祭坛"中体现得淋漓尽致。

这一次，我们摘取了两段文字素材。第一段是之前引用过的《艺术的故事》，我们再次领略了贡布里希讲故事的技巧，通过将贝尔尼尼的作品和古典时期的雕塑"拉奥孔"（参见古希腊课程）和米开朗基罗的雕塑进行对比，他用艺术把时空勾连在一起。

第二段文字素材是《艺术的故事》的译者范景中在翻译过程中，对贡布里希的这段分析所作的笺注。笺注是指建立在对前人研究基础的深入了解之上，对其进行补充订正，分辨剖析，而且比较侧重对原文中典故、词语出处的考证。譬如此处，范景中首先对圣女特雷莎进行补充，随后又总结了他在翻译时所使用的参考书 *Barron's AP Art History* 对这件雕塑的 6 条分析。

在阅读的过程中，做注解是一种重要而有效的学习方法。首先，它有助于解答阅读中的疑惑，通过进一步查找相关资料，获得补充信息；其次，它有助于触类旁通，将自己原有的知识与正在阅读的材料联系在一起，或互相印证，或互为反驳；最后，它有助于建立批判性思维，形成自己的观点。

进阶阅读

范景中著：《〈艺术的故事〉笺注》，广西美术出版社，2011 年。

范景中是国内首屈一指的艺术史学者，自 20 世纪 80 年代起便开始翻译西方艺术著作。80 年代出书不易，《艺术的故事》译稿一直闲置在出版社无人审阅，在等待出版的漫长过程中，范景中先生开始为这本书做注解，不仅涉及画家、画派和画法，更兼及历史、宗教、建筑、科技、文化、乃至思想史。

范景中先生学识渊博，不仅治西方美术史，对中国美术史及古典文化也深为精通，右手捧着贡布里希，左手持着钱钟书和陈寅恪，正是因此，他的"笺注"里时有中西文献互相阐发之处。本书既可作为《艺术的故事》的参考读物，也可单独阅读，以领略中外两位艺术史家对学术研究的追求与热爱。

思考与讨论

《十三经注疏》由清代的阮元主持校刻，是对十三部儒家经典（《易》、《诗》、《书》、《周礼》、《礼记》、《仪礼》、《公羊传》、《谷梁传》、《左传》、《孝经》、《论语》、《尔雅》、《孟子》）的注疏。注疏是注和疏的并称。注，对经书字句的注解，又称传、笺、解、章句等；疏，对注的注解，又称义疏、正义、疏义等。选读其中任意片段，试讨论其中注与疏的作用。

课外活动

随着多媒体的诞生，讲述艺术故事的方法也越来越多，纪录片即是一例。BBC（British Broadcasting Corporation，英国广播公司）是全世界最重要的媒体机构之一，它所生产制作的纪录片质量上乘，堪称经典。其制作的艺术纪录片《艺术的力量》（Simon Schama's Power of Art）屡获大奖。该纪录片共八集，其中第2集专门讲述贝尔尼尼的艺术。观看此片，注意其讲故事的方法，体会镜头语言和文字的差异。

2.7 罗丹与学生谈《加莱义民》

"更要知道画家或雕刻家在每个形象中表现着一个动作的先后的次序之时，他们并不是用了理智、意识去做的。他们全然天真地表白他们的感觉。他们的心灵与手也是跟了这姿势的自然趋向而活动，故他们是本能地再现动作之发展。在此，如在整个艺术的领域一样，忠诚是唯一的规律。"

我沉默了一会，体味着他的话。

"你还不完全相信我的话吗？"他问。

"不，我承认你的话有理，……不过，在叹赏画家与雕刻家能在一个形象中表现出好几个时间的这奇迹时，我要问在时间的表现上，艺术与文字——尤其是戏剧，能够媲美到若何程度？老实说，我想这个比较是不一定能成立，在表现时间的境界内，执着画笔与捏着泥团的先生们一定要让运用动词的先生们一步。"

他答道：

"我们的劣势并不如你所说的那么厉害。如果绘画与雕刻能使它们的人物有动作，那你也不能禁止它们作进一步的试探。且有时竟可与戏剧的艺术争庭抗衡。例如在一幅画面上或一组人物中，表现几幕先后发生的事实。"

"是的，"我和他说，"但这是一种变相的鱼目混珠而已。因为我想你意思中是指那古代的构图，把一个人的故事，在一幅画面上，用几幕不同的情景再现出来。例如，在罗浮有一幅小小的十五世纪的意大利画，叙述欧洲的传说。我们先是看到一个年轻的公主在百花争妍的草地上嬉戏，同伴们扶着她上朱庇特的公牛，远处，这位妇女英雄骑上神畜在波涛中露着惊惶之色。"

"这是，"罗丹说，"一种十分原始的画法，然而这就是被大师们所采用的，这同一个欧洲的寓言，即经韦罗内塞（Véronèse，1528—1588）在威尼斯爵村中用同样的方法描写过的。虽然有这个缺点，《加利阿利》这幅画仍不失为杰作，况我原意也不是指这种幼稚的画法，你也想得到我是不赞成的。为使你易于明了计，举一个例罢。我先问你脑海中有没有华托（Watteau，1684—1721）的《发舟西苔岛》这幅画的印象？"

"我觉得它如在目前呢。"

"那我就不难解释了。在这杰作中，只要你稍为留神，便可看到它的动作自右端的前景一直到左端的远景。在画的前景，我们先看到在树荫下，一座簇拥着玫瑰的雕像旁边的一对情侣。男子披着一件斗篷，上面绣着一个破碎的心，象征他的远行的情绪。他长跪着在求她，她却淡然的终自不理——也许是故意装得这样子——神气似乎专属在她的扇子的图案上。"

"在他们旁边，"我说，"一个小爱神裸着臀部坐在箭筒上。他觉得那少妇太作难了，故拉着她的裙角，叫她不要再这般执拗下去。"

"正是这样。但此刻，旅行的杖和爱情的经典还丢在地下。这是第一幕。第二幕看来像在这一对的左面，又是另外的一对。情妇握着男子的手在地下站起。"

"是的，我们只看到她的后影，她的玉色的颈窝，是华托用了极富肉感的色彩所描画的。"

"稍远处是第三幕：男子揽着他的情人的腰，她回首望着女伴们还在延宕的情景，不禁怅惘起来，但她却任着男人扶着向前。现在大家都同意下滩了，他们你揽我扶地走向小船，男子们也不用祈求了，此刻反而被女人牵掣着。末了，征人扶着他们的女伴，踏上在水中飘荡的小舟，桅上的花球与纱幕在风中飞舞。舟子靠在浆上预备出发了，微风中已有爱神在盘旋着，引领征人们向着天涯一角的蔚蓝的仙岛上去。"

"我看你真爱这幅画，最微细的地方也记得那么清楚。"

"这是令人不能遗忘的喜悦。但你有没有注意到这幕哑剧的演进的程序？真的，这是戏剧呢还是画？竟有些难说了。只要他欢喜，一个艺术家不特能表现瞬间的举动，且能表现——照戏剧的术语说来——一个长时间的动作。他只要把他的人物配置得令人先从动作的开场看起，接着，动作的继续，末了是它的完成。你要不要我再举一个雕刻的例子？"

他打开纸夹，找出一双照片来。

"瞧，"他说，"这《战歌》，这是强有力的吕德为凯旋门所作的柱脚雕塑之一。同胞们，杀敌！戴着铜盔，两翼飞张的自由神呼号着。她的左臂，在空中高举着，仿佛在勇气百倍地鼓励着兵士，右手把剑端指向敌人。无疑的，人们第一先看到她，她笼罩着全作品，像准备飞奔的胯裂的两腿，是这篇悲壮的战歌的主要音调。我们真像听到她的热狂的呼喊，如欲震破我们的耳鼓一般。她振臂一呼，战士们立刻蜂拥而前。"

"这是第二段了：一个长发如狮首的高卢人扬着头盔如向这位女神致敬。他的年幼的儿子请求要跟随他出发，他握着剑似乎在说，"我已有力了，我也成人了；我必须一同出发！"他的父亲用着又骄傲又慈爱的眼光望着道：'来罢'！"

"动作的第三段：一个伛着背的老兵在拥挤的人群下挣扎着赶上大众。因为凡是有勇力的人都得效死疆场。另外一个想同走而已衰颓的老兵做着手势，以他的经验指导他们。"

"第四段：一个箭手俯在地下弯弓，号手向着全军吹响激昂的军调。狂风震撼着军旗，刀枪剑戟一齐射向前面，军令已下，争斗开始了。"

图 6.11 奥古斯特·罗丹，《加莱义民》，青铜，1884 年 –1886 年，208.5×239×190.5 厘米

"这里又是一个真正戏剧的构图在我们面前映演。《发舟西苔岛》令人想到华美细腻的喜剧，《战歌》却是高乃依式的伟大的悲剧。我也不知到底偏爱哪一个，因为在两件不同的作品中，有着同样而等量的天才。"

他带着几分狡黠的神气望着我，说道：

"我想你不再说雕刻与绘画不能和戏剧相比了吧？"

"当然不了。"

这时候，在他把《战歌》的相片重放到纸夹中去的当儿，我瞥见一张他的可惊的大作——《加莱市民》的照片。

"为证实我确已领会您的教诲起见，请允许我把你的理论应用于你的大作上去罢。因为我觉得你的主张，你自己已实际应用了。在你的《加莱市民》中，可以看出与华托及吕德的杰作有同样的戏剧的程序。你的站在中间的人最先引起我的注意，这自然是圣·皮埃尔的尤斯塔斯(Eustache de St-Pierre)。他的郑重虔敬的披着头发的头颅低着，他绝不犹疑地、果敢地向前，眼睛向内，省察他的心魂。如果他有些迷蒙的气色，那是因为他在围城中久挨饥饿之故。感应其余的人的是他，第一个投效为牺牲者的也是他，因为只有依了敌人的这个条件，才能免屠城的惨杀。

"在他旁边的市民并不是缺少勇气，他不为自己痛哭，不为自己怜恤，只是悲痛城邦的乞降，手里拿着要去送给英国人的钥匙，想到这种令人寒粟的情景中鼓起勇气，浑身都僵直了。

"在他同列的左方，我们看到比他们较为颓丧的人，他似乎走得太快了，可说他在决心就义之后，竭力希望行刑的时间快些临到。

"他们之后，一个两手捧着脑袋的人，表现完全绝望的情调，也许他在想到他的妻子儿女，以及他死后一切穷苦无靠的亲人。

"第五个人在搓着眼睛，像要驱遣一个骇人的恶梦一般；他给死威吓得步履蹒跚了。

"末了，第六个市民比诸人特别年轻，他更显得仓皇失措、重忧的脸色，也许是他的情人的印象在把他煎熬吧……但同伴们在向前，他也只得跟着，颈子伸长着，如等待着命运之斧。

"虽然后三个加莱人没有前三个加莱人那么勇敢，但也一样值得我们敬重，因为他们的代价愈是大，他们的牺牲精神愈是可佩。

"在你的《市民》中，人们是这样地紧随了他们或紧张、或镇静的动作。而他们的动作，是以圣·皮埃尔的尤斯塔斯的态度为中心，且是依了他影响于别个同伴的精神的程度如何而定。他们渐渐为圣皮埃尔的精神感动了，镇静下来，终于大家果敢地向前去。

"也就在这里，是你应用艺术上的戏剧的价值最为成功的地方。"

"假使你对于我的作品的夸奖不是太过分的话，我可以承认，亲爱的葛赛尔，你完全领会我的用意了。

"你尤其懂得我的市民的排列，是依了他们的牺牲精神的程度而配置。为使得这用意格外显明计，我本想把我的雕像一个一个依着先后，排立在加莱市政厅前面，好像一串代表痛苦与牺牲的生动的念珠。

"我的人物将从市政厅出发，向着到爱德华三世的行营的道上。这样，今日在雕像旁肩摩踵接的加莱人，可更加感到这些英雄的义烈的可佩。这才将是一个动人的印象。但人们拒绝了我的计划，只把他们放在一个石座上，又平凡又浅薄。"

"艺人，"我和他说，"是永远为流俗的见解所拘束。太幸福了，如果他能实现其美梦之万一！"

（【法】罗丹著，傅雷译：《罗丹艺术论》，天津社会科学出版社，2009年，第70—79页。）

奥古斯特·罗丹（Auguste Rodin，1840—1917）是西方雕塑史上一位划时代的人物，是欧洲两千多年来传统雕塑艺术的集大成者，也是20世纪新雕塑艺术的创造者，是他架构了西方近代雕塑与现代雕塑之间的桥梁。

《加莱义民》是罗丹的代表作之一。这座青铜像是用来纪念百年战争中的英雄壮举——1347年，英军围困了法国加莱，加莱的六位市民愿意以自己的生命换取英国国王的撤军承诺，解救其他人的生命。和罗丹的许多其他作品一样，《加莱义民》表面质感粗糙，刻意呈现出"未完成"状态，从而增强作品的感染力。罗丹对每个人物的动作和位置都进行了精心安排，六位加莱义民或绝望、或顺从、或反抗，呈现出一种令人信服的赴死状态，就像是戏剧场景的一个片段。在引文《罗丹艺术论》中记载了罗丹和学生就《加莱义民》的一番探讨，他们从艺术作品的动态谈起，以戏剧的一幕幕和雕塑、绘画做类比，列举了华托和吕德的作品，最后以分析《加莱义民》作为总结。

《罗丹艺术论》在20世纪80年代风靡一时，影响了多少当时的"文艺青年"。书中有罗丹对于艺术创作一般性问题的见解，也有对于雕塑艺术的规律性的经验谈；有对于历史上的美术家的评述，也有对于当时创作的议论。它集中反映罗丹艺术观和美学思想，是对近代西方艺术世界有着深远影响的名著。

这本并不厚的小书是罗丹的学生葛赛尔根据老师的口述，记录而成的，颇有点《论语》的意思。是艺术家创作了一件件传世之作，任何其他人的阐释和解读，都不及艺术家本人的来得真实可靠。也正因为如此，艺术家本人的自述、文章，甚至是书信才显得尤为珍贵。不过，历史上，艺术家留给后人的文字十分有限，除《罗丹艺术论》之外，重要的艺术家自述，还有荷兰画家梵高的《梵·高书信全集》，俄罗斯画家康定斯基的《点线面》等。

进阶阅读

1.【法】罗丹：《罗丹艺术论》，傅雷译，天津社会科学院出版社，2009 年。

《罗丹艺术论》的中文译本不下三种。在此，我们又一次推荐了傅雷先生的译本。当年傅雷先生任教上海美术专科学校，翻译此书作"美学讲义"发给学生，意在未曾涉及纯粹美学之前，先对于美术名作的形式与精神有一确切认识与探讨。除了前文所引《第四章 艺术中之动作》之外，我们还推荐阅读《第十章 菲迪阿斯与米开朗琪罗》，在这篇文章中，罗丹以一位艺术家的直觉与审美，阐发了文艺复兴艺术对于古典艺术的继承和发扬。

2.【宋】郭熙：《林泉高致》，中华书局，2010 年。

中国人自古就有撰写画论的传统。郭熙是北宋时期最重要的画家之一，其子郭思将父亲的创作经验和艺术见解编述而成《林泉高致》。这本书集中论述了有关自然美与山水画的许多基本问题，是一千年来中国山水画家创作的重要指导，也是学者探讨中国艺术史的基点。本书不必精读，只需浏览即可，浏览时请注意对照中西方画论的差异。

2.8 吕胜中评《空间持续性的特殊形式》

1911 年，意大利艺术家波丘尼发表了"未来主义宣言"，他强调扬弃封闭式的雕塑，强调动态及气氛之表达，并主张自由运用任何材料。这期间，未来主义的艺术家们把早期立体主义透明形的结构，转化运用在城市富于动感的环境意象当中；多视点的分境运用，提供给他们一个对城市充满活力、多变而又错综复杂的表达方式。

未来派强调的主题"心灵的状态"，是当时流行的"同发性"观念的另一个版本，这个观念由法国哲学家亨利·路易·伯格森 (Henri Louis Bergson) 阐述，说明人生的经验是一连串飘浮的、只能凭直觉抓住的印象。

波丘尼和未来派把这个观念用简单的方法解释出来——以重叠瞬间的视觉资料，加以精致的处理手法，来描绘心灵对各种刺激物的反映。波丘尼也尝试表达动作的本质，他手笔之下的马匹、骑自行车者、人物的意象往往是有机式甚至是机械式的。

创作于 1913 年的代表作品《空间持续性的特殊形式》是一尊磨光的铜铸雕塑，在这件作品中，作者以惊人的胆识分析和尝试着人的行走，这个"行走"不是捕捉一个"行走的瞬间"，而是在"行走的过程"中寻找更多的有关"走"的信息，并把它们做整体的归纳。

……

学生 × 插话：在摄影作品中，有很多表现运动的作品，比如舞蹈、体操、长跑等，这种运动感的表现与我们的课题有什么不同吗？

人在与现实发生联系时，只能把握住那短暂的一瞥，除此之外，他就什么也抓不住了。然而，这样的一瞥本身是根本不能代表事物的整体的，即使将多个一瞥加到一起，也最多不过是各个相互矛盾的形象的集合体，而这种集合体只能给人以一种十分不舒服的感觉。

这句话也不是我说的，是鲁道夫·阿恩海姆说的。这句话大概想表达这样的意思：机械性、捕捉瞬间的结果，并不能代表整体的视觉感觉。

大家都该知道在甘肃武威出土的中国汉代青铜雕塑《马踏飞燕》吧，这是一件非常有名的文物。在一些考古学的文献中，许多研究者做了科学的考证后认为，真的马奔跑的时候，在任何一个瞬间都不可能出现《马踏飞燕》这样的姿势，其前后腿的动作次序、交错运动的情形，与真实的奔马不能取得一致。

图 6.12 翁贝托·波丘尼，《空间持续性的特殊形式》，1913年，铜，高111厘米，纽约现代博物馆藏

我们是否可以这样认为，《马踏飞燕》的作者不是像照相机一样，去"把握住那短暂的一瞥"，也许他先于鲁道夫·阿恩海姆若干年就已清楚地知道，"这样的一瞥本身是根本不能代表事物的整体的"。为此，作者给了我们一个飞腾起来的想象，既不是机械性的记录，也不是拼凑的碎片，叫人感觉很舒服，又很真实。

这是作者在一段时间内对奔马的总体感受的集中描写，再加上"飞燕"的衬托渲染，马就轻盈地飞腾着了。

我曾写过一段文字夸这匹马：

轻如鸿毛，
飞鸟托着铜铸的躯体；
重如泰山，
又未踏碎脚下的雏燕。
是永远——
只是一闪而过，
是顷刻——
却留住了千岁万年。
它竭尽全身的气与力，
平衡着这世界的时间和空间。

（吕胜中著：《造型原本·讲卷》，北京大学出版社，2009 年。以上段落节选自《第七讲 时间与运动 1》，第 72–75 页。）

图 6.13 《马踏飞燕》，东汉，高 34.5 厘米，长 45 厘米，宽 13 厘米，1969 年出土于甘肃省武威市雷台汉墓，甘肃省博物馆藏

进入 20 世纪，人类社会发生了巨大的变革。爱因斯坦的相对论打破了经典的时空观，改变了此前人类对于宇宙的常识性观点，提出了"四维时空"、"弯曲时空"等全新概念。（异常火爆的电影《星际穿越》就是基于这些概念之上的。）受到新兴物理理论的启发，世纪之交的艺术家们也以自己的艺术创作，反映对于时空、自然、宇宙的认识和反思，比如波丘尼的《空间持续性的特殊形式》。

翁贝特·波丘尼（Umberto Boccioni，1882年—1916 年）是意大利画家和雕塑家，是未来主义的核心人物。未来主义强调科技和工业交通改变了人的物质生活方式，因此人类的精神生活也必须随之改变。如果说此前的雕塑反映的是对象的瞬间状态，那么从 20 世纪开始，艺术家则开始在长宽高的三维空间中，纳入了第四个维度——时间，就像《空间持续性的特殊形式》，我们能看到时间在空间中是如何延续的。正如引文中所说，"这个'行走'不是捕捉行走的瞬间，而是在'行走的过程中'寻找更多有关'走'的信息"。

这段引文选自吕胜中的《造型原本·讲卷》，这本书是作者在中央美术学院教授"造型课"的课堂记录，语言生动活泼，思维跳跃灵动。作者将我国著名的《马踏飞燕》与波乔尼的作品相联系，共同作为探讨时间和空间的例证，极具启发性。严格来说，《造型原本》不能算作是艺术史论著，但正如我们一再所强调的那样，我们的引用和选择，构成了我们想讲述的艺术史的故事。

> **思考与讨论**
>
> 立体主义大师毕加索的作品实际上也体现出对于时间和空间的思索。上网搜索其代表作《葡萄与小提琴》的图像，试探讨在这件作品中，艺术家如何解构经典时空观？

三、从雕塑到 3D 打印，以及对技术的反思

老普林尼（Pliny the Elder）是公元 1 世纪的古代罗马百科全书编纂者，在讨论各种矿物以及人类如何将其用于不同用途的背景下，他提供了一部绘画和雕塑的简史。老普林尼的信息主要来自更为古老的二手资料，而且没有仔细地将其融会贯通，就事实准确度而言，他所说的很多内容不足为信，但这些内容又是重要的，因为它们不仅揭示出古代世界对待艺术的态度，并且对后世的想象力产生了影响。

老普林尼在《博物志》卷 34 和卷 36 中分别对青铜像和大理石像进行了论述，交代了古希腊都有哪些著名的雕塑家，他们的作品有哪些，其中哪些是青铜铸造的，哪些是大理石凿成的。要知道这都是非常重要的信息，因为今天我们所见的古希腊雕塑，往往是古罗马人的复制品，若不是有一手资料的佐证和考古学的新发现，再杰出的专家学者也会出错，比如温克尔曼评论《观景楼的阿波罗》时。那么古希腊人如何制作青铜雕像？古罗马人如何用大理石复制古希腊的青铜雕像？除此之外还有其他制作雕塑的方法吗？

选自卷 34（论青铜像）

除了他无与伦比的作品奥林匹亚宙斯（Olympian Zeus）外，菲迪亚斯还制作了雅典的雅典娜象牙雕像，就竖立在帕特农神庙里……他被公认是揭示出雕塑的可能性并指出其方法的第一人。

波利克里托斯……做过一个头上系着发带的运动员雕像，它售得了整整一百个塔兰特，因而名声大噪。这件作品……被描述为"一个男子，但还稚气未脱"，……而持矛者则是"一个男孩，却具有男子气概"。他还做过那尊被雕刻家称为"典范"的作品，他们将其奉为标准，从中研习艺术的首要法则。论及在单件作品中包含自己的所有艺术准则，他也是公认的惟一一人……他被认为使雕塑艺术的科学知识臻于完美，并使这门由菲迪亚斯揭示出可能性的艺术系统化了。他的创作特征是将人物重心放在一条腿上……

米隆……（做过）一个掷铁饼的运动员像，一个珀耳修斯像，……以及斗兽场附近的庞培（Pompeius）神庙中的赫剌克勒斯像。……他比波利克里托斯更多产，也更为严格地遵奉对称原则。但他也只关注身体的外形，而不表达内心的感受……

利西波斯比其他任何艺术家的作品都多，正如我之前所说，拥有多产的天分。这些作品中就有刮汗污的人……提比略皇帝对这尊雕像赞赏不已，……忍不住将它挪到了自己的私室，而将复制品放在原处。……利西波斯对雕塑艺术的主要贡献据说在于对头发的生动处理，以及将雕像的头做得较小，而身体更加纤长匀称，人物看上去更高。拉丁文中没有词汇可以形容他恪守的对称法则，他在以往艺术家传统的法则中加入了许多前人从未想过的创新。他经常说自己和前辈艺术家的区别在于：他们依照人本来的模样雕造雕像，而他则依照人被看成的样子来塑造雕像。他的主要特征是于毫微处亦见精细。

选自卷 36（论大理石像）

（大理石）雕像艺术的历史远远长于绘画和青铜雕塑，后两种艺术都始于菲迪亚斯。……而普拉克西特勒斯……的大理石作品的声名甚至超过了他自己。……闻名……全世界的是他的阿佛洛狄忒像，许多人漂洋过海到尼多斯岛来观赏。他同时提供过两尊阿佛洛狄忒像以供出售，第二尊着衣，被科斯岛人选中；二者价钱一样，但科斯岛人自夸这证明了他们品行端庄。另外那尊雕像由尼多斯人买下，后来它所享有的声誉远为卓著。尼克密德斯（Nikomedes）国王后来想要买走它，他开出了免除尼多斯全部公共债务的高价。他们却宁愿承担最坏的可能，显示出了他们的智慧，因为正是这座雕像使尼多斯岛声名远扬……

布吕亚克斯（Bryaxis）、提莫修斯（Timotheos）和莱奥卡雷斯（Leochares）是与斯科帕斯同时代的艺术家，他们也是竞争对手，应当一同探讨，因为他们共同参与了毛索洛斯墓庙工程。这是阿尔泰米西亚为纪念她的丈夫毛索洛斯而修建的墓葬，……它能跻身于世界七大奇迹，很大程度上要归功于这些伟大的雕刻家。墓庙南北长 49.7 米，两正立面较短，周长为 134 米，高度为 11.4 米，共有 36 根立柱。……东面正面的雕塑由斯科帕斯完成，北面布吕亚克斯，南面提莫修斯，西面莱奥卡雷斯。……柱廊上方是一个金字塔，与下层结构高度相等，24 级台阶逐渐升高收分，形成锥形。顶点是皮泰欧用大理石做的一辆四驱战车。……

（转引自【美】H.W. 詹森著，戴维斯等修订，艺术史组合翻译实验小组译：《詹森艺术史（插图第 7 版）》，世界图书出版公司，2013 年，第 231 页。）

思考与讨论

　　除了雕塑之外，老普林尼还对绘画有所论述。他所撰写的流传最为广泛的绘画故事莫过于古希腊画家宙克西斯（Zeuxis）和帕拉修斯（Parrhasius）之间的一场竞赛：宙克西斯画了一串葡萄，画师如此逼真以至于将画上的布掀开的时候，鸟儿都飞过来似乎想啄食葡萄。他感觉胜券在握，但当他要求掀开帕拉修斯画上的布时，发现盖在画上的布其实是一幅画，他不得不认输，因为他蒙骗的只是鸟，帕拉修斯愚弄的却是这方面的专家。

　　试讨论老普林尼的这则故事反映了怎样的观点，这一观点怎样影响了西方后来的艺术家创作，以及艺术的历史？

3.1 青铜像的制作

　　《驭者像》是现存最早以间接失蜡法制作的希腊雕像之一。使用这一技法，雕塑家的作品形式在空间上比石雕更为自由。伸出的四肢可以分别制作，然后焊接到躯干上，因而不再需要有碍美观的支撑物。

　　埃及人、米诺斯人和早期的希腊人经常以失蜡法制造实心的小型青铜雕像。这种技法很简单：雕塑家先用蜡塑像，表面敷上黏土，形成一个模具，加热使蜡流出；在坩埚中以 9:1 的比例熔化铜和锡，将制好的合金倒入因蜡流失而形成的空间。但由于这种技法制作的雕像是实心的，所以就有严重的局限性。实心浇注的真人大小雕像造价昂贵，无比沉重，在合金冷却时还容易形成看不见的气泡和裂缝。因而从公元前 8 世纪至前 6 世纪，希腊人开发出了间接失蜡法（cire perdue），借此可以铸造任何大小的空心青铜雕像。

失蜡法分为几个步骤，又因为大型雕像常常是分部分——头、臂、手、躯干等进行浇铸的，所以这些步骤在整个制作过程中会被重复很多次。

首先，雕塑家先以黏土塑造出金属雕像的基本形状，在黏土表面敷上一层蜡，厚度与最终金属浇注的厚度相当，在蜡层上精心雕刻出雕塑的细节。然后将塑像切分成头、躯干和四肢等部分。每一部分在蜡层表面敷上厚厚的黏土，以金属销钉与内芯的黏土固定在一起。整体加热使蜡熔化流出。将熔好的金属——通常是青铜，有时也用金或银——灌入"蜡流失"后形成的空间。待金属冷却后，卸掉外层和内层的模具，便得到一个金属铸件：雕塑的头、躯干、手臂等等。雕塑家再将各个部分焊接在一起做出雕塑。最后打磨表面，雕凿头发和皮肤褶皱等细节，以象牙、宝石、铜、玻璃或金属镶嵌眼睛、牙齿、嘴唇、乳头等面貌特征和衣服上的图案。

课外活动

前往所在城市的博物馆，观察博物馆中的某件青铜器，查找相关资料，说一说这件青铜器是以何种方法制作而成的。这种铸造方法和古希腊人的间接失蜡法有何不同？

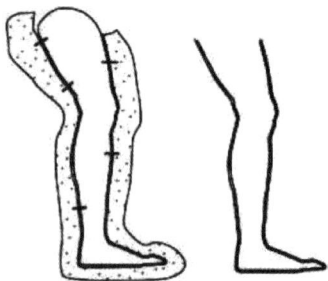

图 6.14 青铜失蜡铸造法的两个基本步骤：a. 被金属钉子钉在一起的黏土主模，蜡模和粘土内核；b. 蜡模融化后，液态青铜被倒入模子（该图引自《詹森艺术史（插图第 7 版）》第 124 页）

3.2 复制希腊雕塑

为了满足古罗马人对于希腊雕塑狂热的需求，艺术家们在雅典和罗马设立了复制工坊，在那里生产名作的复制品，前文提到的米隆的《掷铁饼者》和《观景楼的阿波罗》是其中的佼佼者。要识别一件大理石雕塑究竟是原作，还是模仿青铜雕塑的复制品，线索之一是看有无加固石材的支撑物，因为大理石与青铜的抗拉强度不同。

长期以来，学者都认为罗马复制者使用了一种与 19 世纪早期的打点设备类似的设备，但从未完成的雕塑来看，复制可能使用的是另一种技术，称为三角测量法，其使用的工具是三点测径规。在模型上选定三个点，再在石料上标出间距相同的三个点，艺术家就能将原件上的任意一点测定并转移到复制品上。雕塑家测量这第四个点分别到三个点的距离，然后用测径规根据测量值在石料上以三点作弧，弧线交汇之处就是复制品上的第四点。如果不是按原作大小来制作复制品，艺术家只需以一定比例放大或缩小这些测量值。如此确定若干点之后，雕刻家就凿去点与点之间的石材。复制成品的精确度，取决于雕刻家取点的多少。

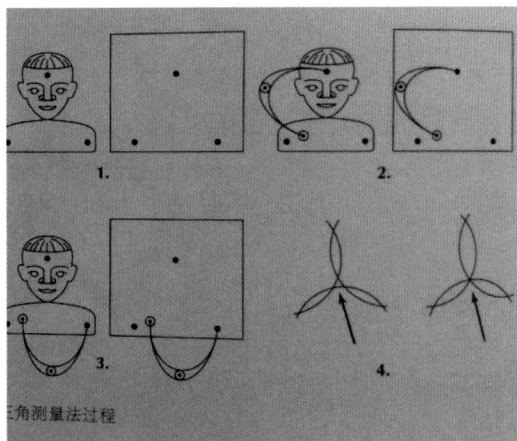

图 6.15 三角测量法过程（该图引自《詹森艺术史（插图第 7 版）》第 186 页

3.3 3D 打印

随着科技的进步，今天，当我们要做一件雕塑作品，除了上述方法之外，还可以使用一种全新的快速成型技术——3D 打印。3D 打印是一种以数字模型文件为基础，运用粉末状金属或塑料等可粘合材料，通过逐层打印的方式来构造物体的技术。以下是一份 3D 打印厂家的宣传材料，较为清晰地阐释了其工艺过程和原理。

3D 打印 SLA——激光快速成型技术的应用介绍

3D 打印 SLA——激光快速成型技术是目前全球应用范围最广、技术最成熟、加工精度最高、成型速度最快的工艺方式，它是对三维数据进行分层处理，通过"分层制造，逐层叠加"的方法最终实现实体模型的制作。

其工艺过程如下图所示：

三维建模（3Dmax/Rhino 等）　　　激光快速成型　　　　　成型后样件

其工艺原理是计算机控制激光束对光敏树脂为原料的表面进行逐点扫描，被扫描区域的树脂薄层（约十分之几毫米）产生光聚合反应而固化，形成零件的一个薄层。工作台下移一个层厚的距离，以便固化好的树脂表面再敷上一层新的液态树脂，进行下一层的扫描加工，如此反复，直到整个原型制造完毕。它基于计算机分层切片来获得制件的截面形状，对于形状复杂、造型特异的数据，与传统的手工制作或机加工相比，愈能显现 它的优势。

激光快速成型工艺原理图

SLA 激光快速成型工艺的特点：

①激光通过聚焦，光斑直径＜0.15mm；②成型精度高，可成型精细结构（如戒指等）；③可制作任意复杂结构（如建筑模型、空心零件等）；④表面光洁度高（表面 Ra＜0.1μm）；⑤成型过程高度自动化，后处理简单（点支撑，易去除）；⑥材料利用率接近100%。

激光快速成型技术可以在无需准备任何模具、刀具和工装卡具的情况下生产出任意复杂形状三维物理实体。这项技术的应用大大缩短新产品开发周期、降低开发成本、提高开发质量，目前已被广泛应用于航天航空、机械制造、建筑设计、工业设计、医疗、动漫、影视制作等多个行业。

课外活动

1. 美国麻省理工大学的媒体实验室（Media Lab）用 3D 打印的方式，制作了一支可以吹奏的长笛。他们把从建模、打印、组装，到修整、演奏的全过程，用视频记录下来，请搜索并观看视频，了解相关情况。

2. 2013 年 10 月至 2015 年 1 月，伦敦的科技博物馆举办了名为《3D：打印未来》（3D：Printing the Future）的展览。展览搜罗了世界各地使用 3D 打印的个案，探讨了 3D 打印未来在工业生产、艺术设计、医学、商业上的多种可能性。浏览展览网站（关键词 sciencemuseum），思考 3D 技术可以如何应用在你的生活中？

四、超越雕塑

随着艺术的故事不断发展，雕塑在表现形式和内涵上均有所突破。动态雕塑、公共艺术、大地艺术是雕塑进入 20 世纪以来的三种新的发展方向。

4.1 动态雕塑

动态雕塑的英文是 mobile，顾名思义，这是一种将机械工程和雕塑相结合的艺术形式。动态雕塑通过探讨运动和三维形态之间的关系，向人们展现世界中的原生动力，其创造者是美国雕塑家亚历山大·考尔德（Alexander Calder, 1898 年 –1976 年）。

尽管考尔德的父亲和祖父都是雕塑家，但考尔德起初却是从事机械工程方面的研究，后来才投身于艺术创作。他的工程知识在艺术中得到施展，他将自己对"运动"这一现象的观察和理解，融入雕塑作品。在一件专门为美国华盛顿国家美术馆设计的作品中，考尔德用金属杆、金属线将若干有机形态的彩色金属片串联在一起，他对其中每一个部件的机械化移动都做了周密的测算，因此在任何气流经过时，这些部件都会被吹动起来，舒展着它们优美的舞姿，就像风吹着云彩、树叶和波浪一样。

图 6.16 亚历山大·考尔德，《无题》，1976 年，铝、钢，9.1×23.2 米，华盛顿国家美术馆收藏

课外活动

模仿考尔德的作品，使用彩色塑料片、棉线、牙签，制作一件微型动态雕塑。

4.2 大地艺术

大地艺术（Earth Art）也称（Environmental Art）或地景艺术（Earthwork），出现于 20 世纪 60 年代，是伴随着人们对环境的关注而成长起来的。大地艺术以自然因素为创作的首要选择，艺术品不再位于展场或景观环境中，自然本身已经成为艺术或艺术的组成部分。与以往的艺术相比，大地艺术完全超越了一般艺术的表现形式，土壤、石头、木头、冰雪、砂石、时间甚至电闪雷鸣都成为艺术家常用的材料。

图 6.17 罗伯特·史密森，《螺旋形防波堤》，1970 年，黑岩，结晶盐、泥土、赤潮（水藻），大盐湖，犹他州，约 450×4.5 米

罗伯特·史密森（Robert Smithson,1938 年 –1973 年）是最重要的大地艺术家之一，其最为著名的作品是《螺旋形防波堤》，这是一座由黑色玄武岩、石灰岩和泥土筑成的螺旋形大堤，从海岸线蜿蜒延伸 450 米，缓缓没入犹他州的大盐湖之中。一天，史密森驾车经过湖边时偶然看到了一些被丢弃的采矿器材。一家公司曾经试图在此处开采石油，但没有成功，于是这些器材就被遗弃在这里，在史密森看来，这是人类无力征服自然的最好证明。他根据自己对这个地方的第一印象创作了这件作品："当我看到这个地方的时候，它向外发散，直

至地平线，让人想起静止的气旋，光线让整个画面好像是在颤动，就像一场地震所引发的颤抖，让人晕眩。这种感觉让这个地方变成了一个处于无限循环之中的封闭螺旋体，于是我脑中浮现出了螺旋形防波堤的可能性"。不仅如此，史密森还用照片和视频记录下作品的建造过程，以及这片大地的形式与生命。现在，起起伏伏的大盐湖水位常常淹没"螺旋形防波堤"，因此这些照片和视频就变得更为重要。

无独有偶，同史密森一样，另一位大地艺术家安迪·高兹沃斯（Andy Goldsworthy）也热衷于用影像记录自己的作品，这或许正是由于大地艺术的创作媒介所决定的。大地艺术所运用的自然材料，土壤、砂石、木头、冰雪等都具有一种时间性，随着岁月而变化，无法恒定。在一件作品中，艺术家巧妙地在树干上缠绕着锥形的冰凌，伴随着太阳的照耀和时间的流逝，冰凌消逝于无，这件作品被命名为《时间树》（Time Tree）。高兹沃斯的大多数大地艺术都随着光阴而消隐，唯有过程永恒，而纪录片则成了证明这些艺术存在的见证。

图 6.18 安迪·高兹沃斯，《时间树》

课外活动

　　观看纪录片《河流与潮汐》（River and Tides）。影片展现了大地艺术家安迪·高兹沃斯如何利用树叶、花瓣、石头、冰块等大自然中随手可得的元素做出让人惊叹的艺术品。边看边思考，为什么这部纪录片要取名为"河流与潮汐"？

4.3 公共艺术

　　艺术介入公共空间、介入生活已成为当今的趋势，艺术和生活的体验都进入了一种更为丰富的阶段。当艺术介入自然空间，被称为"大地艺术"，当艺术介入城市空间，则被称为"公共艺术"。

　　随着城市的发展，人们越来越重视对于城市空间的美化，近一两百年，不少西方国家纷纷制定文化政策，推动公共艺术的发展，强调艺术的公益性和文化福利。美国、德国、西班牙、意大利等多国实施了公共艺术百分比政策，规定至少百分之一的公共建筑经费用于设置艺术品（根据每个城市的政策不同，百分比会有所浮动，一般来说为 1%–1.5%。）。在百分比政策的推动下，今天，当我们行走在芝加哥、华盛顿、纽约、巴塞罗那、柏林等城市的街头，仿佛置身于一座露天艺术馆，楼宇间、广场上、绿地中的公共艺术或博得你会心一笑，或引起你深深沉思。

　　荣获美国国家艺术奖章的华裔设计师林璎设计的《越战老兵纪念碑》被称为是"融入大地的怀念"。这座纪念碑一反以往纪念碑高耸的形象，而是与大地融为一体。《越战老兵纪念碑》

图 6.19 林璎《越战老兵纪念碑》（*Vietnam Veterans Memorial*），华盛顿特区，1981 年 –1983 年，黑色花岗岩，两翼长约 75 米

充分利用了华盛顿特区东西轴线上自然坡地的起伏，由两扇夹角相对的黑色抛光花岗岩墙体组成，墙体两端逐渐缩小，使整体造型最后消融于大地之中，像极了是大地上的一道伤疤。

在抛光的黑色花岗岩墙体上，按日期时间1959年至1973年（标志着战争的开始和结束）的顺序镌刻着在越南战争中阵亡的战士的名字。当人们走过这刻满阵亡战士名字，同时又映射着自己身影的墙体时，不得不放慢自己的脚步去缅怀、祈祷、反思……

2004年，历时6年终于完成的芝加哥千禧公园（Millennium Park）将公共艺术推向新的纪元。该公园坐落于繁忙的密歇根大道上，占地24.5万平方米，长达1.6公里，耗资4亿7500万美元。公园融建筑、景观、雕塑于一体的整体打造，体现出数字科技、自然地景、亲民互动的当代公共艺术特点，可以说是一个超级公共艺术项目。尽管严重超支，但揭幕后仍受到各界人士的一致赞许，获奖无数。

千禧公园由露天剧场、过街云桥、雕塑、互动媒体装置、生态环境景观灯组成，这里重点介绍《皇冠喷泉》和《云门》。

图 6.20 普莱策（Jaume Plensa）《皇冠喷泉》（*Crown Fountain*），2004年，双面屏幕、玻璃砖雕塑，高15米

《皇冠喷泉》由两个多媒体装置和水池组成，装置高15米，水池长约70米。两个多媒体装置由喷泉与影像幕墙组合而成，它们遥遥对望，每小时变换6张芝加哥市民脸部表情特写。为了采集这些影像资料，艺术家找来1000位芝加哥市民当模特。采集市民图像的过程也是作品的一部分，普通民众成为城市的代言人。随着画面的变化，时而呈现一张张普通市民动态变化的脸庞，时而从影像画面人像的嘴中吐出水柱，颇具互动性和公共性，是公共艺术的优秀案例。

　　《云门》位于千禧公园的AT&T广场，由出生于印度孟买的英国艺术家安尼什·卡普尔（Anish Kapoor）创作。作品重110吨，高10米，长20米，宽13米，采用镜面不锈钢，映射出城市的建筑、天空和观众。作品下方有4米高的"门"，游客可以穿越、触摸，并从多个角度观看自己的影像。雕塑《云门》的灵感源自液态的水银，引起外形酷似一颗大大的豆子而被芝加哥市民称作"豆子"。

图 6.21 安尼什·卡普尔《云门》（*Cloud Gate*），2006年，不锈钢，10米×13米×20米

课外活动

　　找一找你所生活的城市中的公共艺术，评一评这件艺术和周围的环境是否协调，是否起到了美化城市空间、普惠市民的作用？

图书在版编目（CIP）数据

古罗马通识六讲 / 田宝宏主编 . —— 上海：华东师
范大学出版社，2016
　（考古与发现）
　ISBN 978-7-5675-5928-8

　I. ①古… II. ①田… III. ①文化史 – 古罗马 – 高中
– 教材 IV. ① G634.541

　中国版本图书馆 CIP 数据核字 (2017) 第 219629 号

考古与发现

古罗马通识六讲

主　　编　田宝宏
副 主 编　魏迎喜
项目编辑　朱文秋
特约审读　朱云鹏
责任校对　邱红穗
装帧设计　马云洁

出版发行　**华东师范大学出版社**
社　　址　上海市中山北路 3663 号　邮编　200062
网　　址　www.ecnupress.com.cn
电　　话　021-60821666　　行政传真　021-62572105
客服电话　021-62865537　　门市（邮购）电话　021-62869887
地　　址　上海市中山北路 3663 号华东师范大学校内先锋路口
网　　店　http://hdsdcbs.tmall.com

印 刷 者　上海昌鑫龙印务有限公司
开　　本　787X1092
印　　张　13.25
插　　页　1
字　　数　273 千字
版　　次　2018 年 12 月第 1 版
印　　次　2018 年 12 月第 1 次
书　　号　ISBN 978-7-5675-5928-8/K.478
定　　价　68.00 元

出 版 人　王　焰